尽 善 尽 美 弗 求 弗 迪

从零开始学开公司

（第二版）

姜天奇　孙桂明　编著

電子工業出版社
Publishing House of Electronics Industry
北京・BEIJING

内容简介

现如今，越来越多的人想自己开公司当老板，但是开公司并非一件容易的事情，很多创业者为此感到苦恼，本书则针对创业者的特点和痛点专为想开公司的人量身打造，逐一解答其在开公司过程中遇到的诸多问题。

本书分为公司注册、财务管理、人力管理、运营开发四大篇，共16章内容，主要涉及开公司过程中应注意的事项、专业财务知识、人力资源管理以及公司的运营开发等方面的问题。

本书文字简练、行文轻松、实用性强，将一些难以理解的专业术语讲解得通俗易懂。本书既是创业新手开公司的指南，也是中小型公司管理人员的实用手册。

图书在版编目（CIP）数据

从零开始学开公司 / 姜天奇，孙桂明编著. —2版. —北京：电子工业出版社，2020.6
ISBN 978-7-121-38819-4

Ⅰ. ①从… Ⅱ. ①姜… ②孙… Ⅲ. ①公司－企业管理－通俗读物 Ⅳ. ① F276.6-49

中国版本图书馆 CIP 数据核字（2020）第 047149 号

责任编辑：王小聪
印　　刷：三河市鑫金马印装有限公司
装　　订：三河市鑫金马印装有限公司
出版发行：电子工业出版社
　　　　　北京市海淀区万寿路 173 信箱　邮编：100036
开　　本：720×1000　1/16　印张：17.75　字数：338 千字
版　　次：2016 年 4 月第 1 版
　　　　　2020 年 6 月第 2 版
印　　次：2023 年 10 月第 16 次印刷
定　　价：55.00 元

凡所购买电子工业出版社图书有缺损问题，请向购买书店调换。若书店售缺，请与本社发行部联系，联系及邮购电话：（010）88254888，88258888。

质量投诉请发邮件至 zlts@phei.com.cn，盗版侵权举报请发邮件至 dbqq@phei.com.cn。

本书咨询联系方式：（010）57565890，meidipub@phei.com.cn。

前　言

PREFACE

创业不是一件容易的事，对于创业的难度，我们只能用“举步维艰”来形容。创业的道路充满了不确定性，或许创业者会因为一时不利而遭受来自亲朋好友的白眼；或许创业者在苦苦支撑一年后仍然拿不到来自投资人的融资，只能在无奈与不甘中放弃。

虽然如此，但这只是创业者要面对的可能出现的最糟糕的结局。作为人类社会实践中的一个部分，创业同样存在着一条通向成功的、可重复的道路，创业成功也不是那么遥不可及的，本书将为创业者具体讲述这条可行的道路。

本书完整地讲述了创业所涉及的各个方面的内容，可以算作一本创业工具书。本书从注册公司讲起，从零开始讲述开公司的各种事项。大多数创业者在创业初期没有丰厚的资金，因此本书详细地讲解了如何在公司注册阶段节省资金，并着重讲述了选择代理注册公司时创业者必须注意的事项。

资金是公司运行的基础，因此创业者要格外重视公司的财务情况，本书对 29 个财务专有名词进行了详细的解读，帮助创业者更容易理解财务问题。另外，本书还对如何合理避税进行了详细讲解，帮助创业者在公司成立初期节省资金。

我们知道，公司的运转离不开人，因此人力资源管理也是创业者在开公司时要重视的一项内容，从招聘员工到入职培训，再到员工考核，以及最后的员工离职，本书都做了详细讲解，帮助创业者处理好人力资源管理中的每一个细节。

当公司的初期建设逐渐完成后，公司的业务发展情况就成为创业者需要重视的下一项内容，本书为创业者讲述了合伙人制度的重点内容，以及如何做好业务开发。虽然创业者要抓住发展机遇，但是也要顾及发展成本，所以创业者必须找到发展与现金流之间的平衡点，把握好发展节奏，实现公司的平稳发展。

就像本书开头所说的那样，创业并不是一件简单的事，资金短缺的情况也很常见，本书针对这一问题向创业者传授了如何挺过资金短缺的前6个月，以及如何做好融资，以求最大限度地帮助创业者渡过难关。

本书特色

1. 内容新颖，符合当下的趋势

本书根据新《公司法》的各项规定，介绍了开公司应注意的各项法律法规，由于很多陈旧的公司经营技巧已经过时，不能适应当今市场的发展需求，鉴于此，本书以最新的视角、最前沿的理论来阐述公司的经营技巧，让公司经营者紧跟时代的步伐，打造出新型的公司。

2. 具有针对性、系统性、实用性、可操作性等特点

本书对从准备开公司、开公司的过程中到开公司后的各个环节所涉及的知识进行了介绍，手把手地教创业新手开公司。本书不仅具有针对性、系统性、实用性等特点，而且其可操作性更强，实用价值也更大，内容直观、通俗易懂。本书可以帮助创业新手提高工作效率，让开公司这件事变得更加便捷、高效。

3. 采用图解的方式展示内容

本书的显著特色是采用“图＋文＋表”的方式，把开公司所涉及的各项内容用图解的方式展示出来，让读者看起来更加简单明了。这种图解的方式，不仅能让开公司的新手学习并掌握如何更好地开一个规范又赚钱的公司，还能让他们从枯燥的文字当中解脱出来，使其学习效率大大提高。

4. 行文幽默，通俗易懂

本书以轻松幽默的口吻、贴近生活的语言，对如何开公司进行生动形象、通俗易懂的讲解，让读者在轻松自在中学会开公司。

5. 去粗取精，“干货”满满

本书重内容而不重形式，突破了过去用文字堆砌的传统模式，避免文字累赘，将浩如烟海、庞杂、丰富的材料加以整理并去粗取精，保留一些核心的、实用的精华部分，方便读者阅读。

本书内容及体系结构

第 1 章至第 2 章　注册准备与注册流程

在开公司前，你需要知道什么呢？你需要掌握一些开公司的必备知识，第 1 章将为你讲解有限责任公司与股份有限公司的区别；股东与法人的区别；个体工商户与公司的区别；等等。当你了解这些知识后，在选择注册额度的时候，你就可以根据自己的经济能力注册相应额度的公司。

要想成功开公司，除了做好心理准备，你还要充分了解与开公司有关的各种信息，比如，公司的注册流程，注册公司需要的材料、费用，公司名称登记的原则，选择办公地址的注意事项等。第 2 章对这些知识做了详细的介绍。你只有针对上面的各个环节做好充分的准备，才能打有把握之仗。

第 3 章至第 4 章　财务基础与税务筹划

在了解了财务知识以后，你才能看懂公司财务人员交给你的财务报表，并从这些财务报表中分析公司的经营状况。另外，合理节税可以帮助企业降低经营成本，提高竞争力。

第 5 章至第 9 章　人力管理

无论是什么样的公司，其员工都是公司的重要资产，为了能培养出适合公司发展的员工，公司要做好员工的管理工作。为了使公司的管理工作能有效地开展，公司就要制定相应的管理制度；只有制度完善了，公司的员工才能按照公司的规定严格要求自己。

第 10 章至第 16 章　运营开发

笔者结合中小型公司的实际情况，摒弃了“大而全”的思想，介绍了业务、财务、发展战略、融资等核心内容，帮助公司找到适合自己的发展节奏，从而推动公司快速稳健地发展。

本书读者对象

- 开公司的新手。
- 中小型公司的管理人员。
- 有创业想法的有志青年。
- 需要开公司入门工具书的人员。

目　录
CONTENTS

第 1 篇　公司注册

第3篇 人力管理

第 1 篇

公司注册

第 1 章　注册准备：公司注册必知的 10 个知识点

大多数有创业想法的人对注册公司所涉及的一些专业知识不是很清楚，分不清什么是有限责任公司、什么是股份有限公司，也分不清什么是法人、什么是股东，还分不清什么是认缴制、什么是实缴制等专业名词。为了帮助创业者分清这些专业名词，本章将系统地对开公司时可能遇到的各种专业知识进行详细介绍。创业者只有提前学习本章内容，才不至于在注册公司时手忙脚乱。

1.1　如何区别有限责任公司与股份有限公司

开公司之前，你首先要知道什么是公司，公司有哪些类型，然后再根据自己的实际情况选择适合自己的公司类型。

公司是指以营利为目的，从事商业经营活动或为达到某些目的而成立的组织。公司的类型主要有有限责任公司和股份有限公司。除此之外，你还可以注册个体工商户或工作室。了解公司的定义和类型之后，你就能选出最适合自己的公司类型。

通常情况下，大多数公司都是有限责任公司，也有一部分是股份有限公司。本节通过对有限责任公司和股份有限公司进行对比，让创业者对这两种类型的公司有充分的认识。

1. 什么是有限责任公司

有限责任公司是指由 50 个以下的股东出资设立，公司的全体股东对公司债务以其各自所认缴的出资额为限对公司承担有限责任，公司以其全部资产对公司债务承担全部责任的企业法人。

（1）有限责任公司的设立条件

根据《中华人民共和国公司法》（以下简称《公司法》）的相关规定，设立有限责任公司，应当具备下列条件：

①股东符合法定人数

②有符合公司章程规定的全体股东认缴的出资额

③股东共同制定公司章程

④有公司名称，建立符合有限责任公司要求的组织机构

⑤有公司住所

(2) 有限责任公司的特征

有限责任公司应具备以下特征，如图 1-1 所示。

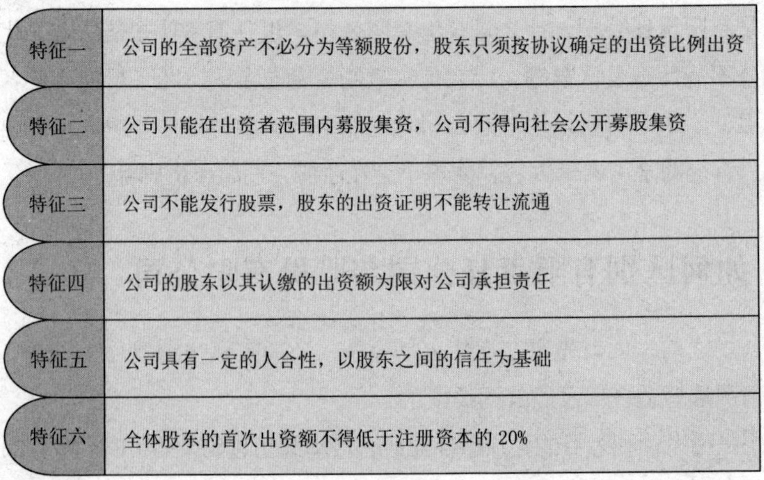

图 1-1 有限责任公司的特征

(3) 有限责任公司所涉及的法律知识

在了解什么是有限责任公司、有限责任公司的设立条件及有限责任公司的特征后，为了维护你和你公司的利益，你还要学习有限责任公司所涉及的一些法律方面的知识。

近日，刘某与深圳 ×× 公司发生了买卖合同纠纷。刘某随即向深圳某法院起诉深圳 ×× 公司，最后法院的判决是：令深圳 ×× 公司支付刘某购买家具款共计 25 万余元。但深圳 ×× 公司拒不履行该判决，且执行无果。

为了弄清楚谁将对深圳 ×× 公司的债务承担责任，刘某通过查询企业工商信息发现，深圳 ×× 公司属于一人有限责任公司，王某是该公司唯一的股东。根据《公司法》第六十三条的相关规定，王某的个人财产与公司财产混同，应对公司债务承担连带责任。故刘某依法向深圳某法院再次提起诉讼，要求法院判令王某承担深圳 ×× 公司的债务连带责任。

对于刘某的诉讼请求，王某拒不同意。他认为，自己不应承担深圳 ×× 公

司的债务连带责任。原因是，深圳 ×× 公司有专用的银行账户并由专人管理，资金进出明细清晰，根本不存在公司财产与个人财产混同的现象。

法院一审认为，根据《公司法》的有关规定，一人有限责任公司的股东，其个人财产应与公司财产完全独立，而王某提交的深圳 ×× 公司的部分财务会计记账凭证与原始凭证的记载内容存在值得商榷的地方，且公司财务未依法经会计师事务所审计，故判决王某承担深圳 ×× 公司的债务连带责任。

在上述案例中，被告人王某在公司财务方面未按《公司法》的规定处理，也无法证明深圳 ×× 公司的财产与其个人财产独立，故王某被判承担公司债务连带责任是公平合理的。本案例的争议点在于，一人有限责任公司在什么情况下以个人财产对公司债务承担连带责任。

根据《公司法》的规定，有限责任公司的股东以其认缴的出资额为限，对公司债务承担有限责任，公司法人则以其全部财产对公司的债务承担全部责任。在上述案例中，王某作为公司唯一的股东应对公司债务承担连带责任，但其滥用公司法人独立地位和股东有限责任，逃避债务，严重损害了公司债权人的利益。

《公司法》第六十二条规定：一人有限责任公司应当在每一会计年度终了时编制财务会计报告，并经会计师事务所审计。第六十三条规定：一人有限责任公司的股东不能证明公司财产独立于股东自己的财产的，应当对公司债务承担连带责任。在判断一人有限责任公司股东是否应对公司债务承担连带责任时，须考虑股东是否存在滥用公司法人独立地位和股东有限责任，逃避债务，严重损害公司债权人利益的行为。

2. 什么是股份有限公司

股份有限公司是指以资本为股份组成的企业法人，股东以其认购的股份为限对公司承担责任，公司以其全部资产对公司承担责任。

（1）股份有限公司的设立条件

根据《公司法》的相关规定，在设立股份有限公司时，应当具备下列条件：

①发起人符合法定人数（设立股份有限公司，应当有 2 个以上 200 个以下的发起人，其中须有半数以上的发起人在中国境内有住所）。

②有符合公司章程规定的全体发起人认购的股本总额或者募集的实收股本总额。

③股份发行、筹办事项符合法律规定。

④发起人制定公司章程，采用募集设立方式设立股份有限公司的，公司章程必须经创立大会决议通过。

⑤有公司名称，建立符合股份有限公司要求的组织机构。

⑥有公司住所。

另外，股份有限公司的设立，既可以采取发起设立的方式，也可以采取募集设立的方式。其中，发起设立是指由发起人认购公司应发行的全部股份而设立公司，而且采取发起方式设立的股份有限公司，其注册资本为在公司登记机关登记的全体发起人认购的股本总额。在发起人认购的股份缴足前，不得向他人募集股份。募集设立是指由发起人认购公司应发行股份的一部分，其余股份向社会公开募集或者向特定对象募集而设立公司，而且采取募集方式设立的股份有限公司，其注册资本为在公司登记机关登记的实收股本总额。

(2) 股份有限公司的特征

股份有限公司应具备以下特征，如图 1-2 所示。

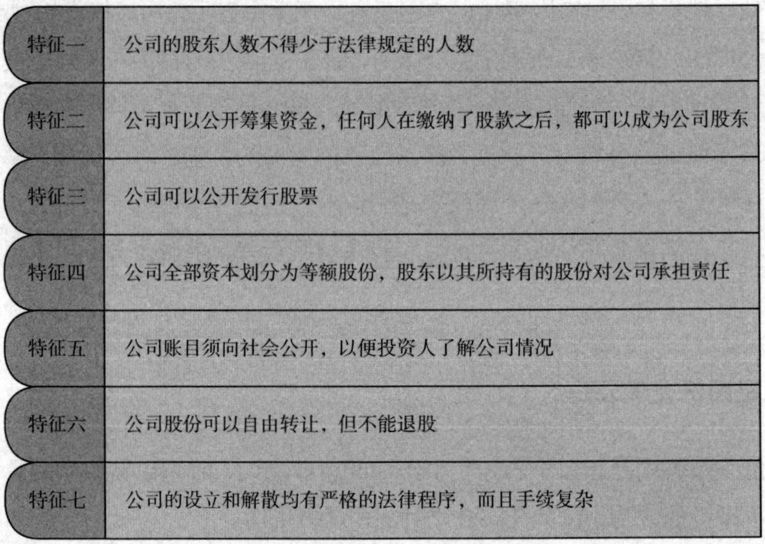

图 1-2　股份有限公司的特征

股份有限公司的设立流程比有限责任公司的复杂得多，下面通过一个案例进行说明。

××家具股份有限公司成立于 2018 年 7 月，公司注册资本为 3000 万元。公司决定公开向社会募集资金，发起人协议由某市 3 家公司订立。同年 10 月 7 日，有关部门批准同意组建该股份有限公司。

随后，这 3 家发起人公司就开始了公开筹集资金的活动。他们首先按照协议制定章程，认购部分股份，起草招股说明书，签订股票承销协议、代收股款协议，然后由国务院证券监督管理机构批准，向社会公开募股。

由于 ×× 家具公司未来的发展前景一片大好，这 3 家发起人公司很快就募集到了大量的资金。随着股份募集的顺利进行，发行股份的股款已缴足，经法定的验资机构也完成了验资证明。至此，这些发起人认为已完成任务，所以迟迟没有召开公司创立大会。后来，经股民的强烈要求，他们才在 2 个月后召开了公司创立大会。在此次创立大会上，发起人为图省事，只通知了代表股份总数的 1/3 以上的认股人出席，并在大会上决定了一些法定事项。

然而按照《公司法》的规定，这家公司的设立方式和召开公司创立大会的程序都存在一定的问题。根据《公司法》的相关规定，发起股份的股款缴足后，必须经法定的验资机构验资并出具证明，发起人应当在 30 日内召开公司创立大会。并且，创立大会应由代表股份总数的 1/2 以上的认股人出席，方可举行。

在上述案例中，他们在 2 个月后才召开创立大会，这种做法损害了股东与公司的利益，而且创立大会的股东人数低于法定比例的 1/2。所以，创立大会的召开时间和人员组成均不合法。

3. 有限责任公司和股份有限公司的区别

有限责任公司与股份有限公司相比较来说，除后者的注册流程比前者复杂得多，还存在以下几个方面的区别，如图 1-3 所示。

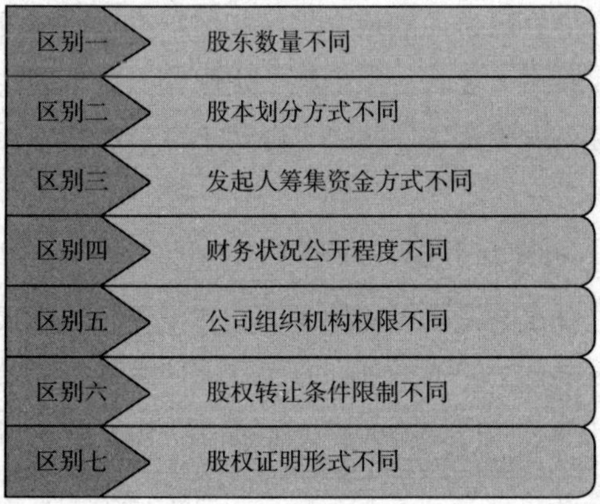

图 1-3　有限责任公司和股份有限公司的区别

（1）股东数量不同

根据《公司法》的规定，有限责任公司由50个以下的股东出资设立。股份有限公司应当有2个以上200个以下的发起人，其中须有半数以上的发起人在中国境内有住所。

（2）股本划分方式不同

有限责任公司的全部资本不划分为等额股份，即每一股份在数额上不相等，其资本按股东各自所认缴的出资额划分。股份有限公司的全部资本划分为等额股份，其股本的划分数额较小，且每一股金额相等。

（3）发起人筹集资金方式不同

有限责任公司的资金只能由发起人筹集，公司既不能发行股票筹集资金，也不能公开募集资金，其股票也不可以公开发行，更不可以上市交易。股份有限公司可以通过发起设立或募集设立的方式向社会筹集资金，其股票可以公开发行并上市交易。

（4）财务状况公开程度不同

有限责任公司的财务状况无须公开，只需要按照公司章程规定的期限定期交由各股东即可，此类公司的财务状况相对来说保密性较强，而股份有限公司由于其设立程序复杂，需要定期向社会公开披露财务、生产、经营管理等信息。与有限责任公司相比较，股份有限公司的财务状况具有难以保密的特征。

（5）公司组织机构权限不同

有限责任公司的股东人数少，组织机构比较简单，所以公司不一定非要设立股东大会或监事会不可，可只设立董事会；而且，董事会往往由股东个人兼任，机动性权限较大。股份有限公司的设立程序和组织机构比较复杂，股东人数较多而相对分散，因此，股东大会的权限受到一定限制，董事会的权限较集中。与有限责任公司不同，股份有限公司必须设立股东大会，而且股东大会是公司的最高权力机构。

（6）股权转让条件限制不同

有限责任公司的股东向股东以外的人转让其出资时，必须经过半数以上的股东同意才行。在同等条件下，公司其他股东对该出资有优先购买权。股份有限公司的股东向股东以外的人转让股份的时候没有任何限制，可以进行自由转让，但不能退股。

（7）股权证明形式不同

有限责任公司的股权证明是公司签发的出资证明书，而股份有限公司的股权证明是公司签发的股票。

1.2 如何区别企业法人与公司股东

如果你想和几个朋友一起开办一个有限责任公司，那么你在注册公司前，一定要弄清楚什么是企业法人，什么是公司股东，以及它们在权利与义务方面有什么区别。

1. 什么是企业法人

依据《中华人民共和国企业法人登记管理条例》和《中华人民共和国公司登记管理条例》等规定，企业法人是指具有符合国家法律规定的资金数额、公司名称、组织章程、组织机构、住所等法定条件，能够独立承担民事责任，经主管机关核准登记取得法人资格的社会经济组织。

（1）按企业资产所有制性质分类

按企业资产所有制性质划分的企业法人类型主要包括以下几种，如图 1-4 所示。

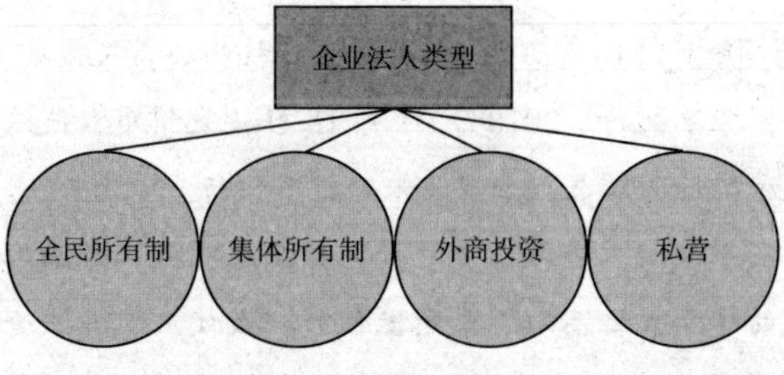

图 1-4　按企业资产所有制性质划分的企业法人类型

（2）按照企业法律属性分类

按照企业法律属性划分的企业法人主要包括公司制企业法人和非公司制企业法人。其中，公司制企业法人是依法取得法人资格的公司，称为法人公司，此类型的企业法人只有有限责任公司和股份有限公司两种；非公司制企业法人为历史遗留问题，多为尚未转制的国有企业、集体企业。

企业法人具有以下特征，如图 1-5 所示。

特征一	具备企业法人的法定条件，经核准登记成立
特征二	是从事营利性生产经营活动的经济组织
特征三	独立承担民事责任

图 1-5　企业法人的特征

弄清楚什么是企业法人之后，还要了解法定代表人的含义。法定代表人是指依法代表企业法人行使民事权利、履行民事义务的主要负责人。简单来说，法定代表人就是在公司营业执照上写了名字的人，是公司出了问题会被问责的人。法定代表人是由股东会或者董事会选举产生的，股东不能代表公司从事活动，而法定代表人可以代表公司行事。

法人应当对其法定代表人执行职务的行为承担民事责任，但是法定代表人的行为如果超出了法人授予的权利范围，那么法人就不能为其承担责任。可以说，法定代表人是代表公司履行职务的人。

2018 年 5 月 7 日，云南省 ×× 药材有限公司（以下简称云南公司）与浙江省杭州市 ×× 医药有限公司（以下简称杭州公司）因为买卖合同纠纷，向杭州市人民法院提起诉讼。最后，法院判决杭州公司法定代表人张某承担连带责任，向云南公司支付各项费用共计人民币 2334569.8 元。

杭州市人民法院于 2018 年 9 月 15 日对被告杭州公司及张某下达执行通知书，但张某不予理会，拒不执行。2018 年 11 月 18 日，杭州市人民法院再次向被告方下达财产报告令和执行通知书，但张某依旧拒不执行。

然而，张某在此期间，公司正常运营，其在有能力执行法院判决的情况下为逃避债务对法院的传唤置之不理，并隐匿住所，致使法院无法查找其下落，判决无法得到执行。另查，张某已于 2018 年 7 月归还原告云南公司欠款 100 万元，2019 年 3 月 28 日被告杭州公司、张某与原告云南公司再次达成执行和解协议，但至今被告仍未能按照执行和解协议履行还款义务。

法院认为，张某身为杭州公司的法定代表人，在法院依法做出生效民事判决后，公司明明有能力执行法院判决，却对法院的判决置之不理，在法院下达执行通知书后仍拒不执行，且隐匿住所，试图逃避债务。浙江省杭州市检察院提起公诉，法院依法做出判决，以拒不执行判决、裁定罪，判处张某有期徒刑一年。

法定代表人应对公司独立承担责任，从上述案例中，你要明白一点，法定代表人不仅要明确自己的法律责任，还要依法履行自己的义务，否则将会面临牢狱之灾。

2. 什么是公司股东

公司股东是股份有限公司或有限责任公司中持有股份的人，也是公司的出资人。股东构成的股东大会是公司的最高权力机构，股东有权出席股东大会并有表决权。

公司股东以出资额为限对公司承担责任，并享有分配收益、做出重大经营决策、选择经营管理者等权利。一个规范运作的公司，其股东应具备下列特征，如图 1-6 所示。

特征一	在公司章程上被记载为股东，并在公司章程上签名盖章
特征二	向公司投入在章程中承诺投入的资产，实际履行了出资义务
特征三	在工商行政机关登记的公司文件中被列名为股东
特征四	在公司成立后取得公司签发的出资证明书
特征五	被载入公司股东名册
特征六	享有分配收益、做出重大经营决策和选择经营管理者等权利

图 1-6　公司股东的特征

公司股东依据上述特征所体现出的意义如下：

（1）股东在公司章程上签名盖章的行为，说明行为人有作为公司股东的真实意思表示。

（2）股东应向公司履行所承诺的出资额，因为实际出资是股东对公司最重要的义务。（注：股东若不出资，只会负相应的民事责任和行政责任，并不必然否定其股东资格。）

（3）在市场监督管理局登记，其本质上属于宣示性登记，仅具有对善意第三人宣示股东资格的功能。

(4) 出资证明书只是一种物权性凭证，是证明已经出资的凭证。

(5) 股东名册具有权利推定力，是认定股东资格的证据。

(6) 享有股东权利是取得股东资格的结果，实际享有股东权利的当事人应是股东，但股东并非都实际享有股东权利。

在上述特征（如图 1-6 所示）中，签署公司章程、实际出资、取得出资证明书及实际享有股东权利等特征属于实质特征。实质特征的功能主要是对内的，用于确定股东之间的权利与义务。其中，签署公司章程反映了行为人作为股东的真实意思表示，其效力优先于其他实质特征。市场监督管理局对公司股东的登记、公司章程和股东名册的记载属于形式特征。形式特征的功能主要是对外的，是为了使行政相对人易于判断和辨识。其中，市场监督管理局的登记公示性最强，其效力优先于其他形式特征。实质特征在解决股东之间的争议时，其意义优于形式特征，而在与公司以外的第三人的争议中，形式特征对于股东资格的认定比实质特征更有意义。

公司股东的各个行为特征，都有其实施的意义。对股份有限公司而言，它对公司股东的要求比较严格，基本上必须全部具备上述特征。然而对有限责任公司而言，完全具备上述特征的公司股东并不多见，更多的只具备部分特征。正是由于一些有限责任公司不重视《公司法》的规定，不严格按照流程办事，才给人留下了把柄，到那时后悔也晚了。

2019 年 1 月，王女士向 ×× 化妆品有限责任公司投资 300 万元，当时该公司仅向王女士出具了一张收据，写明“收到王 ×× 投资 ×× 项目的股金 300 万元”，法定代表人签字并加盖了公司的公章。在公司运营期间，王女士在该化妆品公司担任高管职务。两个月后，王女士发现该公司的法定代表人张某对公司各项事务不闻不问，甚至有把公司资产挪作他用的嫌疑，而且公司的盈利状况也不理想。于是，王女士要求公司退还其投资款。但是，该公司以王女士是公司股东为由，不允许王女士抽回资金，而且还以未经公司同意不能退股为由，拒绝退还其投资款。

针对上述案例，我们来分析几个问题：王女士要求退还投资款的行为是否合法？王女士是否已经成为该公司的股东？王女士能否要回其投资款？

根据《公司法》第三十一条的规定，出资证明书应当载明下列事项：

(1) 公司名称。

(2) 公司成立日期。

（3）公司注册资本。

（4）股东的姓名或者名称、缴纳的出资额和出资日期。

（5）出资证明书的编号和核发日期。出资证明书由公司盖章。

在上述案例中，王女士虽然已经取得××化妆品有限责任公司的出资证明，即公司出具的收据，但该公司并没有召开股东大会同意王女士作为公司股东及取得相应的股权数额，而且也没有办理公司的工商登记变更手续。因此，王女士还未成为××化妆品有限责任公司的股东。王女士对该公司的投资行为只能视为一般的借款行为，若王女士主张收回投资款，公司应予以退还，并支付相应的利息。

通过分析上述案例，你应该增强风险防范意识。如果你想开一个有限责任公司，并且想增加股东，那么你就需要召开股东大会，并制作股东名册，记录以下事项：股东的姓名、单位名称及住所；股东的出资额；出资证明书编号。之后，公司应向市场监督管理局提交相关申请，办理股东变更登记手续。

3. 法定代表人和股东的区别

简单来说，法定代表人是公司的负责人，股东只是公司的投资者。一般来说，法定代表人都是由股份持有量最多的人来担任的。法定代表人是代表公司的自然人，其权利是法律和公司章程赋予的。

法定代表人和股东有哪些方面的区别呢？具体内容如图 1-7 所示。

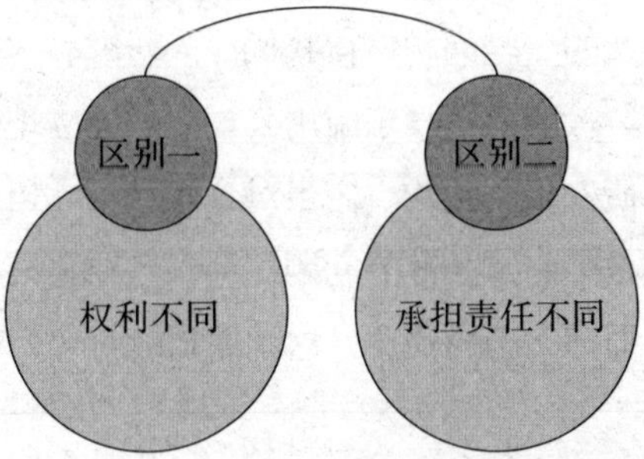

图 1-7　法定代表人和股东的区别

（1）权利不同

法定代表人享有公司经营管理权，而股东享有收益等权利。公司在与其他公司签合同时，只有法定代表人签字才有效。

（2）承担责任不同

法定代表人对内负责组织和领导生产经营活动，对外代表公司，以公司的名义对外实施行为，该行为的法律后果由公司承担，而股东则负有承担公司亏损、资金抵债等有限责任，股东的责任以其实际出资额为限。

2018 年 5 月，青岛 ×× 汽车配件有限公司（以下简称青岛公司）因买卖合同纠纷将重庆某汽车配件有限公司（以下简称重庆公司）告上法庭。

同年 8 月，青岛公司又向法院提出申请，将重庆公司的股东、法定代表人杨某追加为共同被告，承担重庆公司债务的连带责任。青岛公司在向法院提交的追加被告申请书中表示，其在诉讼过程中发现重庆公司的股东杨某利用其持有的被告公司 80% 的股份及其法定代表人的身份实际掌控重庆公司，并将从青岛公司购买的 90% 的货物销售给了郑州 ×× 汽车维修有限公司（以下简称郑州公司）。其实，重庆公司只是名义上的货主，实际上是一个货物中转站，郑州公司才是直接受益人。郑州公司的股东是刘某及其妻子，两个人分别持股 50%。

青岛公司认为杨某以重庆公司的名义在重庆向其购货，再将重庆公司的资产转移到郑州公司，然后退租店面，在重庆消失，使重庆公司仅剩下一个空壳。因此，青岛公司根据《公司法》第二十条的规定，向法院提出申请，追加杨某为本案共同被告，对重庆公司的对外债务承担连带责任。

2018 年 11 月，由于考虑到举证难度、诉讼耗费等问题，青岛公司与杨某达成了庭外和解协议，主动向法院提出了撤诉申请。

在上述案例中，虽然青岛公司与被告达成了庭外和解协议，以撤诉为结局，但是在其诉讼过程中所涉及的一些问题值得我们深入研究。《公司法》第二十条明确规定了"股东禁止行为"，即公司股东滥用公司法人独立地位和股东有限责任，逃避债务，严重损害公司债权人利益的，应当对公司债务承担连带责任。所以，在本案中诉讼当事人的认定是个非常关键的问题。另外，在公司的权益受到损害之后，当事人要采取法律手段维护自己的权益，这就需要你对《公司法》有一定的了解。

1.3 如何区别董事长、CEO 和总裁

在日常生活中，我们经常看到有很多人分不清董事长、CEO 和总裁这三个概念，甚至有些人还以为董事长、CEO、总裁只是叫法不同，其他没有什么区别。实际上，董事长、CEO 和总裁这三个词是完全不同的概念，在公司里的权力和职

务也有很大的不同。下面就来说一下董事长、CEO 和总裁这三个词到底有什么不同。

1. 什么是董事长

在介绍董事长的概念之前，我先讲一下“董事”这个概念。董事是通过公司股东大会选举产生的，具有实际权力和权威的公司事务管理人员。这些人员是公司内部治理的主要力量，对内管理公司事务，对外代表公司进行经济活动。占据董事职位的人可以是自然人，也可以是法人，但法人充当公司董事时，应指定一名有行为能力的自然人为代理人。

公司对董事的任职期限一般都会在公司内部细则中给出明确规定。任期分为定期和不定期两种。定期是指把董事的任期限制在一定的时间内，每届任期不得超过 3 年。不定期是指从董事任职那天算起，满 3 年就要改选，但可连选连任。公司有权解聘董事，其原因主要包括以下几个方面，如图 1-8 所示。

原因一	任期届满而未能连任
原因二	违反股东大会决议
原因三	股份转让
原因四	本人辞职
原因五	其他原因，如公司解散或董事死亡
原因六	公司破产
原因七	董事丧失行为能力

图 1-8　解聘董事的原因

有限责任公司需要设立董事会，董事会由所有董事共同组成。董事会会选出一名董事长作为公司或集团的最高负责人、公司利益的最高代表，统领董事会。通常，董事长也是公司的法定代表人。

一般来说，董事长在公司的主要职责有如下内容：

（1）主持股东大会。

（2）召集、主持董事会会议。

（3）提议召开临时董事会。

（4）检查董事会决议的实施情况，并向董事会报告。

（5）审查总经理提出的各项发展计划及执行结果。

（6）由董事会授权董事长在董事会闭幕期间行使董事会的部分职权。

（7）董事会根据董事长的提名，决定公司总经理和其他高层管理人员的聘用、报酬、待遇及解聘事项。

（8）召集和主持公司管理委员会会议，组织讨论和决定公司的发展规划、经营方针、年度计划及日常经营工作中的重大事项。

（9）定期审阅公司的财务报表和其他重要报表，全盘控制公司的财务状况。

（10）签署批准公司招聘的各级管理人员和专业技术人员。

（11）签署对外重要经济合同、上报印发的各种重要报表、文件、资料。

（12）签署公司股票、公司债券。

（13）处理其他由董事会授权的重大事项。

（14）除章程规定须由股东大会和董事会决定的事项外，董事长对公司重大事务和行政事项有权做出决定。

通常，董事长是公司的法人代表和重大事项的决策人，主持公司生产经营管理工作，对所承担的工作任务全面负责，其管理机构组成如图 1-9 所示。

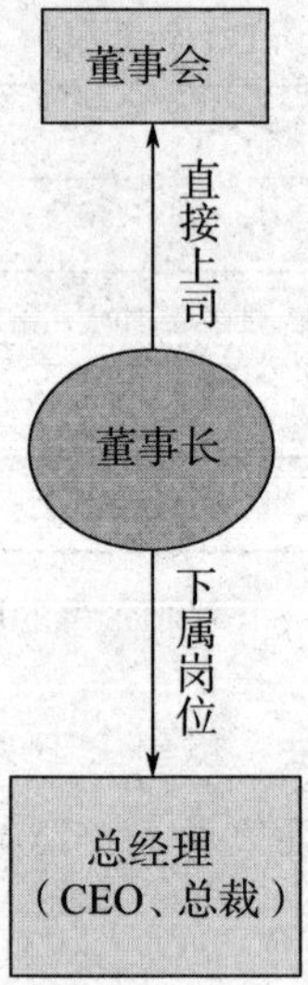

图 1-9　董事长的管理机构组成

虽然董事长的直接上司是董事会，但其权力并不是由董事会赋予的，而是依据《公司法》的相关规定确定的。

下面举一个公司在临时股东大会上更换董事长的案例。

郭某是上海市 ×× 建材股份有限公司的股东，该公司注册于 2016 年，注册资本为 2 亿元。后来，由于建材市场不景气，2018 年年底公司出现了经营亏损的情况，亏损总额为 7000 万元。对此，公司股东请求召开临时股东大会。

于是，该公司决定于 2019 年 3 月 11 日召开临时股东大会，并于 2019 年 2 月 25 日在报纸上刊登了向所有股东发出的会议通知。通知确定的会议议程如下所示：

（1）选举、更换部分董事。

（2）选举、更换董事长。

（3）选举、更换全部监事。

（4）更换公司总经理。

（5）对发行公司债券做出决议。

（6）对公司与另一建材公司合并做出决议。

在当天的股东大会上，上述通知中的事项均经出席股东大会的股东们所持表决权的半数通过。然而，郭某因为当时人在外地而没有看到召开临时股东大会的相关通知，当他了解该信息后，赶往上海市 ×× 建材股份有限公司的时候，公司告知他股东大会已经结束，相关事项也已经被处理完毕。

对此，郭某有两个困惑：在公司发生亏损后，经部分股东请求，是否可以召开临时股东大会？上海市 ×× 建材股份有限公司在临时股东大会的召集、召开过程中，有无与法律规定不相符的地方？

在公司发生经营亏损后，经部分股东请求，应当召开临时股东大会。召开的理由是，该公司的未弥补亏损 7000 万元已超过注册资本 2 亿元的 1/3。然而，上海市 ×× 建材股份有限公司在临时股东大会的召集、召开过程中存在以下与法律规定不符的地方：

（1）召开股东大会应提前 30 日通知股东，而该公司提前向股东发出通知的时间少于 30 日。

（2）临时股东大会无权选举、更换董事长，而应由董事会选举、更换董事长。

（3）股东大会无权选举、更换公司全部监事，只能选举、更换由股东代表出任的监事。

（4）股东大会无权更换公司聘任的总经理，这属于董事会的职权范围。

（5）公司合并决议应经出席股东大会的股东所持表决权的 2/3，而不是半数通过。

综上所述，上海市 ×× 建材股份有限公司这一次召开的临时股东大会所议事项无效，郭某可以通过法律手段维护自己的权益。

2. 什么是 CEO

CEO（Chief Executive Officer），即首席执行官，是在一个公司中负责日常事务的最高行政官员，又称作行政总裁、总经理或最高执行长。概括地说，CEO 不是老板，仍是打工者，他可以是某个公司部门的最高领导，也可以是部门领导，还可以是公司的最高领导。CEO 对公司的董事会负责，而且往往就是董事会的成员之一，在公司或组织内部拥有最终的执行权。在比较小的公司中，CEO 可能同时是董事会主席和总裁，但在大型公司中，这些职务往往是由不同的人担任的，主要是为了避免个人在公司中扮演的角色过多，拥有过多的权力，同时也是为了防止公司本身与公司的所有人（股东）之间发生利益冲突。

“CEO”一词源于美国，20 世纪 60 年代，美国人在公司治理结构改革创新时创造了“CEO”这个名称。可以说，CEO 是一个带有褒义的尊称，在亚洲大多数通用华语的资本市场比较成熟的国家（地区）的中小型公司中，CEO 的称呼是“老板”的代名词，并非专指行政总裁，而被直接作为中小型公司管理者的英文简称使用。

CEO 在公司中的主要职责如下所示：

（1）任免经理人员。

（2）执行董事会的决议。

（3）主持公司的日常业务活动。

（4）经董事会授权，对外签订合同或处理业务。

3. 什么是总裁

总裁是在集团形式的公司中使用的称呼，即公司里具有裁决权力的行政负责人。总裁常常就是总经理，是股东聘任或者推荐的公司管理层的最高管理者。通俗来讲，总裁就是帮人管理资产、受人监督、给人干活的人。一般在比较大的公司或者下面有几个较小公司的公司中称呼总裁的较多，在单一公司中称总经理的较多。

还有人把总裁称为“责任小组”的责任人，是仅次于 CEO、负责行政的二把手。有一些组织，在总裁之下，还有副总裁。确切地讲，总裁包含了两个方面的信息：一是总裁领导了一个责任小组；二是该小组向一个更高级的（事实上是最高级的）责任机构负责。

那么，集团公司总裁在公司中的主要职责有哪些呢？

（1）对整个公司的运转负责。

（2）协调各个副总裁和各个部门的工作。

（3）对各个副总裁进行绩效评估。

（4）制定整个公司的战略，让公司所有部门都能够围绕公司的战略协同运转。

4. 董事长、CEO 和总裁的区别

董事长的英文是 Chairman，总裁的英文是 President，CEO 的英文全称是 Chief Executive Officer，这是众人皆知的。但有些人由于不了解这三者之间的微妙差异，而将三者混淆使用，经常把 President 译成董事长或首席执行官，CEO 有时候也被译成总裁。下面我就来讲一下，董事长、CEO 和总裁这三者之间有什么不同。

（1）董事长、CEO 和总裁的职责区别

通俗地说，董事长是公司最大的老板，掌握公司的股权并且决定公司的发展策略。总裁是公司最大的打工者，是专业经理人，负责公司日常的经营管理，并对公司的发展进行规划，但执行计划的决定权在董事会手里。并不是每个公司都设置总裁这个职位，只有一些特定的公司才有这个职位。CEO 是公司部门的最高领导，可以是部门领导，也可以是公司最高领导，但不是老板，仍然是打工者。

举个例子，甲、乙两个人合伙开一个公司，两人分别出资 200 万元，那么甲和乙就是公司的股东。股东大会由甲和乙组成，他们共同决定指派由谁来担任董事长和董事，然后再由董事会对外选聘总经理（总裁），总经理（总裁）对董事会负责，董事会对股东大会负责。

有些公司的董事长可以兼任总裁，有些公司的董事长也可以兼任 CEO。例如，美国通用电气公司的第八任董事长杰克·韦尔奇，他的职务就是通用电气公司董事长兼 CEO，而且被誉为“全球第一 CEO”。

（2）董事长、CEO 和总裁的权力区别

就权力而言，董事长、CEO 和总裁的权力关系如图 1-10 所示。

董事长 > 总裁 > CEO

图 1-10　董事长、CEO 和总裁的权力关系图

董事长从理论上来说是公司管理层所有权力的来源。董事长是公司的老板，不属于公司员工的范畴。董事长是战略决策者，而 CEO 是负责执行战略的最高长官。虽然董事长是公司的战略决策者，但董事长的权力在董事会的职责范围之内，不管理公司的具体业务，只需要召开董事会聘任或者解聘总裁（总经理），然后让下属为自己赚钱。董事长一般也不进行个人决策，只在董事会开会或董事会专门委员会开会时才享有与其他董事同等的投票权。总裁一般由董事会任免，但在一些公司中公司的所有者（老板）既是董事长，又是总裁。CEO 的权力来源于董事长，虽然董事长拥有召开董事会、罢免总裁和 CEO 等最高权力，但不掌握行政权力。

1.4　如何区别公司与个体工商户

现在很多小型公司由于资金或者其他条件的限制，并没有注册公司，仅用个体工商户营业执照就能正常营业。

1. 什么是公司

公司是依法设立的，以营利为目的，有独立的法人财产，从事商业经营活动的组织。以公司股东的责任范围为划分标准，公司的主要类型包括无限责任公司、有限责任公司、两合公司、股份有限公司、股份两合公司。公司类型如图 1-11 所示。

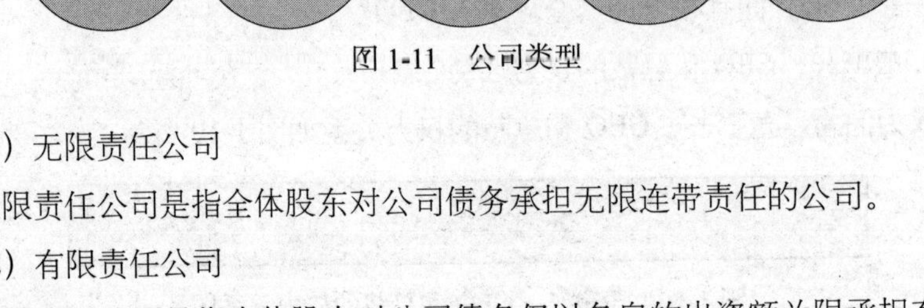

图 1-11　公司类型

（1）无限责任公司

无限责任公司是指全体股东对公司债务承担无限连带责任的公司。

（2）有限责任公司

有限责任公司是指全体股东对公司债务仅以各自的出资额为限承担有限责任

的公司。

（3）两合公司

两合公司是指公司的一部分股东对公司债务承担无限连带责任，另一部分股东对公司债务仅以出资额为限承担有限责任的公司。

（4）股份有限公司

股份有限公司是指公司资本划分为等额股份，全体股东仅以各自持有的股份额为限对公司债务承担有限责任的公司。

（5）股份两合公司

股份两合公司是指公司资本划分为等额股份，一部分股东对公司债务承担无限连带责任，另一部分股东对公司债务仅以其持有的股份额为限承担有限责任的公司。

注册一个正规的公司是所有经营者把事业做强做大必须走的路。在有了正规的公司后，经营者能够获得哪些方面的优势呢？

（1）在注册公司，特别是股份有限公司后，经营者可以公开发行股票、债券，在社会上广泛集资，便于兴办大型公司。

（2）公司的股东对公司承担有限责任，这种责任决定了对公司投资的股东既可满足投资人谋求利益的需求，又可使其承担的风险限定在一个合理的范围内，提高其投资的积极性。

（3）公司实行所有权与经营权分离的原则，可以提高公司的管理水平。

（4）公司特有的组织结构形式使公司的资本、经营运作趋于利益最大化，可以使投资人更好地实现投资目的。

（5）公司形态完全脱离个人色彩，是资本的永久性联合，股东的个人生存安危不影响公司的正常运营。因此，公司的存续时间长、稳定性高。

（6）公司具有一定的信用度和知名度，能把大客户吸引过来。

（7）公司受法律的保护，可以在一定范围内维护经营者的利益。

2. 什么是个体工商户

除了开办有限责任公司和股份有限公司，创业者还可以进行个体经营。个体经营是以个人的劳动为基础，劳动所得归个人所有的一种经营形式，其生产资料也归个人所有。

个体经营分为个体工商户和个人合伙两种形式。社会上一般所说的个体工商户指的是广义上的个体工商户，其中包括个人合伙。

什么是个体工商户呢？依据我国《个体工商户条例》第二条规定，有经营能力的公民，依照本条例规定经工商行政管理部门登记，从事工商业经营的，为个体工商户。

个体工商户是个体经济在法律上的表现，其具有一些独有的特征，主要表现在以下几个方面，如图 1-12 所示。

特征一	个体工商户是从事工商业经营的自然人或家庭
特征二	自然人从事个体工商业经营必须依法核准登记
特征三	个体工商户只能经营法律、政策允许个体经营的行业

图 1-12　个体工商户的特征

(1) 个体工商户是从事工商业经营的自然人或家庭

个体工商户是以个人或家庭为单位从事工商业经营的。根据我国法律的相关规定，可以申请个体工商户经营的人员包括城镇待业青年、社会闲散人员和农村村民。其中，城镇待业青年是指年龄在 16 到 25 周岁，具有劳动能力，未能升学而要求就业的初、高中毕业生及其他要求就业的适龄城镇青年。农村村民除可从事农业经营成为农村承包经营户外，也可从事工商业经营，成为个体工商户。此外，还有国家政策允许的其他人员，如下所示：

①党政机关在转变职能过程中分流出来的人员。

②企事业单位的富余人员、停薪留职人员。

③企事业单位放长假的员工，可以凭所在单位的证明，申请办理个人临时营业执照。

④企事业单位的在职员工（包括专业技术人员和管理人员），经所在单位同意和核准登记，可利用业余时间从事个体经营活动。

⑤党政机关、团体、企事业单位的离退休人员。

⑥居住地在我国的外国侨民。

(2) 自然人从事个体工商业经营必须依法核准登记

从事个体工商户的经营者必须到县级以上的工商行政管理机关进行核准登

记，在取得营业执照后，才可以开始经营。另外，个体工商户在转业、合并、变更登记事项或歇业时，也应办理相关登记手续。

(3) 个体工商户只能经营法律、政策允许个体经营的行业

个体工商户在各级工商行政管理机关登记注册、领取营业执照后，其经营范围如图 1-13 所示。

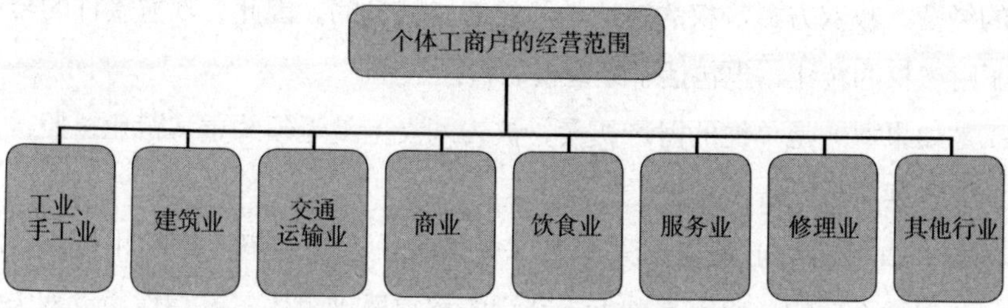

图 1-13　个体工商户的经营范围

从经营范围来看，个体工商户比公司更适合普通大众，而且个体工商户既不用缴那么多的税，在注册时也没有对最低注册资本的要求。但是，个体工商户的信用度和知名度比公司低，而且它无法对外签订合同，更不可能吸引一些大型公司与自己合作。还有很重要的一点，个体工商户如果在经营方面出了问题，只能自己负责。通过下面这个案例，我向大家介绍一下个体工商户所涉及的一些与法律相关的内容。

2018 年 6 月，王先生和刘女士签订了一份转让财产权与经营权合同，合同的内容为：刘女士将自己个人经营的浴室的部分财产权与经营权转让给王先生，王先生一次性给付刘女士 15 万元。

在合同签订后的次日，王先生按照该合同的约定支付给刘女士 15 万元，刘女士将个体工商户营业执照、卫生许可证及部分财产权交给王先生。王先生在经营过程中，因消防、工商等部门发出整改通知，浴室要想继续经营，必须重新办理一切手续。对此，王先生于 2019 年 6 月向某法院起诉，要求法院确认合同无效，让刘女士返还 15 万元转让款。

在诉讼期间，刘女士辩称，原告王先生买的不是经营权，只是财产权的转让，她之所以把个体工商户营业执照、卫生许可证交给原告，是为了便于原告重新办理手续。所以，刘女士称她与王先生的买卖已成立，合同是有效的。

对于上述案件，法院审理后判断：从双方签订的合同内容可以很明显地看出，该合同并非单纯的财产买卖，而是财产权与经营权的转让。其原因主要包括

以下四点：

一是双方签订的转让财产权与经营权合同中明确约定为转让经营权。

二是合同中并没有对财产的价格进行约定，所以此次交易并不是单纯的财产买卖。

三是从双方签订合同的目的来看，双方并非为了买卖浴室的财产，而是为了浴室的经营，故双方财产权的转让是为经营权服务的。因此，双方签订的合同既包括了财产权的转让，也包括了经营权的转让。

四是如果双方是单纯的财产买卖，被告刘女士就无须约定将营业执照、卫生许可证等手续交给原告王先生了。

本案中由于刘女士在与王先生签订合同时，没有遵照法律的相关规定，所以，此合同是无效的。原因是刘女士登记的浴室属于个体工商户性质，双方签订的合同实质是约定王先生以浴室的名义从事生产经营，违反了国务院制定的《个体工商户条例》第十条第二款“个体工商户变更经营者的，应当在办理注销登记后，由新的经营者重新办理注册登记”这一强制性规定，所以该合同无效，没有法律约束力。刘女士依据该无效合同取得的15万元转让费，应返还给王先生。鉴于双方都有过错，应各自承担相应的责任。

综上所述，原审法院依照《合同法》第五十二条第（五）项、第五十八条的规定，判决如下：

（1）原告王先生与被告刘女士签订的转让合同无效。

（2）被告刘女士于本判决生效后15日内返还原告王先生转让款15万元。

在现实生活中，很多类似约定转让经营权的事情时有发生，希望广大经营者能从上面的案例中吸取教训，引以为戒。

3. 公司和个体工商户的区别

开公司的新手往往拿不准是注册个体工商户好还是注册公司好，其实，公司与个体工商户在很多方面都有不同之处。下面我就详细说明一下公司与个体工商户的区别，其内容主要包括以下三个方面，如图1-14所示。

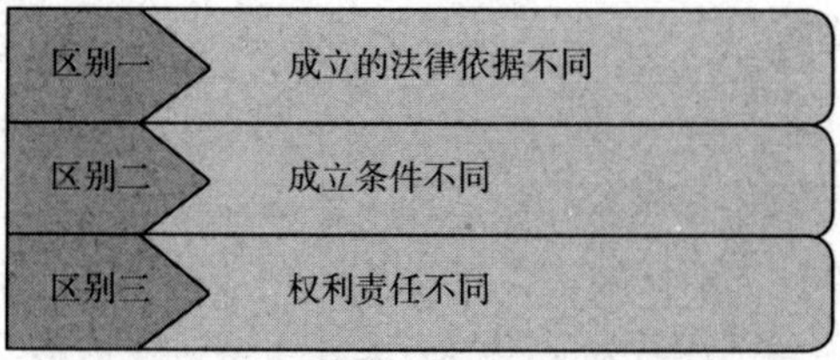

图 1-14 公司和个体工商户的区别

（1）成立的法律依据不同

公司依据《公司法》成立。

个体工商户依据《个体工商户条例》成立。

（2）成立条件不同

①名称不同

根据《公司法》的相关规定，依法设立的有限责任公司，必须在公司名称中标明“有限责任公司”的字样；依法设立的股份有限公司，必须在公司名称中标明“股份有限公司”的字样。根据《中华人民共和国公司登记管理条例》第十一条的规定：公司名称应当符合国家有关规定。公司只能使用一个名称。经公司登记机关核准登记的公司名称受法律保护。

个体工商户经营者的姓名可作为公司名称中的字号使用，但不得用“中国”等字词。个体工商户名称由行政区划、字号、行业、组织形式依次组成。个体工商户名称中的行业应当反映其主要经营活动内容或者经营特点，名称中的组织形式可以选用“厂”“店”“馆”“部”“行”“中心”等字样，但不得使用“企业”“公司”“农民专业合作社”等字样。

②投资主体不同

公司的投资主体是法人。

个体工商户的投资主体只能是自然人。

③经营场所不同

公司必须有自己固定的经营场所及从业人员。

对于经营场所，个体工商户没有限制，从事客货运输、贩运及摆摊设点、流动服务的个体工商户无须有固定的经营场所。

④财务核算要求不同

公司必须有健全的财务核算管理制度。

个体工商户没有对财务核算管理制度的要求。

(3) 权利责任不同

①法律主体不同

有限责任公司和股份有限公司的法律主体是公司。公司拥有法人资格，有独立的法人财产，享有法人财产权。

个体工商户的法律主体是个人，不具有法人资格。根据《中华人民共和国民法通则》第二十九条的规定：个体工商户的债务，个人经营的，以个人财产承担；家庭经营的，以家庭财产承担。

②债务承担责任不同

公司债务承担的是有限责任，超过注册资金的债务可以通过申请破产处理。

个体工商户债务承担的是无限责任，债务必须清还。

③经营期限不同

公司营业执照的经营期限比较长，经营范围可以变更。

个体工商户营业执照的经营期限比较短，经营范围不可以变更。

④缴纳税费不同

公司通常要求必须有健全的财务核算体系，公司根据自己申报的收入来缴税。

个体工商户一般由税务机关根据其所在位置、规模、员工人数、销售商品等来估算其销售额，然后再给其定税，不论当月的收入多少，是否有收入，个体工商户都要按定税金额来缴税。

公司的经营所得既要缴纳公司所得税，也要缴纳个人所得税，而个体工商户的经营所得只缴纳个人所得税。

公司按发票征税，经营所得环节一般采取核定征收或查账征收两种方式，而个体工商户的征税一般采取定额定率征收的方式。

⑤优惠政策不同

公司可以享受税收优惠政策，而个体工商户不享受优惠政策，没有投资风险且不需要会计做账。

公司可以申请税率为 13% 的一般纳税人增值税发票，而个体工商户不可以申请税率为 13% 的增值税发票，只能按照小规模纳税人的税率（税率为 3%）申请增值税发票。

公司的名称可以转让，而个体工商户的名称不能转让。

1.5　如何区别认缴制与实缴制

自 2014 年 3 月 1 日开始实施的新《公司法》将公司注册资本实缴制改为公司注册资本认缴制。在这种制度实施后，公司股东可以自主约定出资额、出资方式及出资期限等，并记载到公司章程中。那么，认缴制和实缴制有什么区别呢？是不是所有行业都可以实行认缴制？如果不是，哪些行业的公司不能实行注册资本认缴制呢？

认缴制和实缴制的区别主要表现在以下三个方面，如图 1-15 所示。

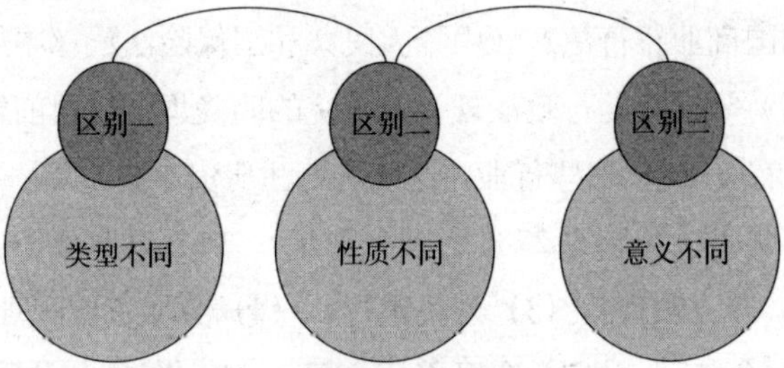

图 1-15　认缴制和实缴制的区别

（1）类型不同

认缴制公司一般涉及无重大风险类公司；实缴制公司一般涉及财产安全类公司。

（2）性质不同

认缴制不用再验资，股东对所认缴的资本负法律责任；实缴制必须出资、验资，把资金冻结在开户行，验证资本金。

（3）意义不同

认缴制为创业者提供了方便，不用先出资就可以把公司注册下来；实缴制必须把出资额按规定期限实缴到位，从而限制了一部分人创业。新《公司法》最突出的亮点就是把注册资本实缴制改为注册资本认缴制，这一修改有三个方面的意义。

①有利于个体创业

新《公司法》将实缴制改为认缴制使设立公司更为便捷，成本更为低廉，这将更好地鼓励个体创业，也将有助于提高我国整体的创新力。

②有利于我国建立信用体系

新《公司法》将实缴制改为认缴制有利于促进我国建立信用体系。因为在认缴制下，任何人都可以成立一个注册资本为1000万元甚至1亿元的公司，这也意味着注册资本的这一层含义将失去意义。在这样的结构下，特别是在重大交易中，对控股股东的背景及信用调查成为重中之重。相应地，政府也将会随之逐步建立市场主体（公司、控股股东、董事、高管）的信用体系。

③有利于推动资源配置方式的转变

新《公司法》将实缴制改为认缴制有利于推动我国资源配置方式的转变，使市场在资源配置中起决定性作用。

新《公司法》中提出的注册资本认缴制并不适用于所有行业，根据现行的《中华人民共和国商业银行法》《中华人民共和国保险法》《中华人民共和国外资银行管理条例》等法律、行政法规及国务院的明确规定，目前暂不实行注册资本认缴制的行业有27类，这些行业将继续实行注册资本实缴制。

不实行注册资本认缴制的27类行业分别是：（1）采取募集方式设立的股份有限公司；（2）商业银行；（3）外资银行；（4）金融资产管理公司；（5）信托公司；（6）财务公司；（7）金融租赁公司；（8）汽车金融公司；（9）消费金融公司；（10）货币经纪公司；（11）村镇银行；（12）贷款公司；（13）农村信用合作联社；（14）农村资金互助社；（15）证券公司；（16）期货公司；（17）基金管理公司；（18）保险公司；（19）保险专业代理机构；（20）外资保险公司；（21）直销公司；（22）对外劳务合作公司；（23）融资性担保公司；（24）劳务派遣公司；（25）典当行；（26）保险资产管理公司；（27）小额贷款公司。

1.6 认缴100万元与1亿元有什么区别

公司成立的注册资本可以设置为100万元，也可以设置为1亿元，股东只要在自己规定的时间内缴清认缴资本即可。因此，很多创业者认为可以随意地设置注册资本，然后设定一个很长的认缴期限，这样既能开办公司，又能节省资金。

《公司法》对这样“钻空子”的行为有明确的应对措施。股东虽然可以缓缴认缴的注册资本，但是始终肩负着缴清出资额的责任。一旦公司出现资不抵债等问题，面对债权人的起诉与公司资产无力偿还的情况时，股东应立即缴清认缴的注册资本，若不能缴清，则会被查封其名下的资产来抵债。尤其是在公司破产进入清算期后，为了提高债权人的获偿比例，股东的出资义务会被提前履行，不再受认缴期限的限制，需要立即兑现认缴资本。所以，股东不应对认缴期限心存侥幸，盲目认缴无法负担的资本。

另一方面，按照《公司法》规定，公司以其全部财产对公司的债务承担责任；有限责任公司的股东以其认缴的出资额为限对公司承担责任。也就是说，当公司出现经营不善等状况时，如果你认缴的资本是 100 万元，那么你需要承担 100 万元的责任；如果你认缴的资本为 1 亿元，那么你需要承担 1 亿元的责任。

综合以上两个方面，股东应在对自己的资产状况、认缴资本及要承担的责任有清楚的认识以后，再选择合适的注册资本金额来认缴。

1.7　如何区别小规模纳税人与一般纳税人

新成立的公司如果没有申请认定一般纳税人，那么就会被自动认定为小规模纳税人，二者之间的区别主要集中在以下四个方面：

1. 增值税税率

小规模纳税人的财务核算制度不健全，无法正确核算增值税的各种数据，因此，小规模纳税人的增值税税率一律调整为 3%，而一般纳税人的增值税税率根据行业不同分为 13%、9%、6%、0 四档。

2. 计税方式

二者的计税方式也不同，一般纳税人的增值税计税公式为销项税额 - 进项税额 - 减免税额 = 应纳增值税；小规模纳税人的增值税计税公式为收入 × 增值税税率（3%）。

另外，一般纳税人在增值税方面很少有优惠政策；小规模纳税人在 2019 年的新规下可以享受季度收入 30 万元以下免缴增值税，季度收入大于 30 万元正常缴税但附加税减半征收的优惠政策。

3. 申报周期

一般纳税人须按月申报，增值税要在特定的系统内才能申报；小规模纳税人一般按季度申报，但也可以选择按月申报，并且没有要求在特定的系统内申报。

4. 所开发票

一般纳税人既可以自行开具增值税普通发票，也可以开具增值税专用发票，受票方能抵扣 6% ～ 13% 的进项税额；小规模纳税人可以开具增值税普通发票，但增值税专用发票需要去税务局开，且受票方不能抵扣进项税额。

创业者需要根据自己的客户群体进行衡量，很多大型企业会在合作时要求开增值税专用发票，可以为公司抵扣一部分税额，但小规模纳税人无法实现这个要求。

需要注意的是，小规模纳税人在满足一定条件后可以申请转化为一般纳税人，但这种转化是单向的。也就是说，一般纳税人无法再转回小规模纳税人，因此，创业者应清楚企业的定位、内部情况及客户需求，以便做出合理的决定。

1.8 如何区别代理记账公司与财务外包公司

作为提供财务服务的第三方机构，代理记账公司与财务外包公司被很多人误以为是一样的，虽然二者同为专业的财务公司，但它们之间还是有很大区别的，下面主要从它们的服务目的、服务对象与服务内容三个方面来做对比。

1. 服务目的不同

代理记账公司的服务目的是替委托方减少会计成本，因此它只须用自己的理财能力来解决委托方的财务及税务等问题即可；财务外包公司的服务目的则是控制委托方的税收风险，通过筹划税务来为公司节约成本。

2. 服务对象不同

代理记账公司的服务对象一般是一些初创公司或较小的企业，它们的共同点是没有健全的财务管理制度和财务部门，不具备解决这些事务的能力；财务外包公司的管理机制更加健全，因此，其服务对象也比较广泛，不论是小型企业、有限公司、股份公司、集团公司还是跨国企业，它都可以服务。

3. 服务内容不同

代理记账公司在为委托方（企业）服务时，其自身便顶上了委托方财务部门的空缺，因此也会承担委托方财务部门的所有责任。不论是企业的财务事宜还是税务事宜，只要是财务部门应负责的，都可以交由代理记账公司去处理，委托方可以将财务部门的所有事宜全部交出，在这方面可以完全省心。

财务外包公司的服务内容则相对灵活多样，只要是与财务相关的，不论是委托方其中的某一项工作如出纳、记账，还是全部的财务工作都可以。

代理记账公司与财务外包公司各有其优势，创业者应清楚二者的区别，在有需求的情况下，根据公司自身的情况选择一种更合适的方式来打理财务事宜。

1.9　个人开公司与 2 ~ 3 人合伙开公司有什么区别

1. 个人独资企业与一人有限责任公司的区别

个人开公司可以选择注册个人独资企业，也可以选择注册一人有限责任公司。前者依据《个人独资企业法》设立，出资人只能是自然人，且不具备法人资格；后者依据《公司法》设立，创始人可以是一个自然人股东，也可以是法人股东，具备法人资格。

个人独资企业的投资人需要对企业的债务承担无限责任，风险较大；一人有限责任公司的创始人在承担责任时，只需要以其认缴的出资额为限承担有限责任，不会牵涉到个人财产，风险相对较小。

二者均需要缴纳增值税，个人独资企业只需要缴纳个人所得税，但一人有限公司在此基础上，还需要缴纳企业所得税、个人股权获得的股息及红利。

对于这两种形式，不论创业者采取哪一种形式，他都会获取公司 / 企业最高的实际控制权，但高度统一的权力也会使其缺乏组织机构内的制衡。总而言之，它们各有利弊，创业者应根据自身情况及需求选择合适的公司类型。

2. 合伙企业与公司的区别

很多创业者在合伙开公司时，实际上开的是“合伙企业”。创业者需要注意合伙企业中的合伙人与公司的股东所承担的责任完全不同。

合伙企业的人员分配较为明确，每个企业内至少有一个普通合伙人（General Partner，GP），对外代表企业，遇到企业债务无法清偿时承担无限连带责任；有限合伙人（Limited Partner，LP）不执行合伙事务，也不能代表企业，仅承担以认缴的出资额为限的有限责任。

公司的人员分配更为灵活，股东均以认缴的出资额或认购的股份为限承担有限责任，至于在公司内部担任何种职务、执行何种事务，以及是否能代表公司等都由股东们共同决定。

3. 个人开公司与合伙开公司的区别

个人开公司的优点在于控制权集中，创业者可以根据自己的想法做事，不受外人约束；但相对而言，一个人的资产终究有限，以个人名义去筹款更是很难办到的。而且，运营一家公司不是一件易事，事无巨细都要负责，创业者的责任重大。另外，当公司出现问题时，创业者要独自承担巨大的风险。

合伙开公司的优点在于多人分担风险，既能互相制衡也能互相取长补短，集思广益，将局势看得更加全面。但由于是多人合作，需要事先就以后可能出现的争端及所有可能出现的问题约定好，白纸黑字地写下来。如根据出资比例如何规定占股、分红的比例，每人应担任的职位，出现争端时根据何种原则做决策及如何建立良好的退出机制等，都需要以合同的形式约定好，避免以后产生不必要的麻烦，影响公司的发展。

1.10 如何区别母公司、子公司、总公司与分公司

母公司与子公司是一组对应的法律概念。前者指某个公司拥有另一个公司超过一定比例的股份，或者能通过某种协议对另一个公司实行实际控制的公司。后者则是指某公司超过一定比例的股份被另一个公司（母公司）持有，或者通过某种协议会受到另一个公司实际控制的公司。

母公司对子公司拥有实际掌控权，能够任命董事会的成员。但尽管如此，母公司与子公司都是独立的法人，子公司与母公司一样都以自己的名义运营并独立承担社会责任。当公司发生问题时，二者均以自身资产来承担责任，不会连带到对方。母公司是子公司最大的股东，当子公司自身资产无法负担债务时，母公司须以出资额为限承担有限责任。

分公司是相应总公司的分支结构，在业务、资金、人事等方面被总公司管理。分公司在法律、经济上没有独立性，附属于总公司，不具备法人资格。总公司可以对所属分公司的事务行使指挥、管理、监督等权利。

子公司与分公司的区别体现在以下几个方面。

1. 设立方式不同

子公司的设立应遵循《公司法》中关于设立条件和投资方式的要求。子公司应严格按照法律规定提出申请，在取得营业执照、办理各类手续后方可营业。

分公司的设立则相对简单，由于其本质上是总公司的分支机构，所以不必走一般公司的设立程序，只需要由总公司向当地工商机关申请设立，在办理简单的登记及开业手续后即可营业。

2. 法律地位不同

子公司具有法人资格，拥有自己的公司章程和组织机构，对外能够以自己的名义从事经营活动，是独立的个体。

分公司不具有法人资格，没有自己的公司章程和组织机构，对外只能以总公司分支机构的名义从事经营活动。

3. 受控制方式不同

母公司对子公司虽然有实际控制权，但一般不直接控制，而是通过任命子公司的董事会成员及在重大事项上做出决策等方式影响子公司的生产经营活动。

分公司不仅在人事、财务等方面受总公司的直接控制，其经营范围也受总公司业务范围的限制。

4. 承担责任方式不同

子公司是独立的个体，因此当子公司出现债务时，应以子公司的全部财产承担责任。

分公司是总公司的一部分，因此，分公司不具备偿还债务的能力，分公司不独立承担民事责任，需要由总公司来清偿债务。

5. 营业执照不同

子公司是独立的法人，因此可以领取带有法定代表人姓名字样的企业法人营业执照。

分公司不具有法人资格，领取的只是带有公司负责人字样的营业执照。

6. 产品包装标注不同

子公司在生产产品时，需要在产品包装上标注本公司的名称、住所等信息。

分公司在生产产品时，必须标注总公司的名称、住所等信息，自己公司的信息可以标注，也可以不标注。

第 2 章　注册流程：如何快速注册一家公司

要想成功开公司，除了做好心理准备，你还要充分了解与开公司有关的各方面的信息，比如，公司的注册流程、注册公司需要的材料、费用、公司名称登记的原则、选择办公地址的注意事项等。只有做好充分的准备，你才能打有把握之仗。

2.1　注册公司的基本流程

在注册公司前，你要对注册公司的基本流程有所了解，根据《公司法》的规定，我国股份有限公司和有限责任公司的注册流程分别如下。

1. 股份有限公司的注册流程

设立股份有限公司，一般要经过以下步骤：

（1）申请名称预先核准。领取并填写企业名称预先核准申请书，同时准备相关材料。（注意：在公司设立之前，你要先确定自己所申请的行业是否需要前置审批，不同行业的前置审批是不同的，你可以向行业的政府主管部门进行咨询。当然，还可以向市场监督管理局咨询是否需要进行前置审批及负责审批的具体部门。前置审批是一种对某些特殊行业的准入进行审批的管理制度。对需要前置审批的行业来说，只有取得了前置审批的许可，方能向市场监督管理局申请核准登记，未取得前置审批许可的，市场监督管理局将不予受理公司的登记申请。所以，前置审批不能由公司自行选择，只能按照法律法规的规定办理。）

（2）递交企业名称预先核准申请书及其相关材料，等待名称核准结果。

（3）向登记机关申请登记。领取名称预先核准通知书，同时领取公司设立登记申请书等有关表格；在经营范围许可内，办理相关审核手续。

（4）凭企业名称预先核准通知书到经市场监督管理局确认的入资银行开立入资专户。

（5）办理入资手续并到法定验资机构办理验资手续，以非货币方式出资的，还应办理资产评估手续。

（6）递交申请材料。若材料齐全，并符合法定形式，便可等候领取准予设立登记通知书。

（7）在领取准予设立登记通知书后，按照准予设立登记通知书确定的日期到市场监督管理局交费并领取营业执照。

2. 有限责任公司的注册流程

设立有限责任公司，一般要经过以下步骤：

（1）签订发起人协议，明确各自在公司设立过程中的权利和义务。

（2）申请名称预先核准。领取并填写企业名称预先核准申请书，同时准备相关材料。预先核准的公司名称保留期为 6 个月，该名称在保留期内不得从事经营活动或转让。

（3）向登记机关申请登记。领取企业名称预先核准通知书，同时领取公司设立登记申请书等有关表格。在经营范围许可内，办理相关审批手续。

（4）准备材料。如果涉及国有股权设置，须经财政主管部门或国有资产监督管理部门审批。

（5）凭企业名称预先核准通知书到经市场监督管理局确认的入资银行开立入资专户。

（6）办理入资手续并到法定验资机构办理验资手续，以非货币方式出资的，还应办理资产评估手续及财产转移手续。

（7）首次缴纳出资额后（公司全体发起人的首次出资额不得低于注册资本的 20%，其余部分由发起人自公司成立之日起两年内缴足），选举董事会和监事会，由董事会向市场监督管理局报送公司章程、验资证明及法律法规规定的其他文件。

（8）递交申请材料。若材料齐全，并符合法定形式，便可等候领取准予设立登记通知书。

（9）在领取准予设立登记通知书后，按照准予设立登记通知书确定的日期到市场监督管理局交费并领取营业执照。

2.2 注册公司的费用构成

在注册公司之前，你还要充分了解注册公司需要哪些费用，注册公司的费用由哪几个部分构成呢？如图 2-1 所示。

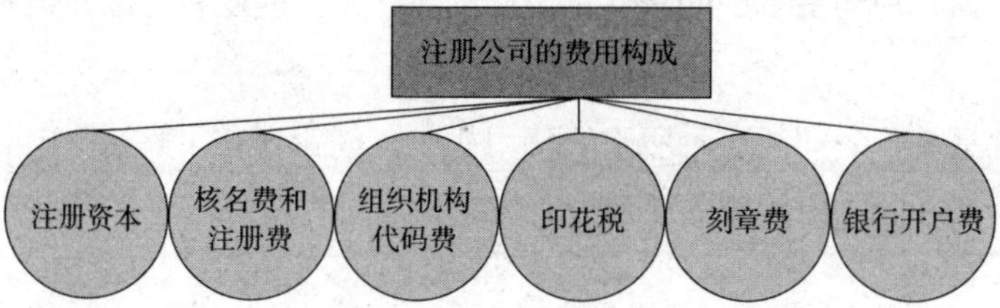

图 2-1 注册公司的费用构成

1. 注册资本

自 2014 年 3 月国家出台了新的政策以后，注册公司不需要实缴注册资本，对于那些不能认缴资本的行业则视具体情况而定。

2. 核名费和注册费

核名费为 30 元或 50 元，注册费则按注册资本的 0.8‰计算（部分城市或城区根据相关政策而定，例如，北京地区的核名费和注册费都是 0 元）。

3. 组织机构代码费

组织机构代码费为 68 ～ 148 元不等（不同城市收费标准不一，请以当地的收费标准为准）。

4. 印花税

印花税包括房屋租赁印花税和注册资本印花税。其中，房屋租赁印花税按租用注册地的年租金的 1‰收取；注册资本印花税按注册资本的 0.5‰计算。

5. 刻章费

如果交由刻章公司制作，则一套公章的费用在 500 元左右（注册城市不同，其价格也略有差异，例如，北京地区的刻章费是300元）。

6. 银行开户费

银行开临时户与基本户的费用是200～800元，创业者可以根据实际需求自行选择。

以上就是关于公司注册时所需的费用构成，创业者在了解这些内容后，就不会出现被某些不良代理注册公司蒙骗的情况。

2.3 如何选择注册资本的额度

虽然新《公司法》取消了注册有限责任公司时注册资本最低3万元的限额规定，但你依旧需要根据公司的规模、性质及不同行业的相关规定筹集相应的资金，满足它们对注册资本最低限额的要求，其内容如下：

（1）经营房地产开发业务的公司的注册资本最低限额为100万元（根据资质的不同，其注册资本数额也不同，例如，一级资质注册资本不低于5000万元）。

（2）经营劳务派遣业务的公司的注册资本最低限额为200万元。

（3）经营航空国际货物运输代理业务的公司的注册资本最低限额为300万元。

（4）经营海上国际货物运输代理业务的公司的注册资本最低限额为500万元。

（5）经营陆路国际货物运输代理业务或者国际快递业务的公司的注册资本最低限额为200万元。

（6）农村商业银行的注册资本最低限额为5000万元，城市商业银行的注册资本最低限额为1亿元。

（7）保险公司的注册资本最低限额为2亿元。

另外，新《公司法》规定，注册公司不再进行银行验资，且注册资本实缴登记制改为认缴登记制。这使得很多人进入了一个误区，他们认为不论花多少钱都能开公司。

2014年年初，汉中市就有人申请了一个“1元公司”，即公司注册的认缴资本是1元。对于此种情况，汉中市市场监督管理局的工作人员当时就给申请人做出了解释，1元公司从理论上是可行的，登记制度也是允许的，但是从公司运营的实际情况看，注册资本额度只有1元钱的公司必定寸步难行，而且公司的经营能力也会受到合作对象的质疑。当时这个申请人不听汉中市市场监督管理局的工作人员的劝告，一意孤行。最后，汉中市市场监督管理局给对方办理了注册登记手续，但是后来申请人自己在经营中发现，注册1元钱确实没有意义，在反复权衡后，他又主动增加了注册资本额度。

还有一些人完全不考虑公司的经营能力，以致注册资本额度虚高。举一个夸张一点的例子，一个只有100万元实力的公司，该申请人竟把公司的注册额度设置为100亿元。

像上面这种"吹牛"公司，其股东是要承担风险的，比如，如果你的认缴资本额度为500万元，你就要承担500万元的责任。当你的公司因经营不善倒闭时，你就要承担500万元的债务。如果你的注册资本额度为100万元，那么你只须承担100万元的债务即可。同时，市场监督管理部门也会对公示内容和实际情况进行核查，如果不一致，你也要承担相应的法律责任。所以，公司的注册资本额度并不是越多越好。虽然注册资本的最高限额在法律上并无规定，但是申请人要根据自身的实力、公司的规模酌情选择。还有一些创业新手搞不清楚注册资本额度和纳税额的关系，有人认为公司的注册资本越多，纳税额也会越高。其实，这种想法是错误的，公司的注册资本额度和纳税额无关，纳税额主要看财务报表（营业额和利润）的情况，利润高，纳税额就高。

2.4 公司名称登记的原则

公司的名称是公司的身份象征，是与其他公司相区别的标志。一个合适、合法的名称，既能彰显公司的特点，也能帮助公司在以后的业务洽谈中更加顺利。所以，给公司选择一个合适的名称很重要。

《企业名称登记管理规定》第七条规定，企业名称应当由以下部分依次组成：字号（或者商号）、行业或者经营特点、组织形式。企业名称应当冠以企业所在地省（包括自治区、直辖市）或者市（包括自治州）或者县（包括市辖区）的行政区划名称。

根据这条规定，公司的名称一般由公司所在地的行政区划名称、字号（或者商号）、行业或者经营特点、组织形式4个部分组成。例如，北京百度网讯科技有限公司，其中，"北京"是其所在地的行政区划名称，"百度"则是它的商号，"网讯科技"是它的行业特点，"有限公司"则是它的组织形式。在为公司取名时最关键的就是取一个合适的商号，商号是公司与其他公司相区别的最重要的标志。

另外，由于公司名称是与其他公司相区别的标志，所以，在进行公司注册的时候，公司的名称与商标一样，是不能重复的。因此，在确定了公司的名称之后，还应对其进行查询，确保名称具有识别性。

公司名称是外界了解公司的首要途径，可以说，它起着门户的作用。因此，为了让公司名称能在公司经营中发挥更大的促进作用，创业者在为公司取名的时候，要遵循以下四个原则，如图 2-2 所示。

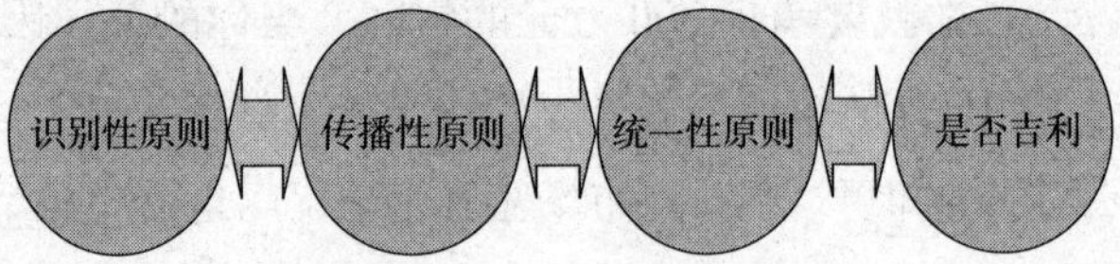

图 2-2　公司取名的基本原则

1. 识别性原则

识别性也称独特性，公司名称要具有独创性，应区别于其他公司的名称，避免与知名公司相仿，因为模仿别人只会扩大对方的名声而使自己败落。所以，创业者在给公司取名时应追求创新而不是去模仿他人，就好像有人模仿“肯德基”，取名为“啃得鸡”，但是后者做得再好吃，也无法超越前者，因为后者没有自己独有的品牌。

2. 传播性原则

公司要想发展壮大，就要有更多、更广的用户。所以，公司名称的传播性也是非常重要的一个方面。为了增强公司名称的传播性，就需要保证公司名称简单明了、易读易记，如“立白”“老干妈”等，这些公司的名称既形象又通俗易懂，很容易让人记住。

3. 统一性原则

一个公司要想得到长足发展，需要具有较强的竞争力。那么，竞争力从何而来呢？答案是具有品牌效应的产品。为了凸显公司的产品，增强公司的品牌效应，创业者可以考虑将公司的名称与产品品牌及产品商标统一起来。当其他人看到公司的名称时，就会想起公司的产品，这样有利于提高公司的竞争力。

4. 是否吉利

生意人都想图个吉利，很多人在洽谈业务、寻找合作伙伴时，也会关注对方公司的名称是否吉利。因此，创业者在为公司取名时，也要将这个因素考虑进去。一个大吉大利的名字，容易吸引更多的合作伙伴。

你在为公司取名时，除了要遵循上面的基本原则，还要弄清楚哪些名字不能用。《企业名称登记管理规定》对登记注册的公司名称进行了严格规范，第九条规定，企业名称不得含有下列内容和文字：

（一）有损于国家、社会公共利益的；

（二）可能对公众造成欺骗或者误解的；

（三）外国国家（地区）名称、国际组织名称；

（四）政党名称、党政军机关名称、群众组织名称、社会团体名称及部队番号；

（五）汉语拼音字母（外文名称中使用的除外）、数字；

（六）其他法律、行政法规规定禁止的。

另外，在不同的地区，市场监督管理部门还可能有各自不同的限制规定。例如，×× 市范围内县以上行政区划名称不得用作字号，县以下行政区划名称可以用作字号，但特殊地名除外等。因此，为了提高审核通过率，创业者在取名时应当避免使用一些特殊字词。

2.5　如何为公司取名

公司的名称很重要，好的名称能为公司带来一定的效益，而不好的名称很可能会影响公司的品牌价值和市场前景。什么样的名称是好的名称呢？好的公司名称不但字用得好，而且名称听起来也吉利。

“金利来”这个名称起源于香港，它是一个驰名中外的男装品牌。“金利来”的商标是该公司创始人曾宪梓先生在 1970 年亲自设计的，这个商标包含商标图案、英文名称“goldlion”、中文名称“金利来”，三者构成了一个整体。“goldlion”的中文译名为“金狮”，是喜庆吉祥的象征，预示着会给人带来幸福。狮为百兽之王，喻示在服饰行业里独占“男装世界”的鳌头，具有王者的风采。

刚开始的时候，该公司将 goldlion 译为“金狮”。然而，有一天，董事长曾宪梓先生把自己公司新生产的领带送给来自香港地区的亲戚。结果对方不乐意戴它，他认为这个“金狮”领带用粤语念起来像“尽输”，代表着不好的寓意，不吉利。当时，曾宪梓先生就意识到必须换一个品牌名称，于是，他便把英文“goldlion”中的“gold”译意为“金”，“lion”音译为“利来”，再合而为一，便成就了今天的“金利来”。

“金利来”的商标图案是由 goldlion 的缩写 GL 拼合而成的，其内涵还是金狮，其视觉形象则使人们联想到 G 是地球，L 是金狮。这一寓意很好，可以使人联想到地球上雄踞着一头金狮——唤醒东方：预示着金利来公司的产品有无限广阔的前景。英文标准字用毛笔书写，独辟蹊径，潇洒起伏的笔画间，描绘出了丝绸之路的逶迤，闪动着东方民族的神韵。

改动后的 goldlion 的中文名称既不失金狮的王气，又含有金利滔滔的佳兆，牌名响亮，雅俗咸宜，大受欢迎。更名后，该公司的领带大为畅销，“金利来”最终成为知名品牌。

通过“金利来”这个例子，你可以清楚地知道为公司取一个合适的名称的重要性。那么，究竟该怎样为公司取一个好名称呢？你可以遵循以下几个方法，如图 2-3 所示。

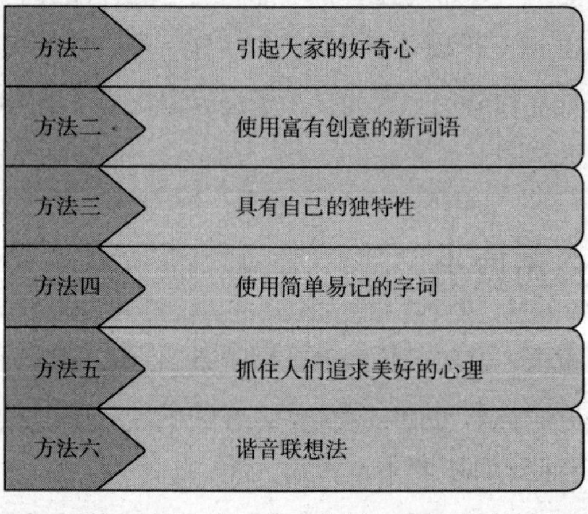

图 2-3　为公司取一个好名称的方法

1. 引起大家的好奇心

好奇心是人类最基本的心理特性之一，如果一个东西能引起大家的好奇心，那么这个东西肯定会使人印象深刻。例如，“狗不理包子”这个名字让人听了就很好奇，因此能给人留下深刻的印象。

在 2010 年南非世界杯，有一个名叫“英利”的中国赞助商被人所熟知，可能在此之前，大多数中国人都不知道它是做什么的。其实，“英利”是一个已经成立二十几年的能源企业。现在它之所以能够被大家所熟知，还要归功于 2010 年世界杯。除此之外，单凭公司名称而言，该公司丝毫没有竞争力。

下面再说一个众所周知的公司名字——王老吉，作为凉茶领域的佼佼者，王老吉把自己定位为一款降火的饮料，在全国乃至全世界范围内取得了很大成功。“王老吉”在清朝就已经是凉茶的代名词，而沿用这个既有历史地位又有广东人情怀的名称，在某种意义上已经具备成功的要素了。

2. 使用富有创意的新词语

有些公司的名称使用的是新创的词，其并无特殊意义，比如，可口可乐、施乐等，然而，这些公司也取得了很大的成功，这又是怎么回事呢?

一般情况下，第一个以新产品或新理念进入人们视线的公司很容易出名。比如，可口可乐是第一个以可乐类饮料出名的公司，施乐是第一个以普通复印机出名的公司。在这些公司出现之前，市场上根本没有同类产品，正是因为它们的成功及创新，它们才把自己创造出来的东西以公司的名称来命名。不过，这种成功模式也有很多人模仿。即便一直被模仿，至今为止也尚未被人超越，这其中就体现了创新和时机的重要性。

3. 具有自己的独特性

公司的名称要有自己的独特性，不能与同行业中的其他公司名称相似，否则只会“为他人作嫁衣裳”。

4. 使用简单易记的字词

公司的名称最好不要用太复杂的字词，这样不容易让人记住，最好使用一些简单易记的字词。

5. 抓住人们追求美好的心理

要抓住人们对美好事物的向往与追求的心理，这是人类追求美好生活的良好愿望的表现。

6. 谐音联想法

比如，娃哈哈，“哈哈”是全人类最基本的表达笑的方式。

像“娃哈哈”“海尔”“红桃K”“乐百氏”“Exxon”“Sony”“Yahoo”“Acer”等世界驰名商标，它们无一不得益于当初高度重视命名这个投资环节。例如，美国一家石油公司为设计出既符合世界各地风俗又符合各国法律的名称，邀请各方面的专家，历时6年，耗资1亿多美元，调查了55个国家和地区，最后从设计的1万多个商标中选出了一个商标，这就是著名的埃克森（Exxon）。如今，Exxon的品牌价值已达到上百亿美元。其他诸如“Sony”“Acer”等，也都是公司花费一笔巨大的资金命名出来的，当然，它们最终获得的回报也是相当丰厚的。

公司的名称固然重要，但是大家千万不要进入一个误区，即只注重公司的名称，而不注重公司的产品。要知道，真正决定公司生死的还是产品的质量和品牌的美誉度。如果你产品的质量和品牌的美誉度都不行，那么即使你公司的名称取得再好也没有用。公司的名称只是公司提高知名度的一个辅助工具，任何一个公司都不可能仅靠名称便打开市场。因为一个公司的好名称取决于取名人的才能或灵机一动，而好未来和好效益则取决于公司产品和服务的质量。

2.6 什么样的房产可以作为办公地址

很多地方在注册公司时，要求所填写的办公地址的性质是商业性质的，例如写字楼、商铺，或者住改商性质的，而不能为居民住宅。注册公司营业执照时须提供符合商用住址的房地产产权或使用权证明文件，例如，你名下的商用房产的房产证明，或经公证处公证过的商务产权房地产的租用合同。

居民住宅不能作为公司注册的地址，那么它是否可以用于办公呢？目前有一些小公司，由于经济条件的限制，租不起写字楼或商铺。于是，它们退而求其次，便选择在居民住宅中办公。它们这样做是合法的吗？

下面来看一下国家市场监督管理部门的有关规定：公司在注册时，其作为办公地址的房产必须是在土地部门规划的商业用地区域内的建筑，房产证上注明的产权必须为经营性商业建筑，不接受将居住性产权的建筑作为注册地址来注册公司的请求。可见，在上述规定中并没有规定公司的实际办公地址必须为商业建筑，所以公司在民宅中办公是可以的，而且民宅也可以用于注册个体工商户营业执照。

在注册公司时，对于那些因为各方面的原因无法使用商业性质的房子作为办公地址的，可以考虑租用具有商务独立产权的小面积的商务办公室，用于注册公司；也可以在租房时支付一定的费用购买户主的地址注册权。如果家里的其他人名下有符合商务注册的房地产，则需要提交直系亲属证明材料或经公证的租借证明文件。这里需要注意一点：一个办公地址，不允许不同姓名的申请人重复提交公司注册申请，因此你在租用前一定要问清楚该建筑是否曾经注册过公司，若注册过，则不能再用于注册公司。

2.7 选择办公地址的注意事项

在了解了什么样的房产可以作为办公地址之后，下面就是要找办公地址了。对任何一家公司而言，找到一个合适的办公场所既是一件令人兴奋的事，也是一件极具挑战性的事。创业新手在首次选择公司的办公地址时，需要考虑哪些注意事项呢？

在选择办公地址之前，你要先问自己几个问题。

(1) 什么时候开始准备找办公地址

要知道，在短短的一个月内就找到一个称心如意的办公场所，这几乎是不可能的，因为有很多因素会影响你选址的进度，其主要影响因素如图 2-4 所示。

因素一	办公场所的规模
因素二	市场条件和可用性
因素三	与房东的谈判时间
因素四	办公场所的空间规划
因素五	租赁文件
因素六	营业许可证
因素七	装修时间

图 2-4 影响选址进度的因素

一般来说，选择办公场所的规模越大，需要的时间也会越长。你最好给自己留出 4 ~ 6 个月的时间来寻找合适的办公场所。如果你寻找的办公场所对面积和地理位置要求很高的话，那么你留出的时间至少要增加到 6 ~ 12 个月。

(2) 选择商铺、写字楼还是居民住宅

如果你的公司经营的是餐饮类、零售类业务，那么你必须选择商铺作为你的办公地址，并且要严格挑选商铺的位置。如果你的公司经营的是设计类、会计类、金融投资类等业务，那么你应选择写字楼。但是如果你的创业资金不宽裕且员工不多、客户不用登门的话，你也可以选择位置较偏僻的写字楼或者居民住宅，这样比较省钱。

(3) 办公场所需要多大的规模

在选择办公地址之前，你一定要确定自己需要多大的办公场所。下面有两个小技巧，或许对你判断所选择的办公场地是否合适有所帮助。

①根据租赁期限估算空间面积

你可以根据租赁期限估算一下自己公司未来的发展规模。估算空间面积的方法是你当前要租的办公场所，应该能够容纳未来员工数量的 2/3 或 3/4，不过在估算空间面积时要灵活一点，不要算得太死。

②寻找一些利用率较高的办公场所

选择办公场所时最好不要选择那些参差不齐的地方，而要选择方方正正的地方，这样不但有利于未来的办公室装修，而且其空间利用率也较高。

(4) 办公场所的要求是豪华还是简单

如果你所经营的公司需要向客户彰显实力，那么你可以选择高档一点的办公楼，其特点包括楼盘本身要有档次，建成年代不能太久，大堂豪华、物业管理水平较高等。如果你所经营的公司基本上没有客户来参观，为了节省成本，你不需要做面子功夫，这时就可以选择一些简单的、经济实惠一点的办公楼。

(5) 选择什么样的租赁方式

租赁方式主要有合租、联合办公、转租、直租等。对那些不确定租赁期限的创业新手来说，最好选择合租办公场所的租赁方式，包括与其他公司联合办公、加盟公司孵化器、接受其他公司转租的办公场所等。这种租赁方式比直接租赁一个办公场所灵活，租赁期限也可以更短。但是如果选择合租的话，就会牵涉到很多事情，比如对办公场地的要求、租户改善及相关成本、选择标准、租赁时长，以及可能涉及的法律责任。所以，你一定要权衡利弊后再做出决定。

另外，你还可以考虑转租的方式，因为公司在创业初期会有很多不确定的因素，所以，鉴于自己的创业进度和灵活性，转租未尝不是一个好办法。你可以找到一个低于市场价格的转租办公场所，但是其中也各有利弊。比如，你很可能会受到很多限制，无法对办公场所进行大刀阔斧的装修改造。再比如，如果承租人在未来 1 ~ 5 年内发生财务问题，那么你可能会承担相应的损失。

如果你选择直租方式的话，房东对租赁期限一般会有要求，虽然你的租赁期限越长，自己的选择也会越多，但是对一些初创公司而言，它有很多不确定性。比如，你与房东签了 5 年的租赁合同，但是第一年你就发现该办公场地无法满足自己的人员需求。所以，公司创始人应该从多方面考虑，和房东商谈一个更加灵活的租赁期限。

(6) 选择什么样的地理位置

对于办公地址地理位置的选择，你需要重点考虑。为了节省时间，你可以通过关键指标帮助自己缩小搜索范围，并提高搜索质量，把你的搜索结果优化到一个可控范围之内。其关键指标主要包括以下几个方面，如图 2-5 所示。

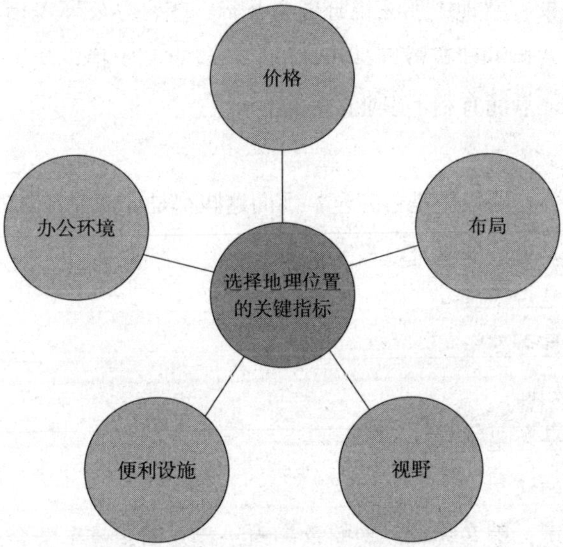

图 2-5　选择地理位置的关键指标

①价格

在选择办公地址时，你没必要死死地盯着每平方米要花多少租金，而要先明确自己的办公场所的预算成本和相关费用，主要包括下列内容：

• 停车费

- 公共事业费
- 清洁费
- 拆迁费
- 承租人改善费
- 保险费
- 家具费
- 其他费用

上述这些预算成本和相关费用都需要你在选择办公地址时考虑到。

②布局

办公场所的布局很重要，你要确保自己有独立的办公室，而且员工的办公位置要足够方便，不能让员工的办公地点看起来拥挤不堪，或者出入不方便等。另外，如果你的办公室经常会有客户来拜访，那么你还需要考虑是否要划出一块较为隐私的区域作为接待室。

③视野

建筑物前如果有空地，那么视野就会开阔一些，办公环境相对来说会舒适一些。另外，左右两侧的建筑最好是对称的，这样有利于稳定员工情绪，促进良好沟通和团结合作，从而有利于事业的发展。

④便利设施

你选择的办公场所设施是否齐全？下面这些都是你需要考量的方面：

- 有没有休息室、会议室、食堂
- 附近交通是否便利
- 周围道路是否安全
- 网络信号如何
- 电源插座是否足够
- 停车状况如何

对于停车状况，很多人容易忽略这一点。要知道，停车费会占用你的预算成本，所以你要对其有所了解。有时即使房东说停车场的车位充足，你也不要听他的一面之词，你一定要明确停车位的数量，甚至要亲自到停车场看看，确定自己可以使用的停车位数量及停车位到办公场所的距离。因为有时候停车地点太远，也会给你的员工和客户带来很多麻烦。

⑤办公环境

你选择的办公场所门前不宜车流太多。如果门前有很多车道，就很容易分散员工的注意力，进而影响员工的工作效率。

2.8　远离租赁合同陷阱

在选择通过租赁方式开公司时，你一定要注意房屋租赁合同中可能存在的陷阱，因为市面上房屋出租信息的形式五花八门，租房途径更是数不胜数。那么，如何才能在众多的房源信息中找到适合自己的房子呢?

首先你应该明确什么样的房子能租，什么样的房子不能租。在选择房子时，要严格遵守以下几个原则（如图 2-6 所示），这样才能远离房屋租赁合同中的陷阱。

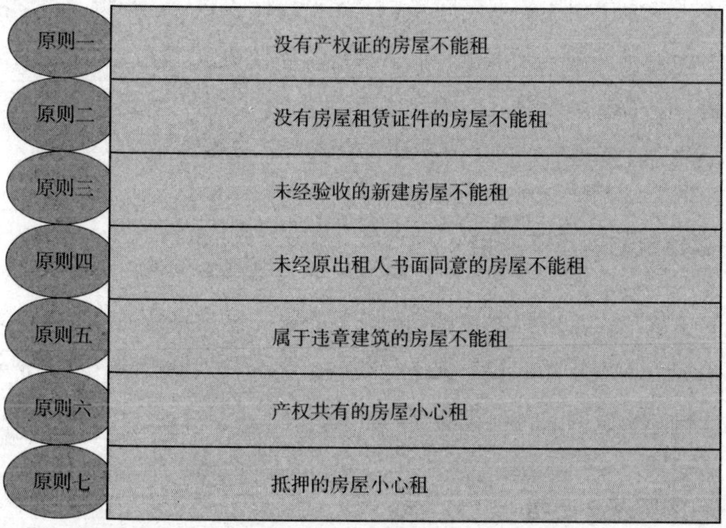

图 2-6　租赁房屋的原则

1. 没有产权证的房屋不能租

在签订房屋租赁合同前，你需要验明房屋的产权证、房主本人的身份证，确认其是否有权租赁房屋。产权证的产权人与身份证应相同，不能提供产权证原件的房主不能相信。产权证是房屋的权属证件，没有产权证就无法证明房屋的权属关系，从而就没有租赁的法律基础。产权证是建立租赁关系的第一个要素。

2. 没有房屋租赁证件的房屋不能租

在租赁前，除了承租人要查看产权证和房主本人的身份证，为了使租赁关系更加合理合法，出租人还要持产权证及其他有关证件到房地产管理部门办理房屋租赁证件，只有获得了租赁证，出租手续才算完备。

3. 未经验收的新建房屋不能租

有些开发商或房屋所有人急功近利，竟然将未经过综合验收部门验收的房屋出租给承租者，这样做既违反国家有关法规，也给承租方的安全造成了威胁。

4. 未经原出租人书面同意的房屋不能租

承租人未经原出租人的书面同意，不能擅自转租房屋。根据《合同法》关于房屋租赁方面的相关规定，承租者如果想把房屋转租，需要经过出租者的同意，否则出租者可以要求解除合同。因此，在租房前，承租人一定要验明房主的身份证及房产证原件，或者向周围的其他业主打听房子的真实情况。

5. 属于违章建筑的房屋不能租

有的单位或个人未得到土地规划部门的批准，私自搭建房屋并出租。对于这类房屋，不但土地规划部门要对其进行罚款，强令其限期拆除，而且房管部门也会因其无产权证和租赁证而对其进行处罚。

6. 产权共有的房屋小心租

如果某房屋的产权属于共有产权，那么你在租赁时一定要小心，因为对于产权共有的房屋，如果共有人未一致同意出租，则该房屋不能出租。即使大多数共有人同意也不能出租，因为这样会对不同意出租的共有人构成侵权。只有在全部共有人都同意的情况下才能出租该房屋。

7. 抵押的房屋小心租

在租赁前，你一定要明确该房屋是否存在抵押情况，如果该房屋已经抵押，那么在未得到抵押权人的同意之前不能租。

你在租房前，除了要明确该房屋是否符合出租规定，还要在签订租赁合同时注意以下几点：

（1）签订租赁合同时，一定要保证签订人是房主本人。如果签订人不是房主本人，那么你的合法权益将存在很大隐患。

（2）有时即使是房主本人签订的合同，同样也会存在一些陷阱。比如，对于未满 5 年的经济适用房，按照规定这样的房子是不能对外出租的。因此，此类房产的租赁合同一般不受法律保护，很容易产生纠纷，一旦业主违约，租户维权会十分被动。

（3）有时租赁双方因为一些原因不能及时签订租赁合同，有些房主会要求租户支付定金，这时你也需要查看房屋的产权证、房主本人身份证。在证件没有问题的情况下，定金数额一般不超过月租金的 20%。这时，如果房主要求一年一付房租或者要求付大笔的定金，你就需要特别注意是否存在骗局。

（4）在租房前，你需要到房地产交易中心进行调查，确认房屋是否已经存有租赁登记信息，若已经存有租赁登记信息，则会影响新承租人办理营业执照。

（5）如今，租赁市场之所以存在一些陷阱，究其根本原因，大都是租赁双方在签订合同时权责不清，或是内容不具体，或是权责主体不明确。所以，你在与房东签订租赁合同时，一定要将合同条款写清楚。其主要内容如下：

①明确房屋租金、房屋租赁期限、付款时间、付款方式等条款。

②明确相关配套费用的支付问题，比如对于租赁期间的水、电、煤气、有线电视、上网等费用由谁支付，并确认现有的支付情况。

③明确押金问题，关于房屋的押金问题必须在合同中约定，比如什么情况下返还，什么情况下不返还。

④在房屋租赁合同内明确约定，如房屋出现漏水、室内用品损坏等问题由谁负责。

上述条款可以作为合同的附件存在，日后一旦发生纠纷便可以通过双方签订的合同明确一些责任。

（6）你要在承租过程中保留好收款凭证、付款凭证等相关证据，以防日后发生不必要的纠纷。

总之，在实际租房过程中要有防范租赁陷阱、规避租赁风险的意识，在租房时要注意以下两点：一是要有维权意识，确定权责关系人信息；二是完善租赁合同，补充条款要尽量详细。

2.9 什么是公司章程

在确定公司的办公地址之后，接下来你要做的就是制定公司章程。公司章程是指公司依法制定的规定公司名称、住所、经营范围、经营管理制度等重大事项的基本文件，也是公司必备的规定公司组织及活动基本规则的书面文件。公司章程是公司股东意见一致的体现，载明了公司组织和活动的基本准则，是公司的宪章。公司章程具有以下四个基本特征，如图 2-7 所示。

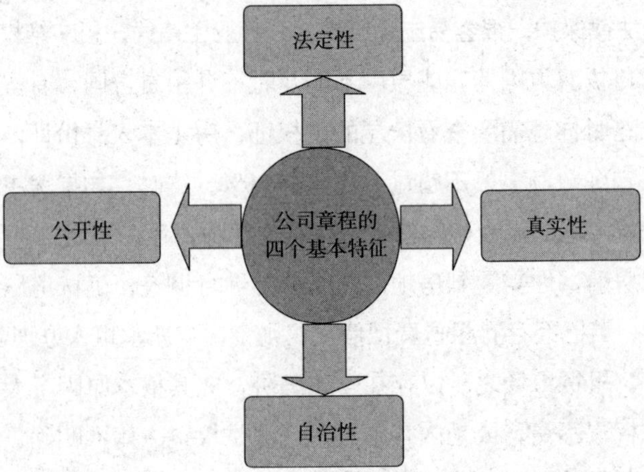

图 2-7　公司章程的四个基本特征

公司章程与《公司法》一样，共同肩负调整公司活动的责任。作为公司组织与行为的基本准则，公司章程对公司的成立及运营具有十分重要的意义，它既是公司成立的基础，也是公司赖以生存的灵魂。

1. 有限责任公司的公司章程应载明的事项

有限责任公司的公司章程应载明的事项如下：

（1）公司名称和住所

（2）公司经营范围

（3）公司注册资本

（4）股东的姓名或者名称

（5）股东的出资方式、出资额和出资时间

（6）公司的机构及其产生办法、职权、议事规则

（7）公司的法定代表人

（8）股东大会认为需要规定的其他事项

在公司章程制定完成之后，股东应当在上面签名、盖章。

2. 股份有限公司的公司章程应载明的事项

股份有限公司的公司章程应载明的事项如下：

（1）公司名称和住所

（2）公司经营范围

（3）公司设立方式

（4）公司股份总数、每股金额和注册资本

（5）发起人的姓名或者名称、认购的股份数、出资方式和出资时间

（6）董事会的组成、职权和议事规则

（7）公司的法定代表人

（8）监事会的组成、职权和议事规则

（9）公司利润的分配办法

（10）公司的解散事由与清算办法

（11）公司的通知和公告办法

（12）股东大会认为需要规定的其他事项

2.10　公司章程模板

下面是一份最新的公司章程模板，如表 2-1 所示。

表 2-1　公司章程模板

公司章程
第一章　总　　则
第一条　依据《中华人民共和国公司法》（以下简称《公司法》）及有关法律、法规的规定，由 ____________ 出资，设立 ____________ （以下简称公司），特制定本章程。
第二条　本章程中的各项条款与法律、法规、规章不符的，以法律、法规、规章的规定为准。
第二章　公司名称和住所
第三条　公司名称：____________________________________
第四条　住所：____________________________________

续 表

第三章　公司经营范围

第五条　公司经营范围：

____

____

第四章　公司注册资本及股东的姓名（名称）、出资方式、出资额、出资时间

第六条　公司注册资本：________万元人民币。

第七条　股东姓名（名称）、证件号码、出资方式、出资额、出资时间如下：

股东姓名（名称）	证件号码	出资方式	出资额（万元）	出资时间
合计				

第五章　公司的机构及其产生办法、职权、议事规则

第八条　公司不设股东会，公司高级管理人员由执行董事、监事、经理组成。公司股东行使下列职权：

（一）决定公司的经营方针和投资计划。

（二）任命执行董事、监事，决定有关执行董事、监事的报酬事项。

（三）审议批准执行董事的报告。

（四）审议批准监事的报告。

（五）审议批准公司的年度财务预算方案和决算方案。

（六）审议批准公司的利润分配方案和弥补亏损方案。

（七）对公司增加或者减少注册资本做出决议。

（八）对发行公司债券做出决议。

（九）对公司合并、分立、解散、清算或者变更公司形式做出决议。

（十）修改公司章程。

（十一）聘任或解聘公司经理。

第九条　公司不设董事会，设执行董事一人，执行董事为公司法定代表人，对公司负责。执行董事任期三年，任期届满，可连选连任。

第十条　执行董事行使下列职权：

（一）决定公司的经营计划和投资方案。

（二）制定公司的年度财务预算方案和决算方案。

（三）制定公司的利润分配方案和弥补亏损方案。

（四）制定公司增加或者减少注册资本以及发行公司债券的方案。

（五）制定公司合并、分立、解散或者变更公司形式的方案。

（六）决定公司内部管理机构的设置。

（七）提名公司经理人选，根据经理的提名，聘任或者解聘公司副经理、财务负责人，并决

续 表

定其报酬事项。

（八）制定公司的基本管理制度。

第十一条 公司设经理，由股东聘任或解聘。经理对公司股东负责，行使下列职权：

（一）主持公司的生产经营管理工作，组织实施股东会决议。

（二）组织实施公司的年度经营计划和投资方案。

（三）拟订公司内部管理机构设置方案。

（四）拟订公司的基本管理制度。

（五）制定公司的具体规章。

（六）提请聘任或者解聘公司副经理、财务负责人。

（七）决定聘任或者解聘除应由执行董事决定聘任或者解聘以外的负责人或管理人员。

第十二条 公司设监事一人，由公司股东任命产生。监事对公司股东负责，监事任期每届三年，任期届满，可连选连任。监事行使下列职权：

（一）检查公司财务。

（二）对执行董事、高级管理人员执行公司职务的行为进行监督，对违反法律、行政法规、公司章程或者股东会决议的执行董事、高级管理人员提出罢免的建议。

（三）当执行董事、高级管理人员的行为损害公司的利益时，要求执行董事、高级管理人员予以纠正。

（四）提议召开临时股东会会议，在执行董事不履行《公司法》规定的召集和主持股东会会议职责时召集和主持股东会会议。

（五）向股东会会议提出提案。

（六）依照《公司法》第一百五十二条的规定，对执行董事、高级管理人员提起诉讼。

第六章 公司的法定代表人

第十三条 公司不设董事会，设执行董事一人，执行董事为公司法定代表人，对公司股东负责，由股东任命产生。

第十四条 法定代表人行使下列职权：

（一）对外代表公司的权利，签署法律性文件资料。

（二）代表公司签订合同的权利。

（三）公司发行债券、股票的，必须由法定代表人签名，公司盖章。

（四）法律、行政法规和公司章程规定的职权。例如，主持股东会、董事会等。

第七章 股东会会议认为需要规定的其他事项

第十五条 公司登记事项以公司登记机关核定的为准。

第十六条 本章程自公司设立之日起生效。

第十七条 本章程一式三份，股东留存一份，公司留存一份，并报公司登记机关备案一份。

第十八条 公司的营业期限为____年，自营业执照签发之日起计算。

全体股东签字、盖章：

年 月 日

2.11 代理注册公司的优势

注册公司是一件很烦琐的事，你需要一次次地往市场监督管理局、银行、会计师事务所跑，有时候还会因为不熟悉注册流程或者材料准备不充分而反复折腾。如果你时间足够充裕又不嫌麻烦，那么选择自己去办理公司注册手续未尝不可。而如果你想享受一站式的贴心服务，那么也可以选择找专业的代理注册公司代办公司注册手续，当然这需要花一笔钱，其费用至少一两千元。如果注册公司的规模大的话，可能需要花费更多。

找代理注册公司有哪些优势呢？具体内容如图 2-8 所示。

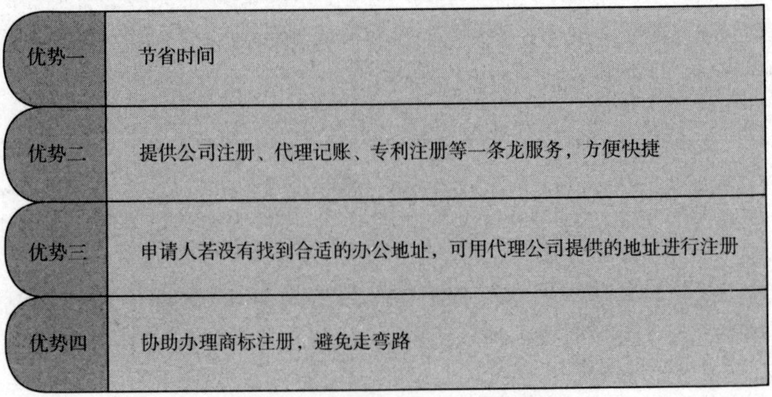

图 2-8 找代理注册公司的优势

现在很多人在注册公司时都会找一些专业的代理公司代办，因为这样做会省去很多时间。需要注意的是，你在找代理注册公司的时候，一定要找正规的公司，这样你才能真正地方便省事。

2.12 代理注册公司资质的识别方法

如今，我国新《公司法》取消了注册公司的一些限制，这使得注册公司的人越来越多，很多人为了方便省事选择了代理注册公司代办各项事宜。然而，在这个行业中也出现了不少“假代理”，它们多数是一些无证代理，资质不全。遇到这样的“假代理”，你很有可能花了大价钱最终却没办成事，反而耽误时间。

如何辨别真假代理注册公司呢？你要从以下情况进行判定，如果代理注册公司有以下情况之一，则为假代理公司。

（1）无营业执照，正规的代理公司均在市场监督管理局有详细的备案资料。

（2）有营业执照，但公司名称不是“××× 登记注册代理事务所”，而是“××× 咨询中心”“××× 咨询有限公司”“××× 顾问有限公司”“××× 投资有限公司”“××× 财务有限公司”“××× 会计有限公司”等，以上述这些名字命名的代理公司，均为假代理公司。

（3）营业执照上的注册地址与实际办公地址不符的，营业执照上的经营范围没有注明“公司登记注册”的，均为假代理公司。

（4）无办公地址，无固定电话，在市场监督管理局门口或办事大厅拦截业务的，均为假代理公司。

公司宣传资料中的地址与实际办公地址不符的极有可能是假代理公司，你在委托前一定要到该代理公司的办公地址核实其真实性，以防上当受骗。

（5）以个人名义承揽业务的很可能是假代理公司。根据《企业登记代理执业注册管理办法》的规定：“代理人员不得以个人名义执业，不得同时在两个（含）以上的代理机构执业。代理人员离开代理机构，《注册证》无效。”

（6）查看该代理公司持有注册代理证人员的代理证、身份证、学历证、名片等是否一致，而且持代理证人员的学历必须是大专以上，否则必定有假。另外，营业执照、代理证、身份证、毕业证都要查看原件。

（7）是否打着国家机关的名号办事。对于打着国家市场监督管理总局、地方市场监督管理局，以及专利代理机构的名号的代理注册公司，注册者要慎重委托。因为国家根本没有专门的机构，也没有委任任何机构做代理注册公司，这种打着国家机关的名号的代理注册公司肯定是违法的。

（8）不以真实身份示人的很可能是假代理公司。在发布广告或在其他公开场合时，不敢以公司的真实名称、注册地址、姓名等信息示人的，肯定是不可信的，请谨慎委托。

鉴于上述这些情况，你在选择代理公司时一定要仔细核实这些信息，你可以通过电话咨询官方机构，或者查询其官网。另外，不要轻信口头的介绍，要通过上述信息直观地评估一下该公司是否正规。你更不要为了少支出一点费用，心存侥幸，因为这样最终吃亏的还是你自己。

总之，你在选择代理机构时，一定要选择专业、诚信的代理注册公司，你可以找朋友推荐或搜索网上口碑较好的公司。如果条件允许，你还可以亲自考察代理公司的实力。比如，公司位于偏远郊区的，或者办公室里冷冷清清的，这种代理公司你就没必要去尝试了，最好的方法就是换一家规模比较大的代理公司，以便你能真正享受到方便贴心的服务。

2.13 商标注册的流程

在公司注册完成后，你还需要进行商标注册。商标是公司生产者、经营者在其生产、制造、加工、拣选或者经销的商品上或者服务的提供者在其提供的服务上采用的，用于识别某商品、服务或与其相关的具体的个人或公司的显著标志。商标一般由下面几种元素组成，如图 2-9 所示。

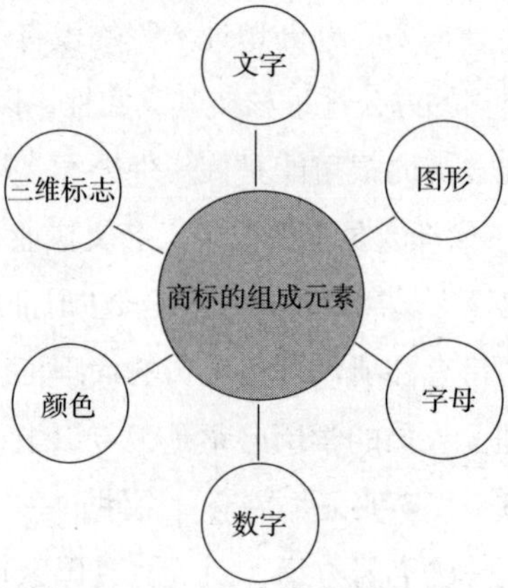

图 2-9 商标的组成元素

商标注册，是指商标使用人将其使用的商标依照法律规定的条件和程序，向国家商标主管机关（国家知识产权局）提出注册申请。经国家核准注册的商标为注册商标，受法律保护。注册商标通过确保商标注册人享有用以标明商品或服务，或者许可他人使用以获取报酬的专用权，而使商标注册人受到保护。

下面就来介绍一下商标注册的流程，如图 2-10 所示。

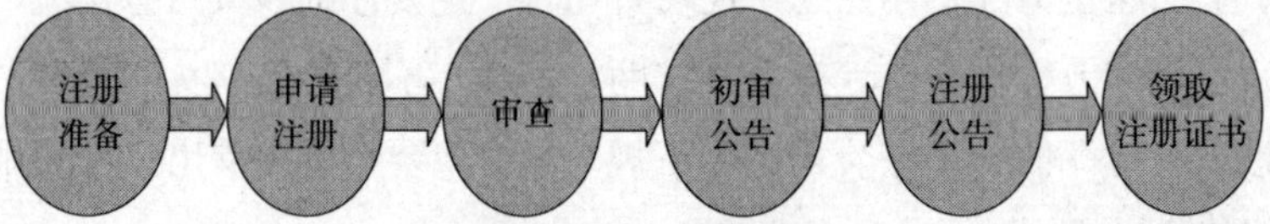

图 2-10 商标注册的流程

1. 注册准备

（1）商标查询

商标查询是商标注册申请人或者代理人在申请注册之前，进入国家知识产权局商标局（中国商标网）查询是否存在相同或相似的商标，如果有的话，你后面的工作就没有必要进行了，因为你若再注册这样的商标，就属于侵权。

例如，别人有个"康师傅"方便面，你再注册一个"唐师傅"方便面；别人有个"可口可乐"饮料，你再弄个"司口司乐"饮料；别人有个"大白兔"奶糖，你再弄个"大白免"奶糖；别人有个"雪碧"，你再弄个"碧雪"；别人有个"夏士莲"，你再弄个"夏仕莲"等，上述这些情况都属于侵权。

虽然商标查询不是商标注册的必经流程，但是它能大大降低商标注册的风险，提高商标注册的成功率。

（2）资料准备

在申请注册之前，申请人需要准备以下资料：

①如果是自然人申请，则需要出示申请人的身份证并递交个体工商户、个人合伙等经营主体的营业执照复印件；如果是公司申请，则需要出示公司营业执照副本并提供经发证机关盖章的营业执照复印件。

②盖有单位公章及个人签名的填写完整的商标注册申请书。

③商标图样 10 张（指定颜色的彩色商标，应交着色图样 10 张，黑白墨稿 1 张）。注意：提供的商标图样必须清晰，便于粘贴，可以打印在光洁耐用的纸张上，也可以用照片代替，商标图样的长和宽不大于 10 厘米，不小于 5 厘米。商标图样方向不清的，应用箭头标明上下方。另外，申请人可以用电子格式的文件作为申请材料。

2. 申请注册

根据我国《商标法》的规定：自然人、法人或者其他组织在生产经营活动中，对其商品或者服务需要取得商标专用权的，应当向商标局申请商标注册。另外，商标注册申请人应当按规定的商品分类表填报使用商标的商品类别和商品名称，提出注册申请。

（1）明确是否具有注册申请资格

在申请注册商标之前，申请人必须先了解什么样的个人或团体才具备注册申请资格，具有注册申请资格的个人或团体包括下列几种类型：依法成立的企业、事业单位、社会团体、个体工商户、个人合伙，以及（与中国签订协议、与中国共同参加国际条约、按对等原则办理的）外国人或者外国公司。

（2）按商品与服务分类提出申请

目前，我国《商标法》执行的是商品国际分类，一万多个商品和服务项目被分为45类，其中，商品34类，服务项目11类。在申请商标注册时，应按《类似商品和服务区分表》的分类确定使用商标的商品或服务类别。

3. 审查

（1）形式审查

形式审查是商标注册主管机关商标注册主管机关对商标注册申请人提交的书面文件及一些形式要件，如申请书、委托书是否有差错进行审查。

（2）实质审查

实质审查是商标注册主管机关对商标注册申请是否合乎《商标法》的规定所进行的检查、资料检索、分析对比、调查研究并决定给予初步审定或驳回申请等一系列活动。

4. 初审公告

经实质审查后，商标注册主管机关对符合《商标法》有关规定的商标注册申请人做出允许其注册的决定，并予以公告。

5. 注册公告

对于商标注册申请人提出的注册申请，商标局经审查后予以初步审定公告，若在3个月内没有人提出异议或提出异议经裁定不成立，则该商标注册生效。商标注册申请人享有该商标的专用权，并受法律保护。

6. 领取注册证书

若是通过商标代理机构代办的，则由代理机构向商标注册申请人发送《商标注册证》。若是商标注册申请人直接办理商标注册的，则商标注册申请人应在接到《领取商标注册证通知书》后 3 个月内到商标局领取《商标注册证》。

2.14 商标注册审查的内容

在商标注册审查阶段，商标注册主管机关会对商标注册申请是否合乎《商标法》的规定进行检查、资料检索、分析对比、调查研究并决定给予初步审定或驳回申请。商标注册审查分为两步：第一步为形式审查；第二步为实质审查。要想通过商标注册审查，申请人还需要了解清楚更多的审查内容，以便提前做好准备。特别是在形式审查阶段，审查内容比较多，具体如下：

(1) 申请人的资格审查。

(2) 申请人的地址是否正确、准确。

(3) 申请人的名字、章戳是否与营业执照上的一致。

(4) 申请人要求核定的商品或者服务类别是否填写得具体、规范，分类是否准确，是否符合其经营范围。

(5) 若是通过代理机构办理的，其代理人委托书是否符合要求。

(6) 商标及商标图样的质量、规格、数量是否符合要求。

(7) 应附的证件、说明文件是否完备。

(8) 商标注册费用是否已缴纳。

在实质审查阶段，审查内容主要包括两个方面：一是禁用条款的审查；二是新颖特征的审查。

此外，《中华人民共和国商标法实施条例》第十八条第二款规定："商标注册申请手续齐备、按照规定填写申请文件并缴纳费用的，商标局予以受理并书面通知申请人；申请手续不齐备、未按照规定填写申请文件或者未缴纳费用的，商标局不予受理，书面通知申请人并说明理由。申请手续基本齐备或者申请文件基本符合规定，但是需要补正的，商标局通知申请人予以补正，限其自收到通知之日起 30 日内，按照指定内容补正并交回商标局。在规定期限内补正并交回商标局的，保留申请日期；期满未补正的或者不按照要求进行补正的，商标局不予受理并书面通知申请人。"

2.15 商标注册需要哪些材料

在申请商标注册时，商标注册申请人应向商标局提供哪些材料呢？

1. 公司申请商标注册需要提供的材料

（1）商标图样（黑色或彩色）。

（2）公司营业执照副本扫描件。

（3）联系人、电话、收件地址、邮编。

2. 个人申请商标注册需要提供的材料

（1）商标图样（黑色或彩色）。

（2）个体工商户营业执照副本扫描件。

（3）个人身份证正反面扫描件。

（4）联系人、电话、收件地址、邮编。

3. 几种特殊类型商标注册的申请

（1）申请集体商标或者证明商标注册的，应当在申请书中声明，同时附送主体资格证明及该商标的使用管理规则。

（2）以三维标志（立体商标）申请商标注册的，应在申请书中予以声明，并交送能够确定立体形状的图样，即提供该标志的整体效果图。

（3）以颜色组合申请商标注册的，应当在申请书中声明，同时交送彩色图样，并对申请的颜色做出文字说明。

（4）以人物肖像作为商标申请注册的，须提交肖像权人同意申请人以此肖像作为商标申请注册的声明，并经公证机关公证。

2.16 商标注册申请书的填写方法

申请商标注册时需要填写申请书，申请书的格式是统一的，是由国家市场监督管理总局制定、公布的，申请人可以到商标局注册大厅索取该申请书。委托商标代理机构办理的，则由代理机构提供。在填写商标注册申请书时，须将申请人的证件名称、证件号码、发证机关填写清楚并提供有效证件的复印件。

填写商标注册申请书的具体要求如下：

(1) 商标注册申请人不能在一份申请书上填写两个或多个商标名称，但是可以通过一份申请书就多个类别的商品申请注册同一商标。

(2) 申请人将商标图样粘贴在申请书“商标图样”框内，粘贴的方向即为指定方向，然后指明商品的类别。

(3) 申请书中填写的商标要与申请书背面粘贴的商标图样一致。

(4) 对于难以确定类别的商品或者服务，应附加说明。

(5) 填写的商品名称，必须是商品的通用名称，有多种名称的商品应按《商标注册用商品和服务国际分类表》中的名称来填写。

(6) 申请书上填写的申请人姓名，必须与营业执照和印章上的姓名一致。

(7) 申请书上填写的地址，必须是申请人实际的详细地址。应写明省（自治区、直辖市）、市（县、区）、乡（镇）、村名或街道门牌号。

另外，一些特殊行业在申请商标注册时，必须附送主管部门的有效证明，比如申请药品商标注册，应当附送卫生行政部门颁发的证明文件。

2.17 如何选择商标注册代理机构

如今，随着我国知识产权法律规范的不断完善和市场竞争的日益激烈，为了维护自己的产权利益，越来越多的公司和个人意识到商标注册的重要性。然而，很多人由于不熟悉商标注册流程，又缺乏专业知识，再加上商标注册的程序比较烦琐，所以，他们会选择通过商标注册代理机构去办理商标注册。那么，什么样的代理机构才是好的呢？在选择代理机构时，需要注意以下几个问题。

1. 是否在商标局备案

正规的商标注册代理机构都会在国家商标局授权备案。如果你想委托这家代理机构，那么先去商标局官方网站查询该代理机构是否有正规的代理资格。

2. 是否有专业的知识产权团队

正规的代理机构都有专业的知识产权团队。如何知道他们的团队是否专业呢？你可以通过和对方不断地沟通专业知识，并请求其出示律师资格证进行确认。

3. 是否承诺 100% 注册成功

通常情况下，商标注册都存在一定的风险。如果某商标注册代理机构向你夸下海口，承诺 100% 注册成功，或者强调注册办理时间很快，对于这样的代理机构，你一定要慎重考虑。因为代理机构可以尽量规避注册过程中的风险，但不能完全保证注册成功，所以最好的办法就是咨询专业律师。

4. 代理费是否太低或太高

国家商标局可以查询官方代理费，且备案的代理机构也提供了较为翔实的费用明细。如果某商标注册代理机构一味地突出商标注册办理费用的低廉或者免费提供其他注册服务内容，这时你就要小心了。另外，正规的商标注册代理机构其代理费也不会太昂贵，一般只有几百元。具体情况可能会有所不同，不过价格差异不会太悬殊。

5. 不要被代理机构的“全包”承诺诱惑

一般情况下，正规的代理机构不会以“全包、全承担、全负责”为口号来为公司做宣传，吸引客户。因为商标注册本身是一件有风险的事情，谁也无法预见在注册过程中将会出现什么问题。所以，在面对那些以“全包”为口号向你极力保证注册全程“零担忧、零顾虑”的代理机构时，你一定要提高警惕。

第 2 篇

财务管理

第 3 章　财务基础：29 个财务专有名词

公司管理者要想熟练应对公司财务管理的问题，前提是需要熟知 29 个财务专有名词。可以说，这是关于财务管理工作的基础知识。它既包括公司日常收支方面的内容，也包括公司资本引进方面的内容，还包括公司资产收益方面的内容。总之，这 29 个财务专有名词涵盖了公司财务管理的方方面面。接下来将对其进行一一解释、分析。

3.1　什么是应付账款、应收账款

1. 应付账款

应付账款属于会计科目的一种，它是指公司应当支付但是还未支付的手续费和佣金，主要用于核算公司因购买材料、商品和接受劳务供应等经营活动应支付的款项。

也可以说，应付账款是一个公司产生的债务，其原因是买卖双方在购销活动中采取了先取得物资后支付货款的形式。简单来说，就是购买和支付款项这两种活动并非同时发生。

2. 应收账款

应收账款是指公司因销售商品、提供劳务等经营活动，应向购货单位或接受劳务的单位收取的款项。一般情况下，应收账款按照实际发生的交易价格入账，主要包括发票销售价格、增值税和代垫运杂费等。

一般来说，为了保证应收账款能及时到账，应收方和应付方会约定一个还款日期。应付方应在约定的时间内确认付款，应收方则需要在同一时间内对款项进行明细核算，然后确认收款。

可以说，应收账款是购买方占用销售方资金的一种形式，而一个公司的发展离不开资金。所以，为了保证公司的正常经营及持续发展，销售方应及时收回应收账款。若遇到购买方拖欠账款的情况，则可采取合法措施进行催收。若遇到应收账款无法收回的情况，则可按规定程序提交相关证据报批，做坏账损失处理。

3.2 什么是权责发生制、权责发生额

权责发生制属于会计要素确认计量方面的范畴，它主要针对收入和费用的确认问题。这个原则要求收入和费用的确认应当以实际发生的为准，因此，它又叫应收应付制。

在权责发生制原则下，本期内已经收到的和已经发生的或应当负担的一切费用，不论其款项是否收到或支付，都将作为本期的收入和费用；反之，如果收到了不属于本期的收入和费用的款项，也不能将它作为本期的收入和费用。

目前，在我国商业银行的财务核算中，权责发生制已经被运用到几乎所有的收支项目中。这种做法有它的法律依据，即我国现行的《企业财务通则》。以下9个方面的内容，是《企业财务通则》中规定的应以权责发生制对待的财务项目，具体如下：

（1）逾期半年以内的贷款利息收入

（2）金融机构往来收入

（3）投资收益

（4）定期存款利息支出

（5）金融机构往来支出

（6）固定资产修理、租赁、低值易耗品购置、安全防卫等大宗费用支出

（7）无形资产摊销

（8）固定资产折旧

（9）各种税金

在了解了权责发生制之后，还需要知道权责发生额的概念。权责发生额是指在权责发生制的基础上，实际收到的款项数额；也可以指会计在法律、法规允许的范围内利用权责发生制获利的资金金额。

3.3 什么是资产周转率

资产周转率是指销售收入的总营业额和总资产值之比，它是衡量公司资产

管理效率的重要财务比率，因此，资产周转率在财务分析指标体系中占有重要地位。

资产周转率的计算公式如下：

$$资产周转率=\frac{总营业额}{总资产值}\times 100\%$$

在考察公司资产运营效率时，资产周转率是一个很重要的指标。因为它能够体现公司经营期间全部资产从投入到产出的流转速度，能够反映公司全部资产的管理质量和利用效率。

对一个公司来说，通过分析资产周转率，可以发现该公司与同类公司在资产利用上的差距，从而能够促进公司提高资产管理质量，提高资产利用效率，最终促进公司的长足发展。从这一点来看，资产周转率在公司的发展中具有非常重要的意义。

3.4　什么是资产负债表

资产负债表也被称为“财务状况表”，是指公司在一定日期（通常为各会计期末）反映财务状况（资产、负债和业主权益的状况）的主要会计报表。

资产负债表由两部分组成：左边是“资产”部分；右边是“负债及所有者权益”部分。本表是利用会计平衡原则，将合乎会计原则的资产、负债、所有者权益，经过分录、转账、分类账、试算、调整等会计程序后，以特定日期的静态公司情况为基准制作的一张报表。

从会计程序来看，资产负债表是簿记记账程序的末端，是经过分录、转账、试算、调整后的最后结果。因此，它体现的是公司资产、负债及所有者权益的对比关系，能够真实地反映公司的实际运营状况。

由于资产负债表是按照一定的分类标准和一定的次序排列编制而成的，因此，对公司来说，这份报表可以帮助公司进行内部除错、寻找经营方向、消除经营弊端。除此之外，资产负债表还能让公司管理者及外界人士在阅读之后，清楚地了解公司目前的经营状况。

3.5　什么是账面价值

账面价值通常指的是资产类科目的账面余额减去相关备抵项目后的净额。这里提到的账面余额是指某科目的账面实际余额，其没有进行过备抵项目的扣除，如累计折旧、相关资产的减值准备等。

账面价值的计算公式如下：

账面价值 = 资产账面余额 - 资产折旧或摊销 - 资产减值准备

与账面价值相关的概念还有账面净值，它通常是指资产类科目的账面余额减去相关备抵项目。

对股份有限公司来讲，账面价值也称股票净值。对固定资产来讲，账面价值 = 固定资产的原价 - 计提的减值准备 - 计提的累计折旧；账面余额 = 固定资产的账面原价；账面净值 = 固定资产的折余价值 = 固定资产的原价 - 计提的累计折旧。

3.6 什么是预算编制

预算编制是《中华人民共和国预算法》的主要内容，是各级政府、各部门、各预算单位制定筹集和分配预算资金年度计划的预算活动。

在公司经营过程中，为了确保经营活动能够顺利进行，引进了预算编制的做法，预算编制分为自上而下和自下而上两种形式。这里，我们主要讲解自下而上这种形式的预算编制。

所谓自下而上的预算编制，是指从基层管理人员出发而制定的预算编制。它的优势在于基层管理人员对具体活动的流程及所需的资源有更好的把握，让他们进行预算编制可以减少资源浪费。

自下而上的预算编制的具体要求是，全面考虑所涉及的所有工作任务。在这个过程中，一般要求运用 WBS（Work Breakdown Structure，工作分解结构）对项目所涉及的所有工作任务的时间和预算进行仔细的考查。

虽然这一做法是从基层管理人员出发的，但最终仍要交由上级管理人员进行审核。在预算编制过程中，一定要实事求是。有些公司可能会出现基层管理人员高估自己的资源需求量的情况，因为基层管理人员认为上级管理人员一定会削减预算，同时，这会让上级管理人员认为基层管理人员造假。长此以往，一个不健康的预算体系就会逐渐形成。从长远来看，这显然不利于公司的发展。因此，要想保证自下而上的预算编制能切实发挥其作用，还需要制定一套完善的监督、审核制度。

3.7　什么是资本支出

资本支出也是会计学的一个重要概念，又被称为“收益支出”，是指使固定资产增值所产生的所有经费支出。

公司的资本支出是长期资金投入的增加，所以，它是一个增量概念。诸如房屋、机器设备的购置费用，设备的维修费用，打造企业文化的费用等，都属于资本支出。

资本支出的计算公式如下：

资本支出 = 购置固定资产、无形资产和其他长期资产所支付的现金

3.8　什么是现金流量表

现金流量表是公司在一定时期（一个月或者一个季度）内其现金（包括银行存款）的增减变动情况表。也就是说，公司的经营、投资与筹资活动所产生的现金流入与现金流出，都能在现金流量表中反映出来。

根据现金流量表中的资金用途，可以将其分为经营、投资、金融三种现金流量类型。现金流量表是一个分析工具，它可以用来反映公司在短期内的生存能力。与传统的损益表相比，现金流量表在评价公司盈利能力、反映财务状况和财务管理水平等方面，能够发挥更直观的作用。

通过现金流量表，不仅能够看出公司是否有能力应付短期内的所有运营开销，也能够看出一家公司的经营状况是否良好。如果公司经营活动所产生的现金流不足以支付股利，也不能维持股本的生产能力，就说明这家公司的发展方向或者运营状况出现了问题。

3.9　什么是实缴股本

实缴股本是指公司成立时实际收到股东所投入的资金总额。因此，它又叫实收资本，是公司实际拥有的资本总额。

由于新《公司法》对公司资本实行认缴制，股东在认购股份后，可以一次性缴清，也可以在一定期限内分期缴纳。因此，公司的实缴股本一般会小于注册资本。

3.10 什么是销售毛利

销售毛利是针对公司所出售的商品而言的，它涉及销售价格和进货价格，比如，某商店一件商品的进货价格是 500 元，之后该商品以 1000 元的价格售出，此时该商品的销售毛利就是 500 元。销售毛利的计算公式如下：

销售毛利 = 销售收入净额 − 销售成本

除了上面的销售毛利的计算公式，常用的计算公式还有以下 2 个：

（1）销售毛利 = 销售收入 − 销售折扣

（2）销售毛利 = 销售净额 × 毛利率

3.11 什么是成本

成本是商品价值的组成部分。人们在从事生产经营活动或达到一定目的的过程中都会耗费一定的资源，而成本就是这些耗费资源的货币表现。随着商品经济的发展，成本概念的内涵和外延也在不断扩大。

对一个公司来说，在进行产品生产活动中，不可避免地会消耗生产资料、劳动力等资源，这些被消耗的生产资料、劳动力等资源就是其成本。成本如果以货币的形式来计量，就表现为材料费用、工资费用、折旧费用等。另外，商品在开发环节及销售环节也会耗费管理费、场地费、人工费等费用，这些费用也都需要被计入商品的成本中。

3.12 什么是成本收益分析

成本收益分析是指以货币单位为基础，对公司的投入与产出进行估算和衡量的方法。通过科学的预估方案，人们可以对公司未来的投入与产出关系做出一个尽可能科学的估计。

从经济学的角度来看，成本收益分析是公司经济活动中很普遍的一种方法，使用这种方法的目的是帮助公司以最小的成本获取最大的收益。

3.13 什么是资本成本

资本成本不是实际支付的成本，而是一种机会成本。所谓机会成本，是公司决策者在有限的资源内，将这些资源用于某一个项目，而不得不放弃将其用于其他项目的最高收益。

比如，你有一块土地，你可以选择用来种粮食，也可以选择用来开发房地产，如果种粮食的收益是 2000 元，开发房地产的收益是 50000 元，那么当你将这块地用来种粮食时，你的机会成本就是 50000 元；而当你将这块地用来开发房地产时，你的机会成本就是 2000 元。

在决策时，机会成本越小，风险系数就越小。创业者需要了解机会成本这个概念，明白做任何决定都存在潜在的风险，应学会避开不必要的投资风险，选择拥有最高价值的项目，放弃选择机会成本最高的项目，为公司的发展做出正确的决策。

资本是一个公司赖以生存发展的重要前提。当公司在发展的过程中遇到资本短缺的情况时，会通过发行债券、发行股票，以及向银行或非银行金融机构借款、贷款的方式来填补资本的空缺。无论公司采取哪一种方式，都需要支付一定的手续费，这些手续费就是公司获得资本的代价。因为公司需要为发行的债券、股票支付股息、利息，需要为借款、贷款支付利息，所以这些股息、利息就成为公司获得资本的代价。

资本成本按其性质划分，可以分为债务资本和自有资本。债务资本是指借入的长期资金，对于这类资本成本，公司需要还本付息，因此会给公司带来较大的财务风险；自有资本则是指公司自身拥有的资本，公司在使用这类资本时，不用支付利息，也不用还付本金，所以相对来说风险较小。

3.14　什么是流动资产

流动资产是指公司在一定营业周期（一年或两年）内，可以变现或者耗用的资产。流动资产是公司资产中必不可少的组成部分。

流动资产在公司运营的过程中，其形态不断发生变化，从最初的货币资金变成储备资金，变成固定资金，变成生产资金，变成成品资金，最终又将变成货币资金。在这个过程中，流动资产的变化形态始终与公司的生产流通环节紧密相连。

为了确定流动资产的合法性和合规性，也为了便于检查流动资产业务账务处理的正确性，提高流动资产的利用率，公司有必要加强对流动资产业务的审计。

对公司资产来说，除流动资产外，还包括非流动资产。非流动资产是指不能在一年或者超过一年的营业周期内变现或者耗用的资产。

无论是流动资产还是非流动资产，都是由公司过去的交易或者事项形成的、被公司拥有或者控制的、预期会给公司带来经济利益的资源，所以，二者对公司的发展有着非常重要的意义。

3.15 什么是流动比率

流动比率是指流动资产对流动负债的比率，其作用是衡量公司流动资产在短期债务到期以前，可以变为现金用于偿还负债的能力。

流动比率越高，说明公司资产的变现能力越强，因此，短期债务的偿还能力越强；反之，则说明短期债务的偿还能力越弱。一般情况下，公司只有流动比率在 2∶1 以上，也就是流动资产是流动负债的 2 倍，才能够保证公司有偿还能力。这里，需要解释一下流动负债的概念。流动负债也叫短期负债，它是指公司在一定营业周期（一年或两年）内将要偿还的债务，包括应付账款、应付票据、应付股利、短期借款、预收账款、应缴税金及其他暂收应付款项。

3.16 什么是应付账款周转天数

应付账款周转天数又叫平均付现期，是指公司需要多长时间付清供应商的欠款。这个概念属于公司经营能力分析的范畴。一般来说，应付账款周转天数越长越好，因为这意味着公司可以更多地占用供应商货款来补充营运资本，而无须向银行进行短期借款。

应付账款周转天数的计算公式如下：

$$\text{应付账款周转天数} = \frac{360}{\text{应付账款周转率}}$$

另外，应付账款周转天数在一定程度上还反映了公司的信誉情况及经营情况。显然，公司在行业内的信誉度越高，经营状况越好，越有可能获得更长时间的应付账款周转天数。

3.17 什么是应收账款周转天数

应收账款周转天数是一个与应付账款周转天数相对应的概念，它是指公司从取得应收账款的权利，到收回款项、转换为现金这一过程所需要的实际时间。显然，应收账款周转天数越短，说明流动资金的使用率越高。对公司来说，其应收账款周转天数越短，表示公司的竞争力越强。

应收账款周转天数的计算公式如下：

$$\text{应收账款周转天数} = \frac{360}{\text{应收账款周转率}}$$

事实上，目前很多行业都存在着信用销售的情况，因此也就不可避免地形成了大量的应收账款。公司要想得到更好的发展，有效地将应收账款变为实际资金是非常关键的一步。

3.18 什么是资产负债率

资产负债率是用来衡量公司财务杠杆使用情况和偿还能力的指标，表明公司资产中有多少是债务。通过这一指标，可以看出公司的资金主要来源于融资还是股东出资，这一指标也可以用来检查公司的财务状况是否稳定。

以有形资产负债率为例，其计算公式如下：

$$\text{有形资产负债率} = \frac{\text{负债总额}}{\text{有形资产总额}} \times 100\%$$

另外，资产负债率高，说明公司的资金主要来源于贷款，或者公司是以债券的形式募集资金的，同时也说明该公司有较大的还款付息压力，进一步使用财务杠杆的方式来举债的空间很小。

从财务学的角度来说，一般认为理想化的资产负债率是 40% 左右，上市公司略微高些，但上市公司的资产负债率一般也不超过 50%。一般来说，如果公司的资产负债率在 50% 以下，则说明该公司的偿还能力较强；反之，则说明该公司的偿还能力较弱。至于资产负债率为多少算合理，还需要参考同一行业中其他公司的情况，以及公司的具体业务情况和所处的市场地位。

3.19 什么是直接成本与间接成本

直接成本是指产品的直接生产成本及直接计入成本的费用，如产品生产的原材料、劳务费、场地费等。而间接成本则是指产品的间接生产成本及间接计入成本的费用，如管理人员的费用、机器耗损费等。

不论是直接成本还是间接成本，它们都是从两个角度进行定义的，即成本与生产工艺的关系，以及费用计入生产成本的方式。

通过对直接成本与间接成本这两种类型的成本进行分析，能够帮助公司正确地计算出产品成本，从而为产品标出一个合适的价格，这样既能保护消费者的权益，也能保证公司获利。

通常情况下，那些能直接计入成本的费用，都被看作直接成本。为了保证间接成本计算的准确性，在计入间接成本的时候，其分配标准应与被分配费用有密切的关系。

而且，公司可以在对直接成本和间接成本的分析中找出公司运营的不足之处，然后有针对性地进行改正。如果发现与同行业的其他公司相比直接成本过高，公司就可以在产品原材料获取渠道及生产工艺等方面进行改进，从而降低成本，提高产品的竞争力；如果发现间接成本过高，公司就可以在提高管理效率等方面下功夫，从而降低成本。

3.20　什么是经济增加值

经济增加值也叫经济附加值，它是指公司从税后净营业利润中扣除股权和债务的全部资本成本后的所得。因此，经济增加值可以用来评判公司管理者使用资本的能力，以及为股东创造价值的能力。显然，公司只有当盈利高于资本成本（股权成本与债务成本之和）时，才能为公司股东创造价值。

经济增加值的计算公式如下：

经济增加值＝税后净营业利润－资本总成本

对一个公司来说，经济增加值是其业绩评估的一个指标，这一指标能让公司管理者及时调整管理策略，不至于使公司出现在产品滞销的情况下还在扩大生产的现象。

3.21　什么是财务杠杆

财务杠杆是指由于固定债务利息和优先股股利的存在，而导致普通股每股利润变动幅度大于息税前利润变动幅度的现象。因此，财务杠杆也叫筹资杠杆或融资杠杆，它是一个应用非常广泛的概念。

如果说财务杠杆是对负债的一种利用，那么我们可以将它定义为公司在制定资本结构决策时对债务筹资的一种利用。如果说财务杠杆是通过负债经营起作用的，那么我们可以将其定义为一种通过在筹资中适当举债来调整资本结构，从而给公司带来额外收益的财务管理方式。在这种情况下，财务杠杆有正负之分。如果负债经营能让公司的股利上升，便称之为正财务杠杆；反之，则称之为负财务杠杆。

财务杠杆作用的大小可以用财务杠杆系数来表示，财务杠杆作用与财务杠杆系数之间呈正相关关系。

财务杠杆系数的计算公式如下：

$$\text{财务杠杆系数} = \frac{\text{普通股每股利润变动率}}{\text{息税前利润变动率}}$$

3.22 什么是财务报表

通俗地讲，财务报表是反映公司主体财务状况及经营状况的会计报表。它是以会计准则为规范编制的，是用来向所有者、债权人、政府、其他有关各方及社会公众等外部反映公司财务及经营状况的一系列会计报表。

有人把财务报表比喻成公司的“听诊器”，它让公司管理者及其他人员在密密麻麻的数据背后不仅能看到公司以前、现在和未来的发展状况，还能准确分析公司的经营状况与潜在风险。

财务报表由资产负债表、现金流量表、损益表、利润表、财务状况变动表、附表组成。财务报表是财务报告的主要部分，因此，财务报表中的各项数据必须真实可靠、内容完整、计算准确、报送及时。财务报表按照不同的分类标准，可分为众多类别。例如，按编制时间分类，可分为月报、季报和年报；按服务对象分类，可分为对外报表和内部报表；等等。

对公司管理者来说，可以通过财务报表清晰地了解公司的运营状况，从而据此做出改变管理方式与否的决定。因此，财务报表对公司的发展而言至关重要。

3.23 什么是固定资产

固定资产属于非流动资产的范畴。它是公司所持有的特定资产，有两个衡量标准：一是使用时间超过 12 个月；二是价值达到一定标准的非货币性资产。符合这两个标准的公司资产，就能成为公司的固定资产。一般来说，公司的固定资产指的是公司所使用的房屋、机器设备、运输工具等与生产经营活动密切相关的资产。固定资产的特点如图 3-1 所示。

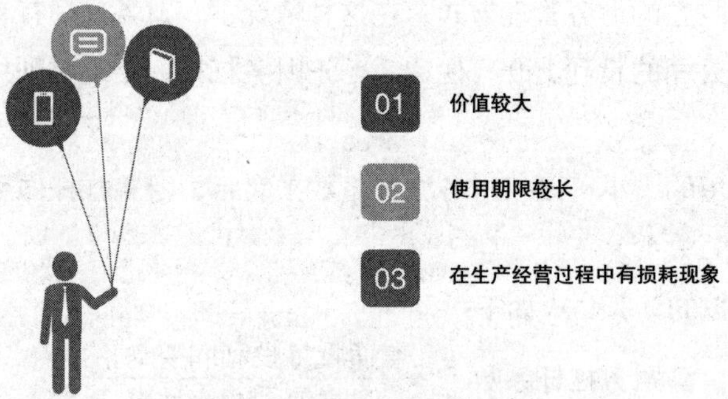

图 3-1　固定资产的特点

另外，从性质来看，固定资产往往是一个公司生存发展的前提。从会计学的角度来看，固定资产可以划分为生产用固定资产、非生产用固定资产、租出固定资产、未使用固定资产、不需用固定资产、接受捐赠固定资产、融资租赁固定资产等。

对公司管理者来说，为公司购买固定资产往往要付出较大的成本或代价。从长远来看，如果一种固定资产所能得到的收益大于所付出的成本，公司管理者就可以购买；反之，则要慎重考虑。

3.24　什么是固定成本

固定成本又叫固定费用，它是指在一定时期和一定业务范围内，即使业务量出现了或增或减的现象，但成本总额依然保持不变的成本。

从固定成本的概念可知，固定成本的固定性是有条件的，即固定成本总额只有在一定时期和一定业务范围内才是固定的，否则就会发生变动。

固定成本的意义在于能够帮助公司管理者在固定资产投资方面保持理性，有效地保证固定成本在总成本中占有合理的份额，从而降低运营成本，提高固定资产利用率，促进公司的长足发展。

另外，固定成本是相对于变动成本而言的，顾名思义，变动成本不是固定的，是随着产量的变化而变化的，常常是在实际生产过程开始后才须支付的。

3.25　什么是损益表

损益表也叫利润分配表或损益平衡表。它是财务报表的一种，其作用是反映公司在一定时期内利润实现（或发生亏损）的情况。损益表的内容包括一定时期内公司的销售成本、销售收入、经营费用及税收费用。总之，公司在一定时期内所创造的经营业绩都是损益表中的内容。

损益表与其他财务报表不同的是，它是一张动态报表。通过这张表，公司管理者可以从中分析利润增减变化的原因，从而为自己的经济决策，如公司经营成本的预算、投资的价值评价等找到依据。

损益表主要由利润构成与利润分配两个项目组成。如果将损益表中的利润分配部分单独提取出来，它就是一张利润分配表。

3.26　什么是投资资本

投资资本是指所有投资者投入公司经营的全部资金的账面价值，也是指公司全部资产减去其商业信用债务后的净值。

投资资本包括债务资本和股本资本。其中，债务资本指的是债权人提供的短期贷款和长期贷款，而不包括应付账款、应付单据及其他应付款等商业信用负债。

投资资本的计算公式如下：

$$投资资本 = 权益资本投入额 + 债务资本投入额$$

除了上面的计算公式，常见的投资资本的计算公式还有以下 2 个：

（1）投资资本 = 股东权益 + 全部利息债务

（2）投资资本 = 营运资本 + 长期资产净值 − 无息长期负债

3.27　什么是资产回报率

资产回报率又称资产收益率，它是用来衡量公司对所有经济资源利用效率的指标，主要用来表明每单位资产创造了多少净利润。

资产回报率的计算公式如下：

$$资产回报率 = \frac{税后净利润}{总资产} \times 100\%$$

资产回报率越高，说明每单位资产创造的价值越大，也说明公司对资产的利用效率越高。例如，沃尔玛和某普通商场出售同一款洗发水，假设普通商场的售价为 45 元，而沃尔玛的售价为 38 元，那么普通商场的利润率为 10%，沃尔玛的利润率为 3%。从表面上看，二者的利润率相差悬殊，沃尔玛似乎毫无优势可言。但是，你忽略了一件事，那就是普通商场一个月可能只进 1 次货，而沃尔玛一个月可能进 10 次货。总体而言，普通商场一个月的利润率是 10%，而沃尔玛一个月的利润率则是 30%（3%×10）。

3.28 什么是投资回报率

投资回报率是指公司所投入资金的回报程度。对一个公司来说，投资回报通常是公司获利的一个重要来源。一个公司为了提高生产效率而购进一批先进的生产设备，这叫投资；同样，公司为了获取预期收益或股权而购买债券、股票，这也叫投资。因此，投资可以分为实业投资和金融投资两种。

投资回报率的计算公式如下：

$$投资回报率=\frac{年利润或年均利润}{投资总额}\times 100\%$$

投资回报率是衡量一个公司盈利状况所使用的比率，也是衡量一个公司经营效果和效率的一项综合性指标。另外，了解投资回报率，可以为公司优化资源配置。

3.29 什么是销售回报率

销售回报率是衡量公司从销售额中获取利润多少的一种指标。

销售回报率的计算公式如下：

$$销售回报率=\frac{税后净利润}{总销售额}\times 100\%$$

通过计算销售回报率，可以帮助公司管理者决定是否调整销售策略。如果销售回报率偏低，就说明公司的销售策略有待改进；反之，则说明公司的销售情况良好，公司的总体运营态势良好。

第 4 章　税务筹划：合理节税的 15 种方法

创业者在经营管理一家公司的过程中，运营成本是最先要考虑的问题之一。而在公司的运营成本中，其所需缴纳的税费占据相当大的比例。尤其对一家新公司来说，在运营初期难免会受资金短缺等问题的困扰。

缴税、纳税是法律、法规所规定的，每一位企业经营管理者都必须无条件遵守这项规定，偷税、漏税行为是要受到法律的惩罚的。但是，企业经营管理者可以通过合理的节税方法，减轻税费压力。本章将介绍 15 种常用的节税方法，让公司在不违反法律、法规要求的前提下节省开支。

4.1　技术入股

技术入股是指技术持有人（或者技术出资人）以技术为资本成为公司的股东。虽然技术是一种无形资产，但技术持有人（或技术出资人）可以对它所能创造的价值进行估计。这样，无形资产就变成了有形资产，也就可以作为入股公司的资本了。

我国为技术入股设立了专门的法律、法规。也就是说，技术入股是法律、法规允许的，受法律、法规的保护。《公司法》及国家科学技术委员会制定的《关于以高新技术成果出资入股若干问题的规定》中都有支持技术入股的相关内容。所以，技术成果的价值转化已经有了良好的前提保障。

事实上，很多公司的创立者同时也是公司核心技术的掌握者。他们之所以能创立公司，就是因为掌握了核心技术。也正是由于核心技术带来的竞争力，他们的公司才能在竞争激烈的市场中生存发展。他们以技术入股，还能为公司节省一大笔税费。

公司在经营的过程中会获得一定的收入，而国家会针对公司的运营收入征收企业所得税。企业应纳税所得额等于企业的收入总额减去成本、费用、损失及准予扣除项目的全额。

如果公司的创立者将自己所掌握的核心技术作价后入股公司，那么在计算运营成本的时候，就需要将这一部分资金计算进去。显然，这就能增加成本，降低企业应纳税所得额，从而达到少缴企业所得税的目的。

4.2 开展电子商务

电子商务是近些年兴起的一种商业模式，它的发展态势良好，在促进国民经济增长方面发挥了很大的作用。国家也非常看好这种商业模式，并给予了很多政策上的支持，如电子商务可以少缴印花税等。

印花税是对经济活动和经济交往中书立、领受具有法律效力的凭证的行为所征收的一种税。显然，在经济活动和经济交往中会大量用到具有法律效力的凭证，因此，印花税是公司经营者需要缴纳的一大笔税费。

如果公司经营管理者将经营活动从线下转移到线上，即实行电子商务模式，就能有效地节省一大笔印花税税费。在互联网日渐发达的今天，开展电子商务并不难，而且这也是一种顺应时代发展潮流的正确做法。

4.3 租赁办公场所

小王是一名室内设计师，多年的工作经验让他在这个行业中可以独当一面。为了获得更大的成就，他开了一家属于自己的工作室。工作室的规模不算很大，也不需要很大的办公场所。为了节省费用，小王就将自己的一套三居室改成了办公场所。经过一番设计和装修之后，他整改后的办公场所倒也十分合适，为自己节省了一笔不小的租金费用。

然而，在工作室运营了一段时间以后，小王按照法律、法规的要求去税务局缴纳税款的时候，他却怎么也高兴不起来。因为他所要缴纳的税款不是一笔小数目。小王粗略地算了一笔账，在除去人工费、物料费等各种运营费用及税款后，工作室几乎没有任何利润了。

事实上，很多创业者，尤其是开公司的新手，他们都遇到了类似小王这样的问题。那么，面对高额的税费，该如何依法应对呢？其实，创业者可以通过租赁办公场所来减少税费。小王用自己的房屋作为办公场所，看似节省了一大笔租赁费用，实则会让他缴纳更多的税费。

如果小王选择租赁办公场所，那么这笔租赁费用将被计入运营成本之中。按照税法的规定，在缴纳税费的时候先要减去公司的运营成本。显然，这个时候税基就会降低，因此，所要缴纳的税费自然就减少了。

另外，租赁办公场所这种做法还有其他优点，如办公场所的更换更加容易。由于办公场所是租赁的，所以，在公司经营的过程中一旦发现办公场所的区域位置有不利的影响，就可以及时进行更换。相反，如果用自己的房子作为办公场所，那么即使区域位置再不利，也不能轻易更换。

从另一个角度来看，租赁的办公场所一般都是企业办公集中地。这种地方的工作气氛浓厚，员工的工作效率也会更高。因此，在这种地方开设公司，尤其是新公司，不仅能学习他人的管理经验，还能加强对公司企业文化的建设。

总之，对一个新公司来说，对于能够租赁的场所或设备，尽量不要购买。否则，从长远来看，会增加自己的运营成本。

4.4　不发过节费，发年底双薪

张晓旭的公司是在2018年9月开张的，因为他觉得秋季是一个丰收的季节，将公司的开张时间选择在这个季节，象征着工作室将能收获到累累硕果。

在公司开张后不久，就迎来了我国的传统佳节——中秋节。逢年过节给员工发放过节费，这是我国绝大多数企业约定俗成的做法。这种做法一方面体现了对我国传统文化的弘扬，另一方面也彰显了公司的人性化管理。然而，当张晓旭将一笔可观的过节费发放给员工时，他却没有从员工脸上看到过多的喜悦之情。

2018年8月31日，关于修改个人所得税法的决定通过，个人所得税的起征点从每月的3500元提高到5000元，自2018年10月1日起实施最新起征点和税率。个人所得税实行阶梯征税制原则，即个人的收入越多，所要缴纳的税费也就越多，而且征税范围也包括员工当月所得的福利。也就是说，张晓旭给员工发放的这一笔可观的过节费，会增加员工当月所要缴纳的税费，员工自然不太高兴。张晓旭本想借这个节日，表达自己对员工的关怀之情，从而拉近与员工之间的距离，没想到反倒办了一件费力不讨好的事。

由于文化不同，外企的员工福利制度有所不同。外企不会在逢年过节的时候发放过节费，但是会在年底的时候发放双薪。个人所得税的政策规定，年底双薪可以单独作为一个月的工资额来计算个人所得税。这样员工当月的个人所得税税费不会变多，但总收入却增多了。公司的这种做法既体现了对员工的关怀，又不会增加员工的税费负担。显然，员工对这一制度会更喜欢。

外企发双薪的这种做法值得创业新手们学习。事实上，从员工的角度出发，他们也更愿意公司推行这种福利制度，毕竟这种福利发放方式会让他们节省税费。从公司的角度出发，之所以推出各种福利制度，其目的就是让员工满意，笼络人心。所以，这种不发过节费，而改为发放双薪的做法，值得每一位公司管理者学习借鉴。

4.5 重设流程

对生产大型产品的公司来说，通过重设流程可以达到节税的目的。所谓重设流程，是指重新调整生产、销售的各个环节。例如，摩托车、汽车都属于大型产品，生产这类产品的公司在销售产品的时候，需要缴纳一笔不菲的消费税。

为了减少税费支出，这类公司有必要重新设置公司生产、销售的流程。其中，最重要的就是将生产与销售环节分离。重设流程的具体方法：这类公司先找到一家专门的销售公司，将产品销售给该公司，再由销售公司进一步销售产品。无论是将产品卖给经销商，还是将产品卖给客户，这些工作都交由销售公司完成。

实际上，这类公司在生产产品的环节中已经缴纳了消费税。因此，当它们将产品销售给销售公司的时候，不需要再缴纳消费税。在这种情况下，让销售公司分销产品就能有效地减少这类公司的消费税税费。

4.6 先分后卖

湖北一家钢铁公司曾向当地一家食品有限公司投资了1000万元，并拥有该公司60%的股份。这两家公司企业所得税的适用税率为33%。

食品公司自开业以来，一直保持着强劲的发展态势。截至2016年8月，食品公司的净资产已经达到了2800万元。其中，累计未分配利润和累计盈余公积合计为800万元。

2016年10月，钢铁公司找到了更合适的投资项目。于是，钢铁公司计划结束对食品公司的投资，并打算以转让股份的方式收回投资成本及收益。钢铁公司董事会经过商议，初步将转让价格定在1800万元。为了降低转让税费，钢铁公司专门聘请了税务师事务所的工作人员设计转让方案。

《国家税务总局关于企业股权投资业务若干所得税问题的通知》（国税发〔2000〕118 号）关于企业股权投资所得和投资转让所得的规定如下：企业的股权投资所得是指企业通过股权投资从被投资企业所得税后累计未分配利润和累计盈余公积中分配取得股息性质的投资收益。凡是投资方企业适用的所得税税率高于被投资企业适用的所得税税率的，除国家税收法规规定的定期减税、免税优惠以外，其取得的投资所得应按规定还原为税前收益后，并入投资企业的应纳税所得额，依法补缴企业所得税。

另外，在《国家税务总局关于企业股权转让有关所得税问题的补充通知》（国税函〔2004〕390 号）中对股权转让有关所得税问题还做了补充说明：企业在一般的股权（包括转让股票或股份）买卖中，应按《国家税务总局关于企业股权投资业务若干所得税问题的通知》的有关规定执行。股权转让人应分享的被投资方累计未分配利润或累计盈余公积应确认为股权转让所得，不得确认为股息性质的所得。

如果钢铁公司直接进行股权转让，那么股权转让所得：1800 − 1000=800（万元）。这笔钱应并入转让当年的应纳税所得额，所以，该公司应缴纳的税费：800 × 33%=264（万元）。

如果钢铁公司采用先分后卖的方式进行转让，由于食品公司的未分配利润及盈余公积合计为 800 万元，那么按照钢铁公司在食品公司中所占比例进行分配，钢铁公司应分得：800 × 60% = 480（万元）。这样，钢铁公司的股权转让费用也就变成了 1800 − 480 = 1320（万元），所以，该公司应缴纳的转让税费：(1320 − 1000) × 33% = 105.6（万元）。与直接转让相比，先分后卖的转让方式能让企业少缴纳税费 158.4 万元。

可见，先分后卖这种方式能够降低应缴税金的税基，从而达到少缴纳税费的目的，而且这也在法律、法规允许的范围之内。因此，当公司面临股权转让的时候，运营者为了节省税费，应采用先分后卖的方式转让。

4.7　合同不可轻易作废

为了保障劳动者的合法权益，《中华人民共和国劳动合同法》（以下简称《劳动合同法》）规定用人单位要依法与劳动者签订劳动合同。但是，有些公司的领导比较善变，喜欢轻易作废已签订的劳动合同，并重新签订。殊不知，这种做法会增加公司的纳税额，给公司带来更多的资金压力。

张鹏是一位资深的陶艺匠人，同时也是张氏陶艺店的掌柜。凡出自张鹏之手的陶器，都能赢得消费者的青睐。随着客流量的增多，张鹏一个人已经难以应付店内的事务。所以，张鹏聘请了几位陶艺匠人作为员工，分担自己的工作。找到合适的陶艺匠人后，张鹏依法与他们签订了劳动合同，并向税务部门进行了申报。

然而，在经营一段时间之后，张鹏发现合同中有些条款不太合理。于是，他告诉员工说："我发现之前签订的劳动合同存在不合理之处，为了保障大家的权益，我宣布之前签订的合同作废。所以，现在需要重新签订劳动合同。"张鹏是一位老实守法的匠人，于是，他又将重新签订的合同向税务部门进行了申报。

一个月下来，张鹏在盘算自己的营业收入时，发现税务部门竟然向自己征收了两次印花税。张鹏感到不解，立刻到税务部门进行咨询。税务部门的工作人员告诉他："由于你申报了两次劳动合同，因此被征收了两次印花税。"

印花税是保障劳动合同具有法律效力的税种，因此，当劳动合同作废之后，印花税也就失去了法律效力。如果再签订一次劳动合同，就需要重新缴纳印花税。从张鹏的经历中我们应该学会，为了减少税费支出，公司经营管理者切不可轻易将劳动合同等各种合同作废。

4.8 公益性捐赠

国家在举行奥运会、冬奥会、全运会等大型活动之前，需要建设大型的比赛场地，这时，会有一大批公司开展捐赠活动。例如，在准备 2008 年北京奥运会期间，中国石油、中国移动、中国银行、大众汽车集团、国家电网都是捐赠活动的主力军。

对于这些做好事的公司，国家给予的嘉奖是这些公司所捐赠的资金都不计入所得税税基范围内。也就是说，这些公司因支持国家的公共事业而捐赠的这部分资金，不必缴纳税费。可以说，国家制定这种政策真是一件一箭双雕的好事，既可以使公司体现其社会责任感，又可以减轻其税费压力。可见，各大公司在盈利的同时，也可以参与公益活动，为需要帮助的人无偿捐赠物资。

在《中华人民共和国企业所得税法》（以下简称《企业所得税法》）中，我国对公益性捐赠有着明确的税收优惠政策。《企业所得税法》第九条规定，企业发生的公益性捐赠支出，在年度利润总额 12% 以内的部分，准予在计算应纳税所得额时扣除。《中华人民共和国企业所得税法实施条例》第五十一条规定，企业所得税法第九条所称的公益性捐赠，是指企业通过公益性社会团体或者县级以上人民政府及其部门，用于《中华人民共和国公益事业捐赠法》规定的公益事业的捐赠。

上述所称的公益性社会团体，是指同时符合下列条件的基金会、慈善组织等社会团体：

(1) 依法登记，具有法人资格。

(2) 以发展公益事业为宗旨，且不以营利为目的。

(3) 全部资产及其增值为该法人所有。

(4) 收益和营运结余主要用于符合该法人设立目的的事业。

(5) 终止后的剩余财产不归属任何个人或者营利组织。

(6) 不经营与其设立目的无关的业务。

(7) 有健全的财务会计制度。

(8) 捐赠者不以任何形式参与社会团体财产的分配。

(9) 国务院财政、税务主管部门会同民政部门等管理部门规定的其他条件。

当然，如果企业的捐赠不属于公益性质，就不能享受免税优惠政策。所以，企业如果想通过公益性捐赠这种方式达到节税的目的，就需要确保自己所进行的捐赠活动属于公益性质。否则，即使付出了金钱上的代价，也不能享受税费优惠政策。

一般来说，企业只要向国家税务机关认可的渠道和单位进行捐赠，在捐赠之后索要符合税法规定接受捐赠的专用收据，并在缴税的时候向税务机关出示收据，就能享受税费优惠政策。

2018 年重阳节来临前夕，北京市某社会福利协会以“关爱老人，回馈社会”为主题，开展了“献爱心慈善一日捐”活动。活动开始后，北京市多家公司积极参与。其中，有一家纺织公司向这个福利协会捐赠了 30000 元，并领取了捐赠收据。到缴税的时候，该纺织公司出示了这份捐赠收据，但被税务机关告知，这份收据无效，不能享受税费优惠政策。

之所以出现这种情况，是因为这个社会福利协会并不属于《中华人民共和国公益事业捐赠法》规定的基金会、慈善组织等公益性社会团体的范畴，而且该纺织公司领取的捐赠收据也不属于公益性捐赠收据。所以，这只能算是纺织公司自身的捐赠行为，不能享受税费优惠政策。企业如果想通过公益性捐赠的方式达到节税的目的，就应该先了解清楚所捐赠的机构是否属于公益性社会团体的范畴。

4.9 意外损失

对一个公司，尤其是大公司来说，不可避免地会发生各种各样的意外情况，如丢失计算机、手机、办公设备等。虽然意外是不可避免的，但对于意外情况所带来的损失，我们是可以降至最低的。其具体做法是将之列入公司的运营成本中，以此来降低所得税的税基，从而达到少缴纳税费的目的。

当然，意外损失的申报要有理有据，不能信口开河。国家之所以允许公司将意外损失列入运营成本中，是想帮助公司降低损失，减轻运营压力。如果公司经营管理者以此为契机，投机取巧，这种政策也就失去了它原本的意义。

为了确保这一措施能有效执行，税务部门要求公司出示意外损失证明，只有这样才能享受到这一税收优惠政策。例如，公司丢失了一台投影仪，那么公司应派人及时到公安机关报案，并取得相关的证明材料，然后在公司财务部门进行登记，并交回取得的证明材料。财务人员在去税务机关缴纳税费的时候，只要出示该证明，就可以将投影仪的损失费用计入公司运营成本，从而少缴纳税费。

意外损失节税的关键在于及时向公安机关报案，并取得相应的证明材料。如果没有证明材料，税务机关是不会认可这笔损失的。企业切不可为了节税而向公安机关虚报损失金额或者报假案，这种行为一经查出，会受到严厉的惩罚。总之，企业不论以哪种方式节税，都应以法律、法规为底线。

4.10 适用税率看进项

根据税法的规定，不同行业的公司，国家对其征收税款的标准也是不一样的。每个行业缴纳的税率额度被称为适用税率。

自 2019 年 4 月 1 日起，我国开始执行调整后的增值税税率标准。目前，增值税税率共有 4 种：13%、9%、6%、0。

（1）纳税人销售货物、劳务、有形动产租赁服务或者进口货物，除第 2 项、第 4 项、第 5 项另有规定外，税率为 13%。

（2）纳税人销售交通运输、邮政、基础电信、建筑、不动产，提供不动产租赁服务，转让土地使用权，销售或者进口下列货物，税率为 9%：

①粮食等农产品、食用植物油、食用盐；

②自来水、暖气、冷气、热水、煤气、石油液化气、天然气、二甲醚、沼气、居民用煤炭制品；

③图书、报纸、杂志、音像制品、电子出版物；

④饲料、化肥、农药、农机、农膜；

⑤国务院规定的其他货物。

（3）纳税人销售服务、无形资产，除第 1 项、第 2 项、第 5 项另有规定外，税率为 6%。

（4）纳税人出口货物，税率为 0；但是，国务院另有规定的除外。

（5）境内单位和个人跨境销售国务院规定范围内的服务、无形资产，税率为 0。

4.11 坏账可纳入支出成本

在公司经营过程中，难免会出现一些无法收回的应收账款，这样的账款就叫作坏账。任何事情都有两面性，虽然坏账给公司的经营带来了损失，但从节税的角度来看，它却可以带来一定的好处。

不同性质的公司对坏账的界定有所不同。例如，对外企来说，2 年及以上收不回来的应收账款就被列为坏账；对国内公司来说，3 年及以上收不回来的应收账款才能算坏账。所以，当公司财务人员想要以坏账冲抵税基的时候，先要确定收不回来的应收账款是否属于坏账的范畴。

公司在经营过程中不可避免地会遇到不讲信用的客户，或者遇到合作方破产的情况，为了减少公司的损失，应该将这些收不回来的应收账款做坏账处理。在做坏账处理的过程中，只要签订了合同，即使过了 2 年或 3 年，这笔收不回来的费用也能算公司的运营成本。这也告诉公司在与业务方进行合作的时候，一定要签订合作合同。否则，最终会出现“死无对证”的局面，导致公司无法做坏账处理。

4.12 增加进项，索要发票

公司在经营过程中，既会因购买原材料、聘请员工而支付一定的费用，也会因销售产品、提供劳务而获得一定的收入。在这个过程中，前者被称为进项，后者被称为销项。如果将公司看成一位纳税人，那么公司所要缴纳税费的税基就是销项减去进项后的余额。在这种情况下，如果公司想少缴纳税费，就需要增加进项的比例。

进项通常包括：购买办公用品、购买机器设备、购买汽车、汽车加油、汽车修理、购买汽车配件和购买低值易耗品等支付的费用。事实上，这些进项都属于公司的必要开支，是公司运营成本的一部分。所以，在缴纳税费的时候，需要将这一部分支出减掉。

这里需要注意的是，普通收据不能起到减税的作用。因为普通收据是随时随地都可以开具的，不具有较高的可信性，更不具有法律效力，所以，税务机关并不承认普通收据。实际上，办公物品的购买对一个公司来说是不可避免的，那么如何才能让这笔费用成功记入运营成本之中，并得到税务机关的认可呢？

关于这个问题的答案就是公司工作人员在购买这些设备的时候，应该向卖家说明自己的身份，并索要符合税务机关要求的发票。一般来说，卖家为了少缴纳税费，不会主动开具专门的发票，而会开具普通收据。但是，如果买家主动要求，卖家也会同意开具发票。所以，公司采购人员一定要主动索要发票。

赵晔是某教育机构的一名教务人员，他除了负责该教育机构日常的教学事务，还负责该教育机构教学用品的采购工作。由于他在上大学时选修了法律课，因此，他对税法知识比较精通。在工作期间，凡是由赵晔采购回来的物品，各种发票都非常齐全。所以，每当该教育机构的财务人员去税务机构缴税的时候，都能因此节省不少税费。

为了方便索要发票，赵晔在入职之后，给自己印了一套带有教育机构介绍的名片，并加盖了教育机构的公章。他不论去哪里采购物品，只要出示名片，就能开具齐备的发票。所以，想利用这种方式节税的公司，不妨学习一下赵晔的做法。

4.13 赠送礼品有技巧

每年的国庆节都是人们出门旅游、购物兴致最高涨的时候，各大商家为了把握这一黄金时期，吸引更多的消费者，纷纷推出了促销活动。有的商家挂出“5折优惠”的宣传语，有的商家则推出“满 200 减 100”的优惠活动，还有的商家甚至推出“买一送一”的活动。毫无疑问，不论商家推出哪一种优惠活动，受益的都是消费者。事实上，商家如果懂得礼品赠送技巧，就可以降低自己的运营成本。也就是说，商家可以通过调整优惠政策，让自己少缴纳税费，从而达到降低运营成本的目的。

例如，A 商家推出“购买一件价值 2000 元的产品，即刻赠送一件价值 500 元的产品”的活动。这其实相当于 A 商家卖出价值 2500 元的产品，但实际只收取了 2000 元。那么 A 商家在缴纳税费的时候，只能以 2500 元为税基缴纳。

与此同时，一家与 A 商家售卖同样物品的 B 商家推出打折促销活动。B 商家规定购买一件价值 2000 元的产品，再任意购买一件价值 500 元的产品，则价格贵的产品可以享受 7.5 折优惠。这样算下来，B 商家依然是收取了 2000 元，卖出了价值 2500 元的产品。但由于两件产品都是卖出的，所以只须按照实际售卖价格缴纳税费。也就是说，B 商家的税基为 2000 元。显然，B 商家会比 A 商家缴纳更少的税费。

同样是开展促销活动，只因活动的策略有所不同，最后两个商家的盈利效果也不同。因此，公司在开展营销活动的时候，要仔细比较各种营销策略的优劣势，尽量选择一种能够节省税费、降低运营成本的策略，从而给公司带来更多的利润。

4.14　即使财务人员离职，也应按时报税

蓝甜是一名会计，最近刚在上海一家公司找到了一份会计的工作。在办理完入职手续后，蓝甜很快便投入工作中。

一个月以后，蓝甜按照规定去税务机关报送预缴企业所得税纳税申请表。然而，税务机关的工作人员告诉蓝甜说：“你先把 3000 元的罚金缴纳了，再办理这个月的申报业务。”蓝甜听后表示很不解，因为她的工作都是按照法律、法规的要求进行的，并没有违规的行为，怎么会产生罚金呢？

税务机关的工作人员告诉蓝甜说：“这笔罚金不是这个月产生的，而是贵公司上个月未按时申报所致。”蓝甜在缴纳完罚金，办理好申报业务后，带着罚金缴纳凭据回到了公司，并把凭据交给了公司负责人。公司负责人说：“以前以为财务工作只是统计、发放员工的工资，没想到财务人员才离职半个月，就让公司遭受了 3000 元的损失，以后一定要吸取教训。”

公司人员流动是很正常的事情，然而，即使公司的财务人员离职了，公司也应该按时向税务机关报送预缴企业所得税纳税申报表及缴纳税款，否则就会面临处罚。这对公司来说，无疑是一笔损失，甚至有时还会是一大笔损失。

《企业所得税法》第五十四条规定，企业所得税分月或者分季预缴。企业应当自月份或者季度终了之日起 15 日内，向税务机关报送预缴企业所得税纳税申

报表，预缴税款。企业在报送企业所得税纳税申报表时，应当按照规定附送财务会计报告和其他有关资料。

《中华人民共和国税收征收管理法》第六十二条规定，纳税人未按照规定的期限办理纳税申报和报送纳税资料的，或者扣缴义务人未按照规定的期限向税务机关报送代扣代缴、代收代缴税款报告表和有关资料的，由税务机关责令限期改正，可以处2000元以下的罚款；情节严重的，可以处2000元以上10000元以下的罚款。

所以，公司管理者和人事部负责人必须关注和重视财务人员的流动，一旦有财务人员提出辞职或调换的申请，应及时开展招聘工作，补充空缺职位。如果在短时间内没有招聘到合适的人员，就应该让财务人员在离职之前去税务机关提前缴纳税费及报送申报表。总之，应尽量避免给公司带来损失。

4.15　事前多准备，事后多沟通

税款缴纳是有依据可循的。由于事物处于不断变化发展的状态中，所以，为了适应不断变化发展的现状，国家在税务方面的规定也会经常性地发生变动。在这种情况下，可能会出现一种现象，就是新的税款缴纳规定已经出台了，而公司的管理者和财务人员却不知道，于是，就会出现财务人员向税务机关递交的申报表、发票不符合规定的情况。而税务机关对于这种情况，一般会处以50元以上2000元以下的罚款。

其实，遇到罚款的情况，也并非没有补救的措施。基层税务机关的工作人员对于2000元以下的罚款享有酌情权，所以，作为财务人员，在遇到这种情况时，可以与税务机关的工作人员进行沟通。

由于造成事件发生的原因是财务人员对新政策疏于了解，因此，财务人员在与税务机关的工作人员沟通的时候，态度要诚恳，要敢于承认自己的错误，并表现改正错误的决心。否则，即使税务机关的工作人员有权酌情减免罚款，他们也不会这么做。

另外，事前做好充分的准备工作，其效果会优于事后补救。那么，公司应该如何进行事前的准备工作呢？一般来说，具体的做法是，提前与税务机关的工作人员进行沟通。也就是说，公司要提前问清楚是否有税务规定上的调整、变动。如果有，就要了解变动的具体内容，从而有效避免出现错误操作的情况。

第3篇

人力管理

第 5 章　人事制度：如何实现流程化管理

无论公司做哪一行，员工都是公司的重要资产，为了能培养出适合公司发展的员工，公司要做好员工管理的工作。要想使公司的员工管理工作有效地开展，公司就要制定相应的管理制度。只有制度完善了，员工才能按照公司的规定严格要求自己，同时公司也才能培养出好的员工。本章重点讲解开公司必知的人事制度，以帮助创业者培养出优秀的员工。

5.1　考勤制度

刘超在一家地产公司工作，最近，他被调任为分区经理。该公司的规模较大，业务也一直很好。有一天早上，刚上任的刘超因为有事想找几名员工了解情况，想不到竟有人迟迟未到公司。

随后几天，他开始注意公司员工的上下班情况。他发现，公司的上班时间是上午 8 点，而有些员工直到 8 点 15 分才来上班；公司的下班时间是下午 5 点，而有些员工在 4 点半就开始收拾东西准备下班，很多人在 4 点 55 分左右离开公司。

刘超对这些不遵守公司规定的员工感到很不满，针对上班迟到的现象，刘超在会上再三强调，甚至给所有员工发了一份通知，特意强调了上下班时间。在随后的几天，几乎所有人按时上下班，可是两周后，迟到早退的现象却又陆陆续续地出现了。目前，公司迟到早退的现象依旧存在。

要想改善公司迟到早退的现象，就必须制定规范的考勤制度，考勤制度的相关规定主要有以下几个方面。

1. 关于打卡次数和打卡时间的规定

打卡次数一般为两次，即每天上班、下班各打卡一次。打卡时间为上班到岗时间和下班离岗时间。公司全体员工都必须自觉遵守打卡次数和打卡时间的相关规定，按时打卡。如有特殊情况，须提前告知部门领导并报人事部门备案，以便作为员工考核依据。

2. 关于迟到的规定

迟到 15 分钟以上罚款 50 元（罚款金额由公司决定）。迟到 1 小时以上记为旷工半日。早退一律按旷工一日处理，不得通过补请事假、病假抵充。

3. 关于漏打卡的规定

（1）在员工当月漏打卡累计不超过 3 次（含 3 次），并且其部门主管或职务代理人确认其当日出勤正常的情况下，按考勤正常处理。

（2）在员工当月漏打卡累计超过 3 次，并且其部门主管或职务代理人确认其当日出勤正常的情况下，自其第 4 次未打卡记录起，每漏打卡一次按旷工一日处理。

（3）在员工漏打卡，并且无有力证据确认该员工当日出勤正常的情况下，应该按旷工一日处理。

4. 关于外出办公不能打卡的规定

员工若因公外出而不能打卡，则应填写考勤异常登记表，在此表上应详细注明外出日期、事由及外出的起止时间，经上级签字批准后，将其交至人力资源部门备案。

5. 关于虚打卡的规定

（1）上下班打卡均应由本人亲自操作，严禁代人或托人打卡，如有违反者，当事人双方均罚款 50 元（罚款金额由公司决定）。

（2）没有上班、加班而虚打卡的，按旷工一日处理。

5.2 请假制度

很多公司由于没有事先制定好员工请假制度，到最后可能会因为工资发放金额问题与员工发生扯皮现象，甚至闹上法庭。

今年 5 月，刘美丽到一家互联网公司应聘前台文员，由于当时公司急缺人手，因此老板韩先生没有让刘美丽试用就直接让她上岗了。当时双方签订了一份劳动合同，约定刘美丽每月的工资是 4000 元。因为公司的生意红火，所以刘美丽上班后每天的工作时间都在 12 小时左右，一周也只能休息一天。

7 月中旬，刘美丽的孩子生病住院了，为此她请了几天假。接下来，她又因为其他事请了两次假。韩先生为了不影响公司的生意，就让刘美丽办理离职手续。结算工资的时候，韩先生按照试用期的标准给她发了工资。韩先生表示，在刘美丽入职时，他们双方约定的工资是 4000 元，但前提是，刘美丽要遵守公司的考勤制度，只有不缺勤才能拿到约定的工资。因为刘美丽在工作不到两个月的时间内就请了几次事假，有时甚至无故旷工，影响了公司的生意，所以结算工资时韩先生只能按照试用期的工资标准给付。

虽然韩先生的理由充分，但按照法律规定，用人单位应按照合同约定，向员工及时足额支付劳动报酬。经过调解，韩先生按照合同约定的标准支付了刘美丽的工资差额。

为了避免上述情况的发生，公司在招聘员工之前，就应该制定员工请假制度，下面列举的规定都要在员工的请假制度中体现出来。

1. 关于事假管理制度的规定

（1）事假申请标准

①申请 3 天以上事假的员工，其请假手续必须经总经理签字方可生效。

②员工在 1 个月内申请事假不得超过 5 天（含 5 天），有特殊情况且经总经理审批同意者除外。

③员工如果不按请假流程办理请假手续，则被视为旷工。

（2）事假工资标准

①事假均为无薪假期，即公司应根据员工申请事假的时长按工资标准扣除员工相应时数的工资。

②申请事假最长不得超过 2 周。

③申请事假每月累计 1 天以上的，应扣除该员工当月的全勤奖。

④申请一次性事假超过 1 个月或累计超过 3 个月且影响工作进度的，公司有权对该员工的岗位进行调整或与其解除劳动合同。

2. 关于病假管理制度的规定

（1）病假申请标准

申请病假超过 3 天的员工，其请假手续必须经总经理签字方可生效。

（2）病假工资标准

病假工资是由工资基数和病假工资系数相乘得来的。病假工资的系数由员工申请病假的时间和工龄的长短决定，在一般情况下，申请病假的时间越长、工龄越短者，其病假工资的系数越小。

员工连续请病假 6 个月以内（含 6 个月）的工资系数标准：

①连续工龄不满 2 年的员工，其病假工资的系数为本人工资的 60%。

②连续工龄满 2 年但不满 4 年的员工，其病假工资的系数为本人工资的 70%。

③连续工龄满 4 年但不满 6 年的员工，其病假工资的系数为本人工资的 80%。

④连续工龄满 6 年但不满 8 年的员工，其病假工资的系数为本人工资的 90%。

⑤连续工龄满 8 年的员工，其病假工资的系数为本人工资的 100%。

员工连续请病假 6 个月以上的工资系数标准：

①连续工龄不满 1 年的员工，其病假工资的系数为本人工资的 40%。

②连续工龄满 2 年但不满 3 年的员工，其病假工资的系数为本人工资的 50%。

③连续工龄满 3 年的员工，其病假工资的系数为本人工资的 60%。

注意：病假工资可以低于当地的最低工资标准，但不能低于最低工资标准的 80%。员工的病假工资如果高于当地上年度月平均工资水平，则可以按照当地上年度月平均工资计发。

5.3 薪酬水平的设置方法

IBM 作为全球最大的信息技术和业务解决方案公司，其业务遍及全球 160 多个国家和地区，拥有员工 30 多万人。该公司流传着一句话：加薪非必然！

从 IBM 的薪酬水平来看，其员工工资在外企中虽然算不上是最高的，但也不是最低的。在 IBM 中有一个让所有员工都坚信不疑的游戏规则：若工作做得好，则加薪是必然的。该公司为了让每个员工都能发挥自己最大的潜力，一直致力于给员工提供更好的福利待遇，并在薪酬制度上摸索出了许多值得其他公司学习和借鉴的经验。

1. 确定薪酬水平的方法要点

合理确定公司的薪酬水平，是确保公司高效运转的重要前提条件，也是公司留住员工的决定性因素，更是公司控制经营成本的前提条件。所以，公司经营者要对该环节加以重视。下面就通过分析 IBM 薪酬水平的设置特色，介绍一下确定员工薪酬水平的方法要点。

（1）充分了解同行业内员工的平均薪酬水平，找到最低值和最高值

如果你的公司处于一般水平，那么你设置的薪酬水平应该略高于行业内平均薪酬水平。如果你的公司是一流的公司，那么你设置的薪酬水平要略高于一流公司的薪酬水平。IBM 认为，一流的公司，就应该付给员工一流的薪酬，只有这样它才算得上一流的公司，才能留住一流的人才。IBM 为确保自己比其他公司拥有更多优秀的人才，在确定薪酬标准时，首先会调查对手公司的薪酬标准，在确切掌握同行业其他公司薪酬标准的基础上，在同行业中保持领先地位。要知道，你给员工提供了一流的薪酬，他们就会为自己身为一流公司的员工而感到自豪，从而对你的公司更加忠诚，对工作也更加有热情。

（2）根据员工所具备的知识、技能水平与岗位要求的差距确定薪酬水平

虽然 IBM 的薪酬构成很复杂，但其设定原则是很公平的。员工的薪酬水平与员工的岗位、职务、工作难度、工作表现和工作业绩有直接关系，而与员工的工龄、学历没有必然关系。

（3）用薪酬水平反映员工的成绩

每年年初，IBM 的员工都会检查一下自己的工资卡，通过查看自己工资卡中的金额，他们就能知道自己去年的表现如何。他们通过查看工资的涨跌幅度，也可以看出自己哪些方面做得好，哪些方面做得不好。IBM 的每个员工都要进行年度总结，上级要根据员工的成绩为其评定职称。评定标准由 10 ～ 20 个问题组成，例如，你是否能快速理解上级的指示？你是否能顺利完成上级交给你的任务？

（4）根据员工的工作业绩、潜力逐级为其提高薪酬水平

IBM 根据员工的工作业绩把他们分成 A、B、C、D 四个等级。其中，A 等

级的员工是大幅度晋升者，其薪酬水平会有所提高；B 等级的员工是既无功也无过者，其薪酬水平会保持不变；C 等级的员工是依旧需要努力者，其薪酬水平也会保持不变，但公司会提醒他们要努力提升自己的能力；D 等级的员工则是因生病或其他原因达不到员工标准者，其薪酬水平会有所降低，而且公司还会向他们发出警告。从 IBM 对员工的评定历史来看，公司 65% ~ 75% 的员工每年都能超额完成任务，而只有 5% ~ 10% 的人不能完成任务。在那些没有完成任务的员工中，只有少数人会真正遇到麻烦，而其余的人都能在下一年度完成任务，并且干得还不错。

上述是 IBM 薪酬水平的设置经验和特色，也是 IBM 确定员工薪酬水平的方法要点。公司经营者要学习这些方法要点，从而为公司员工确定合适的薪酬标准。

2. 常见的工资计算方式

根据国家统计局发布的《关于工资总额组成的规定》，工资类型一般包括以下几种，如图 5-1 所示。

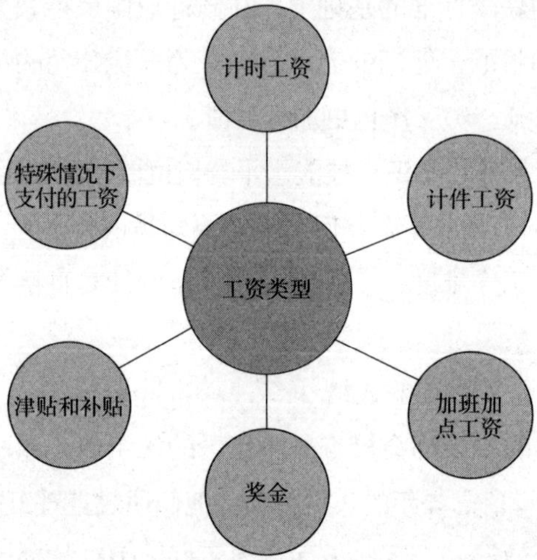

图 5-1　工资类型

（1）计时工资

计时工资是指按照计时工资标准和工作时间支付给个人的劳动报酬。计时工资可分为：小时工资制、日工资制、月工资制。

小时工资制：按照小时工资标准和实际工作小时数来计算工资。

日工资制：根据员工的日工资标准和实际工作天数来计算工资。

月工资制：按照员工的月标准工资扣除缺勤工资来支付工资。

其中，工作时间包含正常工时和加班工时。

正常工时的工资 = 实际工时 × 小时工资率（低于标准工时的，按公司规定扣除相应工资）

加班工时的工资 = 实际工时 × 小时工资率 + 奖金系数 × 超时数 × 小时工资率

计时工资这种计算方式的优点是可以使工作质量得到保障，缺点是不易激发员工的主动性，甚至还会使员工出现出工不出力的现象。因此，这种工资计算方式适用于不用计件的脑力劳动。

(2) 计件工资

计件工资是一种根据员工生产合格产品的数量或完成的工作量，以及公司内部确定的计件工资单价来计算并支付工资的工资计算方式。计件工资分为固定工资和浮动工资两种，其中，固定工资只需要简单地按照合格品生产数量与单件工资率计算即可；而浮动工资则要规定一个工作量定额，根据合格品生产数量与工作量定额的差距确定不同的单件工资率。其计算公式如下：

固定工资 = 合格品生产数量 × 单件工资率

浮动工资 = 合格品生产数量 × 单件工资率 A（定额之上）

浮动工资 = 合格品生产数量 × 单件工资率 B（定额之下）

这种计算方式的优点是操作简单，可以激发员工的工作热情，提高其工作效率；缺点是容易使员工重数量、轻质量。因此，这种工资计算方式适用于能完全控制产品质量的简单劳动。

(3) 加班加点工资

加班加点工资是指按照规定支付的加班工资和加点工资。其中，加班是指在休息日和法定节假日上班，加点是指在每天超过 8 小时之外的时间上班。

根据《中华人民共和国劳动法》（以下简称《劳动法》）的相关规定，加班加点工资的支付标准为：

①安排员工延长工作时间的，应按照不低于员工工资 150% 的标准支付其工资报酬。

②在休息日安排员工工作又不能安排其补休的，应按照不低于员工工资

200% 的标准支付其工资报酬。

③在法定休息日安排员工工作的，应按照不低于员工工资 300% 的标准支付其工资报酬。

（4）奖金

奖金作为工资的一种形式，是对员工超额完成任务的物质补偿，其目的是鼓励员工为单位做出更大的贡献。奖金类型主要包括以下几种，如图 5-2 所示。

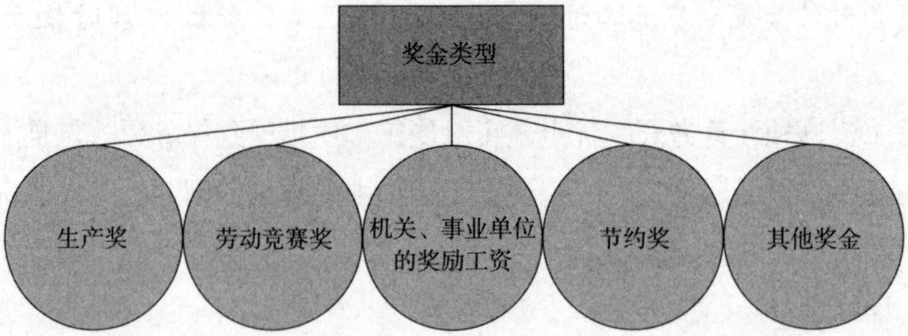

图 5-2　奖金类型

（5）津贴和补贴

津贴和补贴是指为了补偿员工特殊或额外的劳动消耗和因其他特殊原因支付给员工的津贴，以及为了保证员工工资水平不受物价的影响支付给员工的物价补贴。津贴主要包括地区津贴、野外作业津贴、井下津贴、夜班津贴、流动施工津贴、冬季取暖津贴等。补贴主要包括职务补贴、卫生补贴、房屋补贴、交通费补贴、书报费补贴等。

（6）特殊情况下支付的工资

特殊情况下支付的工资是指在员工请病假、工伤假、婚丧假、事假、探亲假等情况下，公司按照一定比例向员工支付的工资。

5.4　激励机制的设置方法

如果员工为公司带来了很大的利益，那么老板自然也要给予他相应的回报，否则很容易留不住人才。这时，公司就需要设置一定的激励机制，让员工有干劲，从而使公司发展得越来越好。

在前面章节中提到了 IBM 的薪酬水平根据员工的表现而定，这就属于一种激励机制，它能激励员工表现得更好。IBM 对员工基本上没有惩罚机制，全是激励机制，如果你的工作干得好，那么就会在你的薪酬方面有所体现，否则你的薪酬水平就没有变化。因此，在 IBM 内部出现了一种阐述惩罚的新话语：如果你没有涨工资或晋升，就意味着你被惩罚了。

IBM 的这种激励文化需要建立在员工高素质这个基础上，员工的自我认同感要强。因为 IBM 较高的淘汰率使大部分人都要求进步，如果自己一直没有得到激励，就意味着自己存在的价值被忽略了，所以许多员工都会在这种情况下主动调整自己，或者更加努力工作，或者辞职另谋发展。

如果让员工每个月都拿到固定的工资，就会很容易让他们有种“钱”途无望的感觉。长此以往，他们的工作积极性就会慢慢降低，从而严重影响工作效率。但是，如果公司为员工制定相应的激励机制，那么他们会为了获得某项激励而努力达到公司的要求，这样公司员工的积极性就能很好地被调动起来。所以，给予员工合理的激励是公司经营者不得不做的事情。

激励员工的方法主要有两种：一种是现金激励法，另一种是非现金激励法。这两种激励法的具体内容如图 5-3 所示。

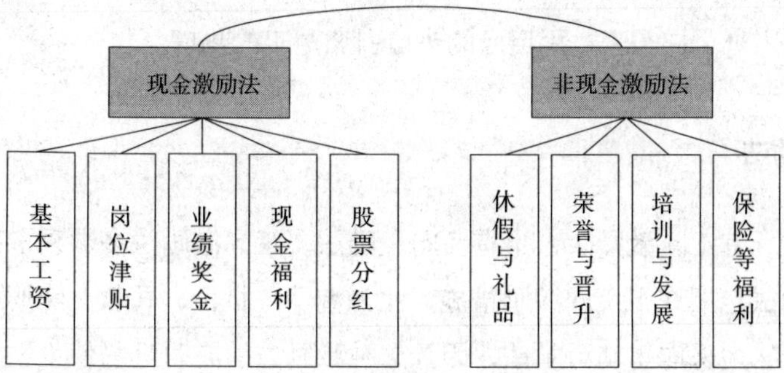

图 5-3　激励员工的方法

除了上述两种激励员工的方法，公司还可以通过目标激励法、榜样激励法、负向激励法、危机激励法，激励员工更好地为公司做出贡献。

1. 目标激励法

目标是行为的一种诱因，具有激励和导向的作用。因此，公司可以采用目标激励法调动员工的工作积极性。公司可以为每个员工设定适当的目标，激发他们各自的动机和行为，以达到调动员工积极性的目的。

除金钱目标外，每个人还有很多目标如权力目标、荣誉目标等。如果能将每个员工内心深处的需求挖掘出来，他们就会对公司的发展产生热切的关注，对工作产生强大的责任感，不用别人监督就能自觉地把工作做好。

需要注意的是，如果公司想用目标激励法激励员工，就要改变公司中层领导的管理风格。因为这种激励方法需要中层领导与员工进行全面沟通，只有这样才能发现员工内心深处真正的需求，从而使目标激励法发挥较好的功效。

2. 榜样激励法

榜样激励法主要有两种，一种是公司领导者在员工中找到一个行为标杆；另一种是公司领导者以身作则，让自己成为行为标杆。这两种榜样在公司中都不可缺少，公司要为员工榜样升职或者加薪，因为只有这样，员工才有动力成为像员工榜样那样的人。

另外，公司管理者在激励员工之前，要先激励自己，因为领导是下属的镜子，是员工的模仿对象。可以说，看一个公司的士气是否高涨，只需要看一看这个公司的管理者是如何对待工作的即可。所以，要想让员工充满激情地工作，管理者要先做出一个样子来，用自己的热情引燃员工的热情。

3. 负向激励法

激励法既有正向激励法，也有负向激励法。正向激励法多数采取鼓励措施，而负向激励法包括许多负向激励措施，比如淘汰、批评、罚款、降职和开除等。公司不能一味地采取正向激励法，因为这种激励方法有时容易使人骄傲，所以应适当采取一些负向激励法，这样可以使心浮气躁的人保持清醒的头脑，使整日沉迷于幻想的人看清现实。

但是，现代管理理论和实践都证明，在激励员工的方法中，正向激励法的优势远大于负向激励法。因此，负向激励法不能长期使用，特别是淘汰机制，它不仅容易使员工产生不安定感，同时也使员工很难有总结经验教训的机会，还会使员工心存怨气，导致上下级之间关系紧张，同事间关系复杂。这样就使员工很难有长期在此工作的打算，而且越是素质高的人员，淘汰机制对其产生的负面作用就越大。

4. 危机激励法

有时适当地给员工一些危机感和紧迫感也是很有必要的。比如，公司领导可以告诉员工公司目前在运营中遇到的困难，或者员工所在部门目前遇到的问题等。只有真正从心底唤起员工的危机感和紧迫感，让每一个员工心中都有危机意识，才能使危机激励法发挥最大的作用。另外，公司应适时提出新的目标与要求，让员工为之努力，从而使员工与公司携手共进。

5.5 员工主动提出加薪的处理方法

陈美娜在北京创办了一家化妆品公司，由于接受过专业的培训，所以她为自己的公司制定了晋升制度，其内容主要有四点：第一，本公司的美容师分为试用、初级、中级、高级四个等级。第二，相邻等级的工资差额为500元。第三，美容师在10次考核合格后，即可升一级。第四，每月考核两次。然而，尽管制度如此明了，还是有员工提出加薪的要求。

有一位叫刘莉的初级美容师，她连续8个月的绩效考核成绩均为合格，她要求提前晋升或加薪，否则就辞职。陈美娜查询了这位美容师以往的考核记录，觉得让她辞职有点可惜，于是陈美娜同意了刘莉提前晋升的请求。然而，其他员工在知晓这件事后，也纷纷提出了加薪的要求，这令创业只有半年的陈美娜很是烦恼。

对此类加薪要求的处理方法，要视具体情况而定。同时，公司创始人必须反思，员工为什么非要以离职要挟公司给自己升职加薪呢?

1. 对员工提出加薪要求进行分析

(1) 为什么员工会提出这样的要求

如果你是员工，那么利用此种极端的方式要求加薪可能会给你带来什么后果? 公司的制度已经明确了升职或加薪的流程，为什么员工不按规定执行? 如果给员工加薪了，但他最终还要辞职怎么办?

(2) 员工加薪的要求是否合理

结合公司的实际情况，依据公司的晋升制度，对于表现突出的员工，是不是可以给他加薪? 是不是可以设置非常规的升职或加薪路径?

(3) 公司是否满足了员工的需求

如果经常有员工提出加薪的要求，那么很可能是公司的晋升制度出了问题。公司管理者应先与同行业公司的综合待遇对比，再与跨行业公司的综合待遇对比，来分析本公司的待遇水平。如果本公司的待遇水平远超过同行业公司的待遇水平，那么员工的加薪要求就是不合理的，有可能是公司在制度上出现了缺陷。

2. 对于主动提出加薪要求的员工，公司该如何处理

员工提出加薪要求的结果一般有以下两种。

第一种：公司不同意加薪或暂缓加薪。

如果员工处于不太重要的岗位且可替代性比较高，那么公司不同意加薪是合理的。因为如果个别员工以此种方式加薪成功，那么其他人必定心理不平衡，最终会引起公司内部的不稳定，且一些员工的积极性也会受到影响。如果员工处于一个可替代性比较低的岗位，即使公司愿意为其改变制度，也不能直接满足其要求。对于这类员工，有两种处理方法：一是给予其更高标准的绩效考核；二是同意其加薪要求，但是需要暂缓。这样不仅不会影响该员工的积极性，其他员工也不会有太大的意见。

第二种：公司同意加薪以挽留员工。

为了公司的大局，公司一般都会选择加薪留人。因为员工在公司得到了成长，这很大一部分是公司的功劳，如果员工此时要走，那么公司已经付出的培训成本就会打水漂。对于希望通过加薪留人的管理者，最好重新审视一下自己公司的制度，因为此风不可长，管理者一旦松了口，后期就会有很多麻烦。

3. 如何提前预防员工主动要求加薪这种情况

要想避免员工主动要求加薪，公司管理者就要找到问题的根源，可以从以下几个方面去分析。

（1）薪酬构成

有些公司竞争力不足，很可能是薪酬构成出现了问题。一般来说，薪酬构成的参考点越多，就越容易让员工满意。因为员工的每一份付出，都会在待遇上得到体现。薪酬构成如图 5-4 所示。

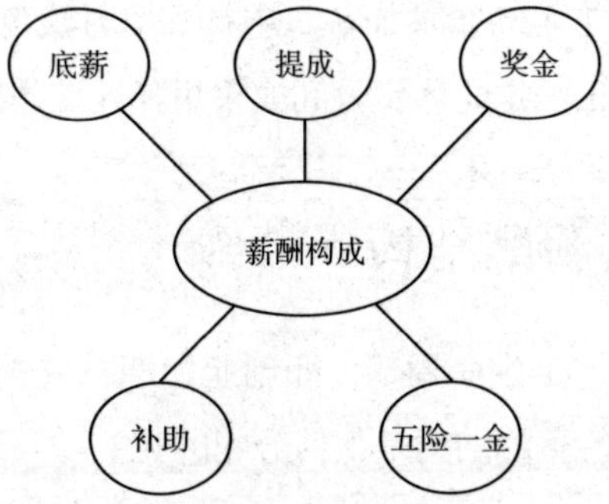

图 5-4　薪酬构成

目前一般公司的薪酬构成由这五个方面组成，即底薪 + 提成 + 奖金 + 补助 + 五险一金。除国家规定的五险一金外，其他四项就能反映一个员工的整体能力，也就是其为公司创造价值的能力。如果公司仅仅以底薪和提成这两项作为考核指标，就无法对一些工作表现特别突出的员工给予奖励，会进而打击这些员工的工作积极性，不利于公司的长远发展。

（2）薪酬参照物

底薪发多少？提成以什么比例发？奖金发多少？这些问题必须有章法可依。一个公司的薪酬发放必须具备两个特征：内部的公平性与外部的竞争性。

①内部的公平性。对于同样职位、绩效、工龄、学历的员工，其工资必须是相同的。如果一个人工资高，一个人工资低，那么工资低的人就会有意见。即使这个员工当时不说，最后也很可能以离职相要挟，让老板为其加薪。

②外部的竞争性。比如，百度公司的员工一定会经常与腾讯公司的员工比薪水，这是人之常情。同是互联网巨头，如果员工的待遇水平相差太多，那么跳槽就在所难免，因为每个人都希望自己的劳动可以获得较高的报酬。

（3）绩效考核

设置提成和奖金，就是对那些高绩效员工的认可。绩效设定不要平均化，而要落差化。同时，对于创造超过绩效平均值的员工应给予额外的奖金。这样做可以提高员工的工作积极性，同时淘汰那些为公司创造极低利润的员工。

（4）发展计划

员工来公司上班，一是为了赚取薪酬，二是为了自身的发展。所以制定合理的发展计划是公司必走的道路。发展计划的内容可根据员工的规模、管理岗位的数量而定。

此外，要想避免员工主动要求加薪，还有一个方法可以作为参考，那就是设置软福利，比如给予员工一定的休假时间或采用弹性工作制等非现金报酬。

5.6 不同时期的薪酬结构

每个公司都会经历一个生命周期，即创业初期→成长期→成熟期→衰退期，那么，公司在不同时期的薪酬结构是如何分配的呢？

1. 创业初期

公司在创业初期，员工的稳定性还不是很高，很多人在公司干一年或者半年，甚至两三个月就辞职了。这个时期的员工对公司不会产生多少情感，所以薪酬设定应以公平为主，不需要设定特别的等级差。在可能的情况下，公司可以采取“低底薪 + 高提成”的方式激励员工与公司一起成长，共同发展。

2. 成长期

在一般情况下，公司在创立两三年之后就会进入成长期，这时的薪酬设定应兼顾公平与效率两种原则，拉开新员工和老员工的收入差距，建立相对正规的薪酬制度。这样既能激励新员工，又能避免公司中的一些“老油条”倚老卖老的现象发生。

3. 成熟期

公司在其经营时间超过一定的年限后就会进入成熟期，在这个时期，为了激励员工，让公司业绩保持稳定的增长，公司应在薪酬结构中提高绩效考核的比例。

4. 衰退期

公司在经营一定的年限之后，很可能由于经营不善或者其他因素而进入衰退期。在这个时期，公司应以效率原则为主，激发员工的工作热情以延缓公司衰退的速度。这时，拉大员工之间的收入差是不错的办法。

公司应时刻准备变动薪酬水平，而不能保持一成不变。公司经营者应该对公司合理定位，在公司发展的不同时期采取不同的薪酬结构。

5.7 如何核算公司成本

公司成本是设置员工薪酬水平的重要参考因素，公司日常经营中的哪些指标会影响公司成本的核算呢？公司成本核算指标主要包括以下几个方面，如图 5-5 所示。

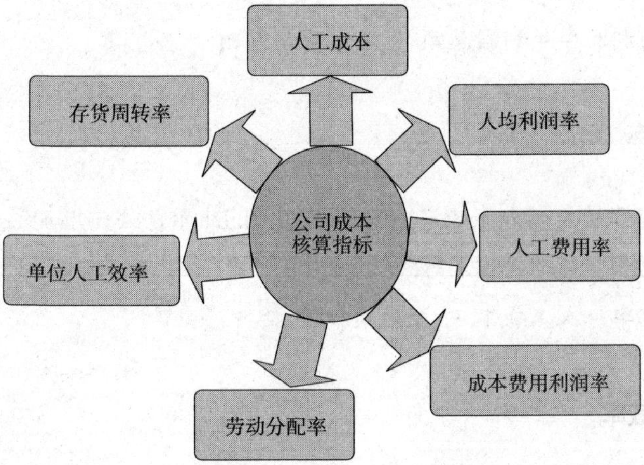

图 5-5 公司成本核算指标

1. 人工成本

人工成本是指公司在雇用员工时产生的全部费用。

人工成本＝工资总额＋社会保险费用＋福利费用＋教育费用＋劳动保护费用＋住房费用＋其他人工费用

2. 人均利润率

人均利润率是指在一定时期内公司利润总额与公司员工总人数之间的比率。它表示公司在一定时期内平均每人实现的利润额。

人均利润率＝公司利润总额 ÷ 公司员工总人数

3. 人工费用率

人工费用率是指公司人工成本与公司费用总额的比例。

人工费用率＝人工成本 ÷ 公司费用总额

4. 成本费用利润率

成本费用利润率表明的是公司成本费用与利润的关系，即每一元成本实现了多少利润。

成本费用利润率＝利润总额 ÷ 成本费用总额

5. 劳动分配率

劳动分配率是公司人工成本占公司增加值的比重，公司增加值由折旧、税收净额、公司利润、劳动者收入等四部分组成。

劳动分配率＝人工成本 ÷ 公司增加值

6. 单位人工效率

单位人工效率即单位人工成本产出（利润）率。

单位人工效率＝公司产值（利润）总额 ÷ 人工成本

7. 存货周转率

存货周转率反映了一定时期内公司利用存货的效率。

存货周转率＝销货成本额 ÷ 平均存货余额

第 6 章　员工招聘：如何快速招到合适的员工

招聘是开公司过程中不可忽视的一个环节，它能帮助公司招到合适的员工，这样的员工不仅能很快地适应工作，还能高效地完成公司分配的任务，这对公司的发展无疑是有利的。如果公司雇用的员工不适合公司的发展，那么公司无论干什么都成不了气候。所以，为了公司的前途，本章将告诉创业者如何才能为公司招聘到优秀的员工。

6.1　网络招聘平台对比

如今招聘员工的方式有很多，比如在报纸、杂志、电视、电台等载体上刊登、播放招聘信息，在网络招聘平台上发布招聘信息，在特定的网络空间中发布招聘信息，参加一些现场招聘活动，以及通过在店面门口与周边商铺门口张贴海报招聘等。

目前，随着网络的不断发展，越来越多的求职者选择通过互联网招聘平台找工作。有人曾做了一项由 7000 人参与的网络招聘调查，其结果显示，53.7% 的求职者通过招聘网站获取招聘信息，32.3% 的求职者通过亲朋好友介绍获取招聘信息，而仅有 14% 的求职者通过传统的招聘渠道，如报纸、杂志、电视、电台和招聘会等找工作。可见，目前网络平台招聘已经成为最流行的招聘方法，而且它本身就拥有诸多优点，比如收费低、速度快、针对性强等。所以，大家选择在网络招聘平台上找工作是明智的。

正是由于大家纷纷倾向于在网上找工作，所以网络招聘市场的竞争日益激烈，招聘平台也日益增多。那么在众多的网络招聘平台中，创业者应该如何选择呢？

下面主要介绍一下几个常见的互联网招聘平台，看看它们有哪些特点。

1. 智联招聘

智联招聘是一家由政府颁发许可证的专业服务机构，为大型公司和快速发展的中小型公司提供一站式专业人力资源服务，包括网络招聘、报纸招聘、校园招聘、猎头服务、招聘外包、公司培训及人才测评等。

2. 前程无忧网

前程无忧网是国内第一个汇聚各类媒介资源优势而成立的专业服务机构，提供包括招聘猎头、培训测评、人事外包和咨询在内的专业人力资源服务。现在该网站已经遍布全国 104 个地区，有效注册用户超过 8800 万个，日招聘职位超过 320 万个。

3. 58 同城

58 同城致力于打造国内最真实、权威的专业招聘网站，为北京、上海、天津、广州等 300 个城市的求职者提供最新的招聘信息。

4. 赶集网

赶集网每天都会更新大量的人才招聘信息，是针对大众职位的招聘平台。

5. 拉勾网

拉勾网是最权威的互联网行业招聘网站，提供全国的互联网招聘信息。很多互联网行业的公司在招聘时会首选拉勾网。

6. 猎聘网

猎聘网专注于打造以经理人个人用户体验为核心的职业发展平台，全面颠覆传统网络招聘以企业为核心的广告发布形式。截至 2017 年 12 月 31 日，猎聘网的注册会员达到 3890 万个。

7. 中华英才网

中华英才网成立于 1997 年，是国内最早、最专业的人才招聘网站之一，特别是在应届生招聘这方面已有十几年的经验，其品牌和服务已被个人求职者和公司人力资源部门普遍认可。

6.2　设置内部推荐制度

网上曾有这样一则消息：

公司正在急招员工，新员工的试用任务是帮助公司转发 30 条招聘消息，转发任务完成后才能转为正式员工。

如果你打算到上面这家公司应聘，看到这样的信息，你会有何感想？你是不是觉得这家公司是骗子，它的目的是让你免费当它的宣传员？即使这家公司是真的，这样的公司也绝对是不正规的，应果断放弃到这样的公司去应聘。

举上面这个例子，一方面是为了提醒开公司的新手在发布招聘信息的时候一定要对发布内容再三斟酌；另一方面是为了提醒那些急缺人手的新公司，即使想让员工帮你招聘，也不能强迫他们完成招聘任务。因为即使员工被迫帮你把人招聘过来了，这些人也不一定能胜任工作，最后的结果只会是既浪费了员工的时间，又浪费了你的时间。

你可以让公司员工一起来帮公司招人，但前提是要让那些责任感强的员工来帮你招人，用优秀的员工吸引优秀的人才，而且你在让员工帮你招聘的时候，要给他们一些奖励。对销售部门来说，你可以给那些帮公司招聘人才的人 2% ~ 4% 的奖励。比如，员工 A 为公司招聘一个销售人员 B，如果 B 第一个月的销售额为 10 万元，提成为 1 万元，那么公司就给员工 A 200 元（$10000 \times 2\% = 200$）的奖励。因为只要 B 有收入，A 就有相应的奖励，所以 A 会认认真真地为公司招聘优秀的人才，而且还会帮助 B 增加销售额。用上述的方法招聘员工，可以达到事半功倍的效果。

6.3　熟人推荐员工的处理方法

有些公司，特别是中小型公司，它们经常采用的一种招聘方式是通过亲戚、熟人推荐招到员工。那么，通过这样的方式招到的员工到底该不该要呢？

张丽敏是一家公司的部门经理，与王强关系甚好。一年前，王强向张丽敏推荐自己认识多年的老友刘云到她的部门上班。刘云因为与当时的直接领导相处得很不愉快，为了摆脱上司的刁难和孤立，在没有找好下家的情况下，便匆匆离职。在接下来的两个月里，刘云四处找工作，但都未能找到一份满意的工作。王强知道后，便向张丽敏推荐刘云。当时由于张丽敏的部门急着招人，所以她就没有拒绝。

后来，虽然面试、笔试这些环节一个没少，但因为张丽敏早已和人力资源部门打过招呼，所以刘云毫无悬念地进入了这家公司，成为张丽敏的手下。张丽敏业务能力强，对下属的要求也极为严格，为了争取更多的业务，她常常要求部门的员工晚上加班。

刚开始的时候，刘云干劲十足，张丽敏也很欣慰。但是在过了一段时间之后，刘云觉得每天跟着大伙儿工作到深夜实在是太累了，所以她开始找各种理由，隔三差五地逃避加班，比如身体不舒服、父母来探望、同学聚会、家里维修管道等。

刘云不但逃避加班的次数越来越多，而且工作态度也越来越不积极，张丽敏虽然非常看不惯刘云的这种工作态度，但又不好对她发火，因为刘云毕竟是自己的好友介绍过来的。后来，张丽敏也曾多次找刘云谈话，一次两次还管用，但是后来谈话也不管用了，这让张丽敏很为难，如果不开除刘云，那么她不仅会影响团队的士气，还会让一些员工心生怨言；如果开除刘云，她又不知道该如何开口，更不知道该如何向王强解释。

张丽敏此刻意识到，如果刘云不是好友推荐过来的，那么一切都将变得简单。

通过亲朋好友的介绍，虽然能很快招到员工，但从张丽敏的经历中，你要吸取的教训是：最好先了解一下朋友推荐的这个人的工作能力怎么样，能不能适应你这里的工作环境。如果盲目地把一个不适合的人招聘过来，那么就会很容易遇到张丽敏这种进退两难的情况，到最后大家只能不欢而散，令你自己、你的朋友及朋友推荐来的人同时感到尴尬。

所以，不建议你通过亲朋好友推荐招聘员工。因为这样的招聘除了选择面比较窄，还不好管理。还有一个问题就是工资到底应该怎么发？发多了你不舒服，发少了他不舒服。如果再遇到一些爱嚼舌根的人，他们就会在你亲朋好友的圈子里败坏你的名声。总之，为了避免发生后面一系列的麻烦事，对于亲朋好友推荐的人最好不要聘用。

6.4 面试流程的设置

为了招聘到合适的员工，公司经营者最好为公司设置一套行之有效的面试流程。一般情况下，面试分为笔试和面谈两部分。

在招聘工作开始之前，公司经营者首先要做的就是准备测试题。测试题应根据不同的职位设计不同的题目，题型包括填空题、判断题、简答题、问答题四种，满分为 100 分，测试时间为 30 分钟，最多包括 2 张 A4 纸的题量。当然，对于各部门的测试题，公司经营者可以交给各部门的负责人完成，也可以与各部门的负责人共同协作完成。

另外，公司经营者还要安排人员制作公司员工面试情况表，其一般格式如表 6-1 所示。

表 6-1　公司员工面试情况表

<table>
<tr><th colspan="5">公司员工面试情况表</th></tr>
<tr><td colspan="2">姓名</td><td></td><td>性别</td><td></td></tr>
<tr><td colspan="2">年龄</td><td></td><td>笔试成绩</td><td></td></tr>
<tr><td colspan="2">毕业学校</td><td></td><td>专业</td><td></td></tr>
<tr><td colspan="5">初试情况</td></tr>
<tr><td colspan="2">评分要素</td><td colspan="2">参考标准</td><td>得分</td></tr>
<tr><td colspan="2">仪表举止（4 分）</td><td colspan="2">仪表端正，装扮得体，举止有度</td><td></td></tr>
<tr><td colspan="2">专业技能（6 分）</td><td colspan="2">专业符合工作要求，有工作经验，有特殊技能</td><td></td></tr>
<tr><td colspan="2">求职态度（6 分）</td><td colspan="2">对本公司做过初步了解，面试经过精心准备，待遇要求理性</td><td></td></tr>
<tr><td colspan="2">自我认知（4 分）</td><td colspan="2">能准确判断自己的优劣势，并针对劣势提出弥补措施</td><td></td></tr>
<tr><td rowspan="5">综合能力</td><td>沟通能力（6 分）</td><td colspan="2">能准确理解他人的意思，有积极主动沟通的意识和技巧，用词恰当、表达流畅、有说服力</td><td></td></tr>
<tr><td>分析能力（5 分）</td><td colspan="2">思路清晰、富有条理，分析问题全面、透彻、客观</td><td></td></tr>
<tr><td>应变能力（4 分）</td><td colspan="2">反应敏捷，情绪稳定，考虑问题周全</td><td></td></tr>
<tr><td>执行力（6 分）</td><td colspan="2">能服从领导的工作安排，全力以赴完成工作任务</td><td></td></tr>
<tr><td>可塑性（6 分）</td><td colspan="2">有较强的学习能力，能理性接受他人的观点，对他人无成见</td><td></td></tr>
<tr><td rowspan="5">综合素质</td><td>情绪稳定性（5 分）</td><td colspan="2">在特殊情况下（如压力大、被冤枉、被指责）能保持情绪稳定，无极端言行</td><td></td></tr>
<tr><td>求职动机（3 分）</td><td colspan="2">需要生存，自我提高，自我实现，职业规划</td><td></td></tr>
<tr><td>主动性（7 分）</td><td colspan="2">找借口还是找方法，工作方法是否灵活多样</td><td></td></tr>
<tr><td>服从性（7 分）</td><td colspan="2">能服从自己不认可的领导，服从并接受自认为不合理的处罚，能接受工作职责外的任务</td><td></td></tr>
<tr><td>团队意识（7 分）</td><td colspan="2">有过团队合作的经历，能为团队做出超越期望值的付出</td><td></td></tr>
</table>

续　表

综合素质	经历（4分）	是否经常换工作，平均每份工作时间最少超过一年	
	性格（5分）	自信、积极乐观、心态成熟、性格与岗位要求相匹配	
	专业背景（4分）	所学是否为相关专业，有无相关工作经验	
	认识职位（5分）	了解工作内容和工作方式，能预见并接受可能遇到的困难	
	认同公司（6分）	对以前公司和老板的态度，是否认同行业和公司未来的前景，是否认同公司的文化和管理方法	
总分			
面试负责人签名		日期	
复试情况			
工作能力			
工作业绩			
待遇协商			
有无特长			
综合评价			
是否录用			
公司负责人签名		日期	
备注			

注：此表除“复试情况”由公司负责人填写外，其他部分均由人力资源部门填写。

一般的面试流程分为三个环节，具体内容如下：

1. 笔试

笔试时间大约为30分钟，达到60分者方可进入初试环节，人力资源部门负责人将笔试成绩填入公司员工面试情况表中。

2. 初试

初试由人力资源部门负责人实施，主要涉及仪表举止、专业技能、求职态度、自我认知、综合能力、综合素质等方面的考核，并将实际情况记录在公司员工面试情况表中，初试时间一般为15分钟。

3. 复试

复试由公司负责人亲自主持，可以安排人力资源部门经理一同参加，主要对面试者的工作能力、工作业绩、待遇协商、有无特长、综合评价等方面进行面试，并将面试的实际情况填写在公司员工面试情况表中，请公司负责人签名，复试时间一般为 30 分钟。

6.5　如何快速筛选出优质的面试者

什么样的人才是优质的面试者呢？很多人力资源部门经理会想当然地说："那些有经验的或者学历高的人就是优质的面试者。"

这些人力资源部门经理的回答是否正确呢？答案当然是否定的。如果公司招聘员工只是单纯地看面试者的学历、经验等方面，那么该公司的招聘方法就太落伍了。因为现在的公司时时刻刻都在发生着变化，如果公司不引进一些适应时代发展的新人才，那么迟早都会面临被淘汰的结局。既然这样，到底什么样的面试者才适合公司的发展呢？

首先，面试官要观察面试者是否有责任心。如何判断面试者是否有责任心呢？最重要的一点就是看这个面试者是否能站在公司的角度、老板的角度思考问题。如果一个员工能处处为公司和老板着想，那么即使这个员工没有任何从业经验，或者学历不高，他也一样可以成为一个好员工。

其次，面试官要观察面试者的态度。一般来说，一份工作对员工解决问题能力、自主性、学习能力、人际交往能力、团队默契等方面的要求越高，面试官就越应该寻求拥有正确态度的人。什么是正确的态度呢？我们可以从下面的例子中找出答案。

1997 年，美国在线（American Online）的注册用户达到了 1000 万个，在全公司都在为此激动万分之际，又一个好消息传来了，公司增加了一项新的收入来源—— 一家新成立的长途通信运营商带着一张 5000 万美元的支票来到了公司，它希望美国在线可以把第一份网络赞助（或门户）合同卖给它，后来这项业务给这个运营商带来了数十亿美元的利润。

随后，其他一些成立多年、地位稳固的公司或者刚成立的公司也纷纷开始争取与美国在线建立营销合作伙伴关系的机会，争夺美国在线的标题广告。在这种形势下，美国在线的管理层意识到，公司需要更多的广告客户经理和商业事务专家来管理这部分利润丰厚的新业务。因此，他们开始发布招聘信息，当时的招聘信息这样写道：我公司现招聘熟谙互联网，并在消费品或汽车产品领域有10年以上营销或销售经验的人士。当时，很多有经验的面试者纷纷来公司应聘，最后公司人力资源部门的管理人员筛选出来了一批具备10年相关经验的面试者，并予以录用。

这些新招聘的人员在上岗一段时间后，由于他们中有许多人并不熟悉门户业务，所以他们的工作表现并不好。于是，公司领导人开始找原因，他们对公司内业绩较好的人进行了研究分析，并将他们的技能与一些业绩较差的人的技能进行了对比。结果发现，优秀业务员与一般业务员之间的区别并不在于他们的工作经验，而在于工作态度，优秀业务员在工作态度方面具备5项特质。

1. 卓越的沟通技能

沟通技能是美国在线的业务员做好一项工作的必备条件，比如，虽然销售与营销人员和其他部门人员不是由同一位管理者负责的，但他们需要不同部门人员的支持。所以，美国在线的优秀业务员具有很强的社交能力，比如，争取他人支持的能力。

2. 较强的自觉性

美国在线一直倡导“行动快速、管理自由”的理念，这就要求员工在无监督的情况下仍能认真从事本职工作。所以，在美国在线的业务员中，那些在没有严格监督的情况下仍能自我激励、努力工作的人的业绩，比那些需要监督的人的业绩更好。

3. 较强的说服力

美国在线的业务员每天都要和客户打交道，说服客户与其合作。所以，其优秀业务员要具有较强的说服力，要能够获得别人的认可，从而达成交易。凡是美国在线的优秀业务员都能够快速且有感染力地表达自己的想法。

4. 较强的学习能力

业务人员只有对事物有很强的领悟能力，才能在收到指示之后迅速地转变工作方向。所以，美国在线的优秀业务员都有较强的学习能力。

5. 较强的应变能力

业务员经常会遇到各种各样的不可预料的事情，这就需要他们具有很强的应变能力。美国在线的优秀业务员即使在不确定的情况下也可以自信地做出决策，而不会对不确定性感到忧心忡忡。

公司领导层在了解了优秀业务员的特质之后，要求人力资源部门的负责人根据上述 5 项特质筛选新招聘的员工。很快，公司门户业务的价值迅速增至 10 亿美元。这些新招聘的业务员在 2000 年的 1 ~ 3 月就为公司创造了 7.21 亿美元的销售额。美国在线的一位副总裁骄傲地说："这批新员工是我们公司有史以来招聘到的最好的员工。"

如今，美国在线的成功大家有目共睹。可以说，如果美国在线没有意识到态度比经验更重要，那它就不会像今天这样成功。

从美国在线招聘员工的成功经验中，我们可以得出一个结论：公司要花时间找到对空缺职位来说比较重要的个性特质，然后对新的候选人进行筛选，找出拥有正确态度、最有可能在组织中取得成功的人选。所以，公司无论规模大还是小，都要放弃认为经验很重要的假设，要把主要精力放在挖掘员工的潜力和那些对公司或部门来说很重要的个性特质上。

如何才能从众多的面试者中快速筛选出优质的面试者呢？一般情况下，只有在面试官询问面试者一些问题后才能看出他们的各项素质。在面试过程中，面试官会询问面试者哪些方面的问题呢？具体内容参考如下：

（1）请谈谈你自己的简历，谈谈你的优缺点及兴趣爱好。

（2）你在交朋友时最注重什么？

（3）你选择本公司的原因是什么？

（4）你选择一份工作最重视的条件是什么？

（5）你觉得自己最适合做什么样的工作？

（6）你希望有什么样的领导？

（7）你参加过何种组织活动？对某问题有过何种研究？

(8) 你认为你所选择的这个职位需要具备什么样的性格特点？你具有这种性格特点吗？

(9) 你觉得你从事这项工作有什么优势？

(10) 你对薪酬待遇有何要求？

(11) 你有哪方面的工作经验？

面试官还要给面试者预留一部分时间让他们提问，从他们的问题中也可以看出这个面试者的个性特质。

另外，再向大家透露一个提问的小技巧，如果公司需要招聘一些技术型的员工，这时面试官就需要问面试者一些与专业知识相关的问题，甚至可以直接出道题目让面试者回答。如果公司需要招聘一些销售类、公关类的员工，这时面试官就需要考核面试者的应变能力，比如，面试官可以提出类似于“如果公司只准备了一个可以容纳 10 个人的会议室，但开会的时候却来了 13 个人，那么你将如何处理”这样的问题。

6.6 对薪酬有异议的处理方法

在面试中，薪酬是一个不可避免的话题，每当谈到这个话题时，面试官和面试者都会有些谨慎或紧张。虽然双方都知道这是一个关键的问题，但都不好意思说得太清楚，因为他们怕若说得太清楚，就没有了回旋的余地。如今，要想招到一个公司满意、本人愿意的员工是比较难的。其实，对众多面试官来说，他们常常遗憾的不是无法招到这样的人，而是当他们看上了一个人才时，双方却因为薪酬问题没有达成一致意见，最后导致该人才没有入职。

那么，作为面试官，在面对心仪的人才对薪酬有异议时，到底应该怎么办呢？在提及薪酬问题时，面试官需要掌握哪些方面的技巧呢？一般来说，薪酬谈判要达到两个目标：一是吸引与激励人才，二是保证公司内部员工的公平性。所以，面试官在与面试者进行薪酬谈判时要以上面两点作为出发点，并把握好二者的平衡。

另外，面试官还要注意一点，为了把优秀的人才吸引到公司，公司设置的薪酬水平不能低于市场平均薪酬水平，否则会把面试者吓跑。有时即使面试者在与公司经过一轮的谈判后，薪酬水平可以接近市场水平，他们也会有一种挫折感，从而对公司丧失原有的信任与信心。所以，薪酬谈判要在薪酬水平不能低于市场平均薪酬水平的前提下进行，否则很有可能招不到合适的员工。那么，在面对面试者提出的薪酬水平超过公司岗位的最高薪酬标准时，面试官应该如何应对呢？

1. 弱化面试者的心理期望值

有的面试者对自己薪酬的心理期望值很高，所以，面试官千万不能流露出非他不可的表情。面试官要强调目前有很多候选人在竞争该职位，公司正在比较与衡量，这样才能有效地减少面试者的谈判筹码。

2. 告知面试者公司的定薪原则

有的面试者认为公司是依据面试者的期望薪酬来给他们定薪的，所以，他们在薪酬谈判时总是死咬着自己的期望薪酬不放。这时候，面试官要明确告知面试者，定薪必须遵循公司的薪酬制度，每个人都是一样的，没有例外。但同时要告诉面试者公司由于正处于发展阶段，专门为有能力的人提供了很多的升职机会，如果面试者的工作能力强，那么他的薪酬水平将会不断提高。

3. 告知面试者公司的薪酬构成

公司的薪酬不只包括每个月的工资，还有其他方面的福利。在薪酬谈判时，一定要把所有的薪酬构成都讲出来，如津贴、福利等，还要尽可能地从多方面提炼出公司的“卖点”，比如，公司未来的发展前景、公司品牌、工作平台、工作环境等，将其逐步展现给面试者，增强他们对公司的信心，从而提升公司的形象。

4. 特殊人才特殊对待

每个公司都需要一些人才，尤其是一些不可替代的人才。对于这样的人才，公司要特殊对待。在应聘中，如果面试官发现了一些难得的人才，他们的能力很强，经验也很丰富，那么公司提供的薪酬水平应相应有所提高，反之则应适当降低。公司所设定的薪酬水平一定要能体现面试者本身的市场价值，包括其素质、能力、经验与过往业绩状况等。如果公司的薪酬标准没有弹性，那么面试官也可以考虑给他们特批待遇。

对新成立的公司来说，薪酬制度往往不够完善，这时应该怎么做才能既留住面试者又不影响薪酬谈判呢？下面介绍一个小技巧：面试官可以提前去做市场调查，并与领导商定一个大概的薪酬标准，并告诉面试者，本公司的薪酬水平不会比同行业的低。

6.7 制定劳动合同

在面试者同意来公司上班后，公司应在第一时间和他们签订劳动合同，这样一方面能让面试者感觉公司比较正规，另一方面也能保证公司的权益。很多人都知道不签订劳动合同是不合法的，因为那样在双方发生劳动纠纷时，自己的权益得不到保障，所以一般人都不愿意到这样的公司上班，更别说能力比较强的人了。即使他们去这样的公司上班了，心里也会觉得这个公司不正规，不打算在这里长期工作。所以，制定一个正规的劳动合同是很有必要的。

合同对公司经营者来说可能一点都不陌生，因为在公司的经营过程中，签订合同是十分常见的日常事务。那么，在现实经济环境中，如何才能制定出适合自己公司的劳动合同，合同内容的设定应注意哪些细节呢？

1. 根据公司的实际情况修改具体条款

网上有很多合同模板，公司经营者在制定劳动合同时，可以借鉴网上的这些合同模板，但要根据公司的实际情况对具体条款进行修改，并对合同各项条款细细斟酌。

2. 选择对公司有利的合同条款

网上很多合同模板是针对双方共同的权利和义务而设定的，公司经营者要根据公司现实情况及合同目的对合同条款进行筛选，对合同中明显与现实不符的条款加以修改或删除。更重要的是，要根据自己的合同目的，完善合同条款，以便在出现纠纷时，更好地维护自身的权益。

3. 合同内容要能够实现双赢

签合同是双方的事，所以，其条款内容不能使利益偏向某一方，要考虑到双方的利益。这就要求公司从对方的角度考虑问题。公司经营者要慎重审视合同条款，从而使合同内容能够实现双赢。

4. 时刻注意情况变化，完善合同条款

未来会发生什么，谁也无法预料，因此在制定合同时，应尽量把可能出现的特殊情况罗列出来，并制定相应的条款来应对可能出现的情况。在执行合同的过程中，如果出现了双方都始料不及的情况，就要重新对具体的合同条款进行完善，以应对新的情况。

5. 注意合同细节，弥补合同漏洞

在制定合同时，一定要对合同的细节加以斟酌。在合同执行过程中，要定期对合同的某些条款加以完善，只有这样才能及时弥补合同漏洞，防止不利因素的出现。

6.8　入职手续办理流程

在新员工到岗后，人力资源部门要尽快安排新员工办理入职手续。入职手续一般包括三个环节，具体内容如下：

1. 提交证明材料

在办理入职手续时，新员工应向公司提交证明材料，包括原单位的离职证明（应届生不用提供）、照片、身份证复印件、学历证书复印件及其他相关证明材料等。

2. 签订劳动合同

在新员工按公司规定提供相应的证明材料之后，接下来要做的事就是签订劳动合同了。人力资源部门应向刚入职的新员工提供公司劳动合同，该合同在双方无异议并签字或盖章后生效，合同一式两份，双方各执一份。

3. 填写员工信息登记表

填写员工信息登记表是为了公司存档备查，其基本格式如表 6-2 所示。

表 6-2 员工信息登记表

<table>
<tr><td colspan="8">员工信息登记表</td></tr>
<tr><td>姓名</td><td></td><td>性别</td><td></td><td>出生年月</td><td></td><td>职称</td><td></td></tr>
<tr><td>婚姻</td><td></td><td>健康状况</td><td></td><td>联系电话</td><td colspan="3"></td></tr>
<tr><td>住址</td><td colspan="3"></td><td>身份证号</td><td colspan="3"></td></tr>
<tr><td>岗位</td><td></td><td>入职时间</td><td></td><td>转正时间</td><td colspan="3"></td></tr>
<tr><td>民族</td><td></td><td>血型</td><td></td><td>电子邮箱</td><td colspan="3"></td></tr>
<tr><td colspan="2">合同起止时间</td><td colspan="2"></td><td>合同签订单位</td><td colspan="3"></td></tr>
<tr><td colspan="2">紧急联系人</td><td colspan="2"></td><td>联系方式</td><td colspan="3"></td></tr>
<tr><td rowspan="4">学历</td><td colspan="3">就读学校</td><td colspan="2">专业</td><td colspan="2">起止时间</td></tr>
<tr><td colspan="3"></td><td colspan="2"></td><td colspan="2"></td></tr>
<tr><td colspan="3"></td><td colspan="2"></td><td colspan="2"></td></tr>
<tr><td colspan="3"></td><td colspan="2"></td><td colspan="2"></td></tr>
<tr><td rowspan="4">工作经历</td><td colspan="2">就职单位</td><td>职务</td><td colspan="2">离职原因</td><td colspan="2">起止时间</td></tr>
<tr><td colspan="2"></td><td></td><td colspan="2"></td><td colspan="2"></td></tr>
<tr><td colspan="2"></td><td></td><td colspan="2"></td><td colspan="2"></td></tr>
<tr><td colspan="2"></td><td></td><td colspan="2"></td><td colspan="2"></td></tr>
<tr><td rowspan="4">培训经历</td><td colspan="2">起止时间</td><td>培训项目</td><td colspan="2">培训单位名称</td><td colspan="2">所获证书</td></tr>
<tr><td colspan="2">至</td><td></td><td colspan="2"></td><td colspan="2"></td></tr>
<tr><td colspan="2">至</td><td></td><td colspan="2"></td><td colspan="2"></td></tr>
<tr><td colspan="2">至</td><td></td><td colspan="2"></td><td colspan="2"></td></tr>
<tr><td rowspan="5">家庭成员信息</td><td>姓名</td><td>关系</td><td colspan="3">工作单位</td><td colspan="2">职务</td></tr>
<tr><td></td><td></td><td colspan="3"></td><td colspan="2"></td></tr>
<tr><td></td><td></td><td colspan="3"></td><td colspan="2"></td></tr>
<tr><td></td><td></td><td colspan="3"></td><td colspan="2"></td></tr>
<tr><td></td><td></td><td colspan="3"></td><td colspan="2"></td></tr>
</table>

续　表

职业资格	资格证书名称	资格证书编号	批准日期	签发日期	签发单位

本人理解本表格所要求的信息是非常重要的，在此确认以上提供的信息及提供的附件（复印件）均是真实和准确的，如有虚假信息，本人愿意承担相应责任。本人也同意在与 ×× 公司签订劳动合同的有效期内，始终遵守公司的工作纪律、商业道德和诚信原则。如有违反，公司将有权随时中止相关的劳动合同及追究相应责任。

本人签字：

年　月　日

第 7 章　入职培训：如何快速实现人才复制

如今，人才已经成为公司竞争的重要因素，为了培养更多的人才，让员工快速掌握工作核心内容，员工培训工作是必不可少的。接下来，本章将告诉创业者如何进行新员工培训，如何制定培训的管理制度、考核制度及培养计划等。

7.1　为什么让新员工参加培训

如今，越来越多的公司开始注重对员工的培训，但是对于培训的目的很少有人能用一两句话说清楚。下面我就详细地介绍一下公司培训要实现的五个目的，主要内容如图 7-1 所示。

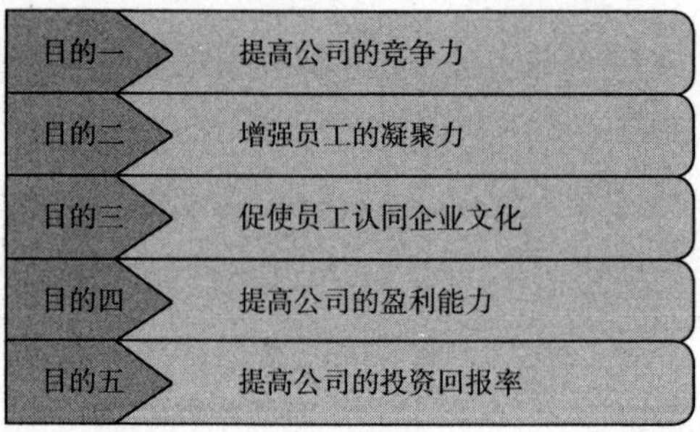

图 7-1　公司培训的五个目的

1. 提高公司的竞争力

如今，各个公司之间的竞争日益激烈，但说到底，公司之间的竞争就是人才的竞争，明智的公司领导者能清醒地意识到培训是公司发展不可忽视的一种投资，是提高公司“造血功能”的根本途径。所以，为了使公司尽快适应市场的变化、增加竞争优势，公司领导者希望通过培训为公司储备后备力量，保持公司永续经营的生命力。

美国曾对公司技术创新投资的内容做了一项研究，其结果表明，公司的软技术投资和硬技术投资的最佳投资比例是 5 ∶ 5。其中，若以人本为主的软技术投资作用于以机械设备为主的硬技术投资后，则公司的产出效益会成倍增加。例如，两个公司在同样的硬件设备条件下，如果一个公司增加了人本投资，而另一个公司还保持原有的人力，那么增加人本投资的公司会达到1:8的投入产出比。这就是很多发达国家在推进技术创新中，不但注重引进、更新、改造机械设备等方面的硬技术投入，而且注重以提高人的素质为主要目标的软技术投入的原因。

可见，人才是公司的第一资源。公司只要拥有一流的人才，就可以开发一流的产品，创造一流的业绩，从而在市场竞争中立于不败之地。

2. 增强员工的凝聚力

公司通过培训能够增强员工的凝聚力。一般来说，公司开展某项培训，各部门的相关人员都要参加，这样就使得各部门员工之间、管理人员与员工之间在培训的过程中能够有效地进行思想、观念、信息、情感等方面的交流和沟通，从而增强公司的向心力和凝聚力。所以说，公司对员工培训得越充分，就越能发挥人力资源的高增值性，从而为公司创造更多的效益。

3. 促使员工认同企业文化

企业文化是公司发展的灵魂，它是一种以价值观为核心并对全体员工进行公司意识教育的微观文化体系。培训可以使员工对企业文化有充分的了解，并促使公司管理人员和员工认同公司的企业文化，这样员工就会自觉地学习和掌握科技知识和技能，增强主人翁意识。

有资料显示，百事可乐公司曾对深圳270名员工中的100名进行了一次调查，这些被调查的员工几乎参加过公司的培训。其中，80%的员工对自己从事的工作表示满意，87%的员工愿意继续留在公司工作。

4. 提高公司的盈利能力

培训能提高员工的综合素质（思想素质、知识素质、能力素质、心理素质等）。只有员工的综合素质提高了，他们才能适应不断变化的客户需求与组织发展的需要，才能提高自身解决问题能力、沟通能力、团队合作能力及学习能力，从而提高公司的生产效率和服务水平，为公司树立良好的形象，增强公司的盈利能力。

据美国权威机构研究分析，培训的投资回报率一般为33%左右。曾风靡全球的摩托罗拉公司，每年都会向全体员工提供至少40小时的培训，其每1美元的培训费可以在3年内实现40美元的生产效益。摩托罗拉公司认为，素质良好的员工通过技术革新为公司创造了40亿美元的财富，这笔巨额收益说明了培训对公司的重要性。

5. 提高公司的投资回报率

目前，国外很多著名公司的培训费用一直稳步提高。特别是美国的公司，它们每年的培训费用约300亿美元，约占员工平均工资收入的5%。大约1200家美国跨国公司，包括麦当劳在内，都开办了管理学院。

总之，对员工进行培训是帮助公司解决问题的有效措施。对于公司不断出现的各种问题，有时培训是最直接、最快速和最经济的解决方案，这比通过自己摸索去解决问题快得多，也比招聘有相同经验的新员工更值得信任。所以，公司必须加大对员工的培训力度，只有这样才能达到使员工与公司同步成长的目的。

7.2 如何让新员工了解培训内容

赵晓旭成功面试了一家中型公司，在入职那天，她满怀期待地来到公司，结果在入职过程中发现了很多问题。当天，她的入职经历是这样的：

（1）她按照规定的时间在上午9点到达公司。

（2）前台不知道她是谁，让她在接待室等着，30分钟后，她的部门经理来接她。

（3）在两人谈了10分钟后，这位经理被叫走，赵晓旭被交给另一个同事。

（4）这个同事对此毫无准备，只是带着赵晓旭在工作地点转了一圈，然后把她丢在一边，让她看公司的学习文件。

（5）过了一个半小时，赵晓旭在喝了6杯咖啡后，被经理带去匆匆吃了午饭。

（6）下午跟上午的经历差不多，赵晓旭没有被安排任何工作，只是干坐着。

（7）下午4点半，赵晓旭被准许早点回家。

看到上面的入职经历，你有何感想？可能有些人会觉得这个公司太不负责了。其实，现实中多数新员工都有类似的经历。只能说这家公司的管理制度不够完善，对可能出现的问题考虑不周到。一般来讲，在新员工入职后，应该有专门的负责人员，向大家介绍新员工并为新员工安排工作等，而上面的这家公司并没有做到这一点，让新员工等了又等。这样就会导致新员工对公司的第一印象不好，所以，公司要提前确定好新员工入职时的流程，在新员工上班之前安排相关人员负责新员工的入职工作，比如接待新员工、向其他员工介绍新员工、向新员工介绍工作地点及以后的工作内容等。如果公司能够在前期做到位，员工就很容易进入角色，能够很快地融入公司的文化氛围中。

一般情况下，在新员工上岗的前几天都要有相关人员对新员工进行培训，要想让培训工作快速进行，就要提前制订好培训计划，将培训内容打印在一张 A4 纸上，并将其发放到新员工手中，这样新员工才能知道自己以后要干什么工作，而不至于坐在那里因无事可做而内心慌张。岗前培训的内容包括以下几个方面：

(1) 公司政策

(2) 工作环境

(3) 工作内容

(4) 岗位使命

(5) 企业文化

(6) 卫生和安全

(7) 公司规章制度

(8) 公司人事结构

(9) 其他

虽然新员工在刚入职的时候会有点紧张，但是经过岗前培训后，他们会逐渐熟悉工作环境及自己要做的工作。所以，一定要把岗前培训做好，因为只有这样才能尽可能地延长新员工的工作热情和干劲，从而为公司带来更好的效益。

7.3　制定培训管理制度

为了使员工培训能够切实有效地进行，公司还要制定一套培训管理制度。一般情况下，人力资源部门负责培训活动的统筹、规划、实施和控制，其他各部门负责协助人力资源部门进行培训的实施、稽核和异常情况追踪，同时反馈培训效果。

在了解如何制定培训管理制度之前，我们先了解一下员工培训体系的构成，其构成内容如图 7-2 所示。

①	新员工入职培训体系
②	职业道德、素质修养与企业文化教育培训体系
③	工作技能培训体系
④	脱产培训与员工自我开发体系
⑤	转岗培训体系

图 7-2　员工培训体系的构成

在了解员工培训体系的构成之后，下面就来介绍一下如何制定培训管理制度。一般情况下，培训管理制度主要包括以下几个方面的内容。

1. 关于部门经理和主管级以上人员培训的相关规定

（1）培训方式

培训方式主要包括公司内部讲师培训及外聘有关专家培训等。

（2）培训内容

培训内容主要涉及公司不断发展的文化、新运营模式的建立与运行、最新的管理理论和经营理念、管理者晋级课程等。

（3）培训要求

部门经理和主管级人员的培训由人力资源部门至少每半年组织一次。部门经理和主管级人员的培训考核结果由人力资源部门纳入绩效考核评估记录中。

2. 关于在职员工培训的相关规定

（1）在职员工培训的要求

员工有权申请参加学历教育或者公司内部举办的各类培训活动，但前提是不能影响本岗位的工作。

（2）在职员工培训的待遇

符合培训条件的人，经领导批准后，可享受公司为参加培训人员提供的各项待遇。

（3）在职员工培训期间的考勤规定

员工在培训期间应严格遵照培训部门的各项安排：

①参加培训的员工如果因故不能参加培训，须提前向经理请假。

②培训期间的考勤与工作的考勤等同，但凡迟到、早退或无故不参加培训者，均按工作考勤的请假制度处理。

③若员工累计缺勤时间达到课程总量的 1/3，则将其按照未参加培训处理，并对其进行通报批评。

3. 关于新员工入职培训的相关规定

（1）新员工入职后，公司要统一组织培训，培训内容主要包括公司的发展历史与愿景、组织结构、发展战略、主要业务、薪酬福利、绩效考核及其他相关政策等。培训时间一般为一个星期左右。

（2）新员工在完成入职培训后，要参加培训考核，不合格者需要进行强化训练，直到合格为止。

4. 关于培训费用的相关规定

（1）培训费用的界定

培训费用除员工直接支付给培训机构的培训费用外，还应包括员工在参加培训期间的食宿费用、交通费用。

（2）培训费用报销的相关规定

在保证培训质量、达到培训效果的基础上，要规范培训费用管理制度，以降低培训成本。

①由公司人事部门举办的培训费用的报销规定

各项培训所花费用由培训项目负责人申请，报人力资源部门经理、财务部门经理、总经理审核，并由培训项目负责人在培训结束后凭各种财务凭证报销，多退少补。

②出国培训的培训费用的报销规定

经公司批准同意的出国人员的费用及赴港澳台考察人员的费用由公司支付，但如果员工出国培训考察报告被评为“不合格”（由公司专家委员会评定），则其须向公司返还 20% 的培训费用。另外，出国培训后辞职离开公司的员工，应按所签订协议的约定向公司赔偿相关费用。

③员工个人参加外部培训的培训费用的报销规定

对于申请参加外部培训的员工，当培训费用超过2000元时，必须在参加培训前与公司签订《员工外部培训协议书》，规定双方的权利及义务。员工在取得培训资格证书后，必须凭借已批准的个人外部培训申请表和资格证书复印件报人力资源部门审核后报销费用。

(3) 培训费用的赔偿

员工在培训协议合同期内提出中止合同并离开本公司的，须根据协议约定赔偿相应的培训费用。

①专业资格和技术等级培训、晋升培训的赔偿规定

自培训结束起4年内离开公司的应全额赔偿培训费用，4年以上的可免于赔偿。

②大专以下（上）学历教育费的赔偿规定

大专以下学历教育费自毕业起3年内离开公司的应全额赔偿培训费用，3年以上的可免于赔偿。

大专以上（含）学历教育费自毕业起5年内离开公司的应全额赔偿培训费用，5年以上的可免于赔偿。

③其他培训项目的赔偿规定

若培训费高于2000元低于5000元，则自培训结束起服务期按2年计，服务若不足一年则赔偿50%的实际培训费用。

若培训费高于5000元，则自培训结束起服务期按5年计，服务每不足一年则赔偿20%的实际培训费用。

5. 关于培训效果评估的相关规定

在每一项培训任务完成之后，人力资源部门都要对参加培训的员工进行考核，考核方式主要包括笔试、口试、撰写心得体会、考察实际操作技能、沟通面谈。人力资源部门还要对考核结果进行效果评估，并形成培训效果评估报告，以不断提高以后的培训工作质量。

6. 关于培训档案管理的相关规定

人力资源部门要为每位参加培训的员工建立并保管培训档案，档案中会记录培训及岗位轮换的具体情况。此外，人力资源部门必须将每次培训的资料、教材、录像、记录等整理存档，并不断完善公司的员工培训体系。

7.4　培训考核机制的设计

为了加强对员工的管理，公司不仅要建立健全培训机制，使培训工作制度化、规范化、正常化、创新化，还要强化培训的考核力度。在每个培训阶段结束后，要对参加培训的员工进行严格的考核、追踪，掌握其参加培训的情况，评估其考核结果，促进参训人员发生行为改变，提高参训人员的工作绩效，将参训人员的考核结果与其职位晋升有机地结合起来。培训考核机制主要包括以下几个方面的内容。

1. 考核方式的要求

培训考核方式有很多种，一般采取如下几种，如图 7-3 所示。

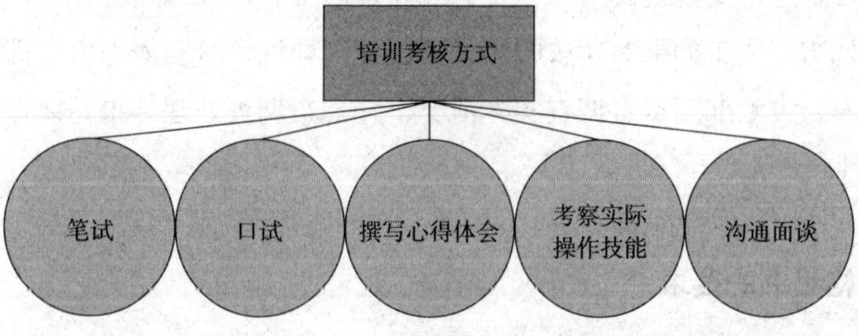

图 7-3　培训考核方式

对笔试考核来说，要建立标准的试题库，对主要岗位最好设置 A、B、C 三套动态试卷。笔试的题型分为下列几种：

（1）填空题

填空题主要考察员工对基本内容、基本概念、基本要点的掌握程度，其分值设置可采取每空 1 分，共 30 空，总分 30 分的标准。

（2）判断题

判断题主要考察员工对重点、难点事项的理解正确与否，其分值设置可采取每题 2 分，共 10 小题，总分 20 分的标准。

（3）选择题

选择题适用于考察要点较多的应知应会问题，其分值设置可采取每题 2 分，共 10 小题，总分 20 分的标准。

（4）简答题

简答题只需要员工能够回答要点即可，不需要展开论述，其分值设置可采取每题 5 分，共 3 小题，总分 15 分的标准。

（5）实务题

实务题是结合参训对象所在岗位的特点和培训目的设计的理论联系实际的题目，主要考察员工对培训主题和岗位要求理解掌握的深度、宽度，其分值设置可采取每题 15 分，共 1 小题，总分 15 分的标准。

另外，对于考试题目，培训考核部门要负责做好保密措施，禁止在考核工作中营私舞弊。

2. 考核评定工作的要求

在某项培训考核结束后，考核评定人员要对员工的考试情况打分。在打分时，考核评定人员要做到公平、公正、公开，员工的考核成绩应在考核结束后一周内张榜公布。员工如果对考核的结果或过程有异议，可向人力资源部门或监察委申诉，人力资源部门负责调查实际情况，并公布调查处理结果，以保证培训考核的严肃性。

3. 颁发合格证书的要求

对于考核合格的员工，公司要对其发放培训合格证书。所谓合格，除要求员工成绩合格外，对其参训时间也有要求，即对于参加培训时间未达到应参训时间 80% 的员工，应将其视为不合格，不得发放培训合格证书。

培训分为公司培训和部门内部培训。如果员工参加的是一般的公司培训，则由人力资源部门负责认定、发放合格证书，如果参加的是大型公司培训或特殊培训，则由人力资源部门发放专门的培训合格证书；如果员工参加的是部门内部培训，则由部门提出申请，并将培训计划、培训记录、培训试卷、员工考核成绩一并交给人力资源部门，经人力资源部门核实认定后发放相应级别的合格证书。这些证书对员工日后的升职加薪有很大的帮助。

4. 建立培训档案的要求

为了让培训工作更加规范，公司还要为每个员工建立培训档案，将员工进入公司后参加的所有培训项目和成绩，包括岗前培训、公司内部培训、日常培训、转岗培训、单项技能培训、管理培训及其他高级专业培训等都记录在案。每个员工的培训档案将作为其升职、加薪、定级、评选先进员工和绩效考核的重要依据。

7.5 为什么要运用师徒制

公司竞争力的提高源于公司员工竞争力的提高。要想提高员工的竞争力，就要使员工在企业文化建设、业务模式探索等综合能力方面有所提高。如何才能使员工迅速胜任岗位工作呢？师徒制作为一种有效的保障机制，能加速新员工的成长及基层人才的梯队建设。

师徒制到如今已经有了几百年的历史，它在各行各业中一直被广泛运用。随着时代的进步，师徒制的表现形式也在不断地更新变化。现在公司把师徒制作为一项基础的人才培养机制，其主要做法是选拔一些有能力的师傅，让他们与新员工或基层员工结成师徒，然后再经过一套完整的从制订挑战计划到具体实践的流程，使徒弟和师傅的能力同时得到提升。

很多公司都在采用师徒制，当然，公司成长的阶段不同，师徒制的实施方式也千差万别，比如华为的全员导师制、通用电气公司的逆向导师制等。不同的公司，其师徒制的实施对象也不同，有的公司的实施对象是高层管理人员，有的公司的实施对象是骨干员工，还有的公司将师徒制的实施对象设定为新入职的应届生。

不管公司师徒制的实施对象是谁，公司都是为了将实施对象与其直接上级，或者与其工作直接相关的老员工，即基层管理部门的主管或经理进行连接，促进“传、帮、带”氛围的形成，这样既可以促进基层骨干员工或初级管理者领导能力的提升，又可以使新员工尽快完成由“生手”到“熟手”的职业角色的转变。

如果确定要在公司实施师徒制，那么在该制度的实施过程中，公司要明确下列几个方面的工作重心。

1. 师徒制计划的重心是师傅

在运用师徒制时，一定要把师傅作为师徒制计划的重心。在师徒制计划中，师傅是计划实施的引导者之一，也是能力建设、方法传授、态度引导的发出者，所以，师傅的培养方法及其综合能力是师徒制计划成功与否的关键。

2. 徒弟能力的提升与否是衡量师徒制计划实施成败的关键标准

在师徒制计划中，徒弟也是对计划实施起到关键作用的主体。师徒制计划应该主要围绕徒弟的岗位能力提升及岗位匹配程度进行，师徒制计划的效果是通过徒弟在被师傅带领期间的工作结果呈现的。

师徒制作为公司的一种人才管理方式，是加速新人成长及促进基层人才培养的有力保障之一。为了使师徒制更有效地实施，师徒制计划所涉及的组织层面应逐步介入整个计划周期中，即徒弟、师傅、部门负责人、人力资源部门的工作人员、分管领导等都要参与到整个培养过程中，并对该机制加以支持。只有这样，才能有效地保证师徒制计划的针对性及人才培养过程的有效性。

7.6 如何让员工积极参加培训

现在有些公司开展了一些培训活动，虽然它们在培训方面花费了大量的时间、精力和金钱，但获益不大。很大一部分原因在于员工参加培训的积极性不高，很多员工认为参加培训等于浪费时间，他们参加培训需要相关领导或部门强制要求，还有些员工把参加培训当成了休假。

为了更好地解决员工参加培训积极性不高的问题，公司要分析一下导致员工积极性不高的原因，只有找到原因，才能对症下药，从而提高员工参加培训的积极性。针对员工参加培训积极性不高的问题，公司可以采取一些措施，主要内容如图 7-4 所示。

措施一	加强对员工的思想教育，从根源上改变其对培训的态度
措施二	塑造良好的企业文化，营造良好的学习氛围
措施三	让培训与薪资挂钩，建立岗位竞争机制
措施四	提高公司领导对培训的重视程度
措施五	科学合理地制订培训计划

图 7-4　提高员工参加培训积极性的措施

1. 加强对员工的思想教育，从根源上改变其对培训的态度

有些员工缺乏上进心和进取心，他们总是安于现状，不愿意动脑子，所以他们根本不重视培训，总是把培训当作任务来完成或者选择放弃培训，即使最后参加了培训，也都是敷衍了事，根本不能提升自己。这样的员工认为培训就是在走过场，是某些部门为了完成某一工作任务而不得不做的形式主义行为，认为参加这种培训是在浪费时间。

为了提高员工参加培训的积极性，公司要从根源上改变员工对培训的态度，通过加强对员工的思想教育，把员工“被培训”的被动思想转变为“我要培训”的主动思想，并努力在公司中营造良好的学习工作氛围，努力培养公司的学习型人才、创新型人才。只有对员工的思想进行疏导，才能让员工从根本上接受培训，积极参加培训。

2. 塑造良好的企业文化，营造良好的学习氛围

企业文化对员工有很大的影响，比如，有些公司的学习氛围很浓厚，那么该公司的员工必定积极向上。有些公司的工作氛围和学习氛围很差，那么该公司的员工便看起来总是萎靡不振，即使公司开展培训活动，大家也都很不积极。

要使员工拥有参加培训的热情，在企业文化中，就要为员工营造良好的学习氛围，形成员工必须接受培训的传统，将培训与员工的个人发展密切联系起来。

3. 让培训与薪酬挂钩，建立岗位竞争机制

很多公司对培训考核的奖惩力度不够，它们对培训考核不过关的员工的惩罚不痛不痒，对培训考核成绩突出的员工也没有任何奖励，这就怪不得员工对培训

提不起兴趣了。我们都知道，有竞争才会有压力，有压力才会有动力，有动力才会有激情。所以，公司要建立岗位竞争机制，让薪酬水平与岗位责任、个人能力挂钩，这样就会对员工产生一种外在的压力，促使他们不断地参加培训，提高自己的能力和竞争力，避免自己在岗位竞争中被淘汰。

4. 提高公司领导对培训的重视程度

有些公司的领导者在一个培训计划制订出来之后，总是抱着敷衍的态度，而且相关部门对培训的准备工作也是拖拖拉拉。看到这样的情况后，员工自然就没有了参加培训的热情。所以，公司要提高领导和部门对培训的重视程度和配合度，只有培训计划得到公司领导的大力支持和相关部门的鼎力相助，员工才能感受到公司对培训的重视，对参加培训才不敢怠慢。如果在培训现场有领导的身影，员工则会对培训更加重视。

5. 科学合理地制订培训计划

有些公司对培训内容、培训方式、培训时间等的安排不够合理，比如，培训内容对工作和生活帮助均不大，或者培训内容冗长，讲解乏味，甚至把培训安排在下班之后。这样的培训会使员工对“培训”二字产生阴影，所以，科学合理地制订培训计划是提高员工参加培训积极性的重要措施。

在制订培训计划时，培训内容要有层次性、针对性和实用性，对于知识和技术水平不同、工作任务不同的员工，培训内容的层次和重点应有所不同，培训的组织形式与方法应该灵活多样，具有互动性和参与性。公司还要为员工提供良好的培训知识应用环境，做到理论与实践相结合，让员工在参加培训后，能真正学习到新的知识与技能。公司如果能做到以上几点，那么员工参加培训的积极性自然会提高。

第 8 章　绩效考核：6 种科学的考核方法

评选优秀员工是现代公司激励员工的方式之一，也是公司管理的一项重要工作。公司定期开展评优活动，可以有效地表彰业绩突出的优秀人才、树立先进榜样、激励他人，从而让员工拼命地为公司工作。评优活动的重要环节就是设置考核方法，如果考核方法设置不得当，那么它不仅起不到激励的作用，还会严重打击一部分努力进取的员工的积极性。为此，公司领导要及时召开管理人员会议，分析评优活动的积极意义和成效，并围绕“评不评、评什么、怎样评”等关键问题展开讨论。本章介绍几种科学的考核方法，公司要根据自身的实际情况对其进行选择。

8.1　图尺度评价法

图尺度评价法（Graphic Rating Scale，GRS）又称图解式考评法，该考核法是最简单和运用得最普遍的工作绩效评价方法之一。

1. 图尺度评价法的操作步骤

第一步，在一张图表中列举出一系列绩效评价要素，比如工作执行情况、工作态度、工作能力等，并为每一要素列出几个备选的工作绩效等级。下面列举一个简单的通过图尺度评价法制定的工作绩效评价表，其格式如表 8-1 所示。

表 8-1　工作绩效评价表

绩效评价要素	工作绩效等级	得分
工作执行情况（24 分）	1. 优异（24 分） 2. 很勤奋（18 分） 3. 满意（10） 4. 勉强符合（5 分） 5. 不符合最低标准（0 分）	

续　表

绩效评价要素	工作绩效等级		得分
工作态度（40分）	1. 勤勉	A. 优（8分） B. 良（5分） C. 中（3分） D. 差（0分）	
	2. 负责	A. 优（8分） B. 良（5分） C. 中（3分） D. 差（0分）	
	3. 合作	A. 优（8分） B. 良（5分） C. 中（3分） D. 差（0分）	
	4. 服从	A. 优（8分） B. 良（5分） C. 中（3分） D. 差（0分）	
	5. 适应	A. 优（8分） B. 良（5分） C. 中（3分） D. 差（0分）	
工作能力（36分）	1. 工作改善能力	A. 优（10分） B. 良（6分） C. 中（3分） D. 差（0分）	
	2. 业务执行能力	A. 优（10分） B. 良（6分） C. 中（3分） D. 差（0分）	
	3. 沟通表达能力	A. 优（8分） B. 良（5分） C. 中（3分） D. 差（0分）	
	4. 知识技能	A. 优（8分） B. 良（5分） C. 中（3分） D. 差（0分）	

第二步，主管人员从每一个评价要素的备选等级中分别选出最能够反映下属员工实际工作绩效的等级，并按照相应的等级确定其各个要素所得的分数。

第三步，将所得到的所有分值进行汇总，即得到其最终的工作绩效评价结果。

许多利用图尺度评价法的公司，其绩效评价要素不仅仅包含一般性的工作绩效因素，还会将员工的工作职责进行进一步的分解，以形成更详细、更有针对性的工作绩效评价表。

2. 图尺度评价法的优缺点

(1) 图尺度评价法的优点

①使用起来较为方便。

②能为每一个员工提供一种定量化的绩效评价结果。

(2) 图尺度评价法的缺点

①不能有效地指导行为，只能给出考核的结果而无法提供解决问题的具体方法。

②不能提供一个良好的机制以提供具体的、非威胁性的反馈。

③准确性不高。由于工作绩效评价表中的分数未给出明确的评分标准，所以主管人员很可能凭主观判断来考核，使员工得不到准确的评价结果。

8.2 交替排序法

交替排序法（Alternative Ranking Method，ARM）是一种比较常用的排序考核法，它是根据绩效评价要素，将员工从绩效最好到最差进行交替排序，最后根据序列值来计算得分的一种考核方法。

1. 交替排序法的操作步骤

运用交替排序法时，评价人数一般是 5 ~ 10 人。交替排序法的基本做法如下：

第一步，列举出所有需要进行评价的员工的名单。

第二步，选择一个评价要素，并针对该评价要素列出表现最好的和最差的员工。

第三步，在剩下的员工中挑出表现最好的和最差的。这样依次进行，直到将所有的被考核人员全部列出为止，从而以优劣排序作为绩效考核的结果。

下面以某公司管理岗位的重要性排序为例，说明一下如何运用交替排序法进行考核。

（1）公司共有9个岗位，分别是A、B、C、D、E、F、G、H、I。按照衡量指标从9个岗位中选择最重要的和最不重要的岗位分别放置在首位和末位，如表8-2所示。

表8-2　交替排序法衡量指标排序

岗位代码	F①	A②	G③	C④	I⑤	B④	E③	H②	D①
岗位排序	1	2	3	4	5	6	7	8	9

注：圈码表示选择的先后顺序。

（2）岗位代码F最重要，排序为1；D最不重要，排序为9。将余下的7个岗位按照上述方法进行排序。

（3）以此类推，完成对所有岗位的排序。

2. 交替排序法的优缺点

（1）交替排序法的优点

①简单实用。

②考核结果令人一目了然。

交替排序法的倡导者认为，在一般情况下，从全体被考核员工中挑选出最好的和最差的，要比对他们的绝对绩效进行评分容易得多。因此，这种方法在国外的公司员工绩效评价中运用得较为广泛。

（2）交替排序法的缺点

①容易对员工造成心理压力。

②在感情上不易被员工接受。

③准确性不高。

在运用交替排序法时，员工的排序结果完全由上级主管凭其主观判断来确定，缺乏客观性。

8.3　配对比较法

配对比较法（Paired Comparison Method，PCM）又称两两比较法，其操作方法是将所有要进行评价的职务列在一起，两两配对比较，价值较高者可得 1 分，最后将各职务所得分数相加，其中分数最高者即为等级最高者。

1. 配对比较法的操作步骤

使用配对比较法时人数不宜过多，一般在 5 ~ 10 人为宜。配对比较法的基本做法如下：

第一步，列出需要被评价的所有员工的姓名及需要被评价的所有工作要素。

第二步，将每一个员工按照所有的评价要素与其他员工进行比较。

第三步，将所有员工依据某一类要素进行配对比较，标明谁好一些，谁差一些。

第四步，将每一个员工得到的好的次数相加。

第五步，按分数高低将职务进行排列，即可划定职务等级。

下面以某公司管理岗位的价值排序为例，说明一下如何运用配对比较法进行考核。

（1）确定需要被评价的岗位：本案例需要被评价的岗位有 6 个，其岗位代码分别是 A、B、C、D、E、F。设计评价对比表格，如表 8-3 所示。

表 8-3　配对比较法岗位评价

	A	B	C	D	E	F	总分
A		0	0	0	0	0	0
B	1		1	0	1	1	4
C	1	0		0	0	0	1
D	1	1	1		0	0	3
E	1	0	1	1		1	4
F	1	0	1	1	0		3

（2）在上述岗位中，其排序因素主要包括工作职责、工作权限、任职资格、工作条件及环境等。

（3）通过两两配对比较，确定岗位得分。例如，岗位A和岗位B相比，岗位A的价值没有岗位B的大，因此在岗位A所在行与岗位B所在列的交叉位置上记“0”；岗位E比岗位F的价值大，因此在岗位E所在行与岗位F所在列的交叉位置上记“1”。

（4）将剩余的所有岗位两两相比，价值大者则在其所在行位置记“1”，价值小者则在其所在行位置记“0”。

（5）将每个岗位得分沿行的方向汇总，得出总分，将总分进行排序，分高者价值大。

2. 配对比较法的注意事项

使用配对比较法能使排序型的工作绩效评价法变得更为有效，但是在实际操作过程中，要注意下列几点：

（1）在配对比较的过程中，一般都要比出高低，如果实在比不出高低，就记“0.5”。

（2）表8-3中所显示的数据只是一个专家的评价结果，在实际操作中，我们要对各专家的评价结果进行统计计算，一般取各专家对岗位评价的平均值作为最终结果。

（3）由于将两种岗位的困难程度进行对比不是十分容易的，所以在评价时要格外小心，避免出错。

8.4 强制正态分布法

强制正态分布法（Forced Distribution Method，FDM）又称强制分布法，它根据正态分布原理，即俗称的“中间大、两头小”的分布规律，首先确定好各评价等级在被评价员工总数中所占的百分比，然后按照每个员工的绩效考核结果，强制将其列入其中的某一等级，最后再根据员工所在的不同等级对其进行奖罚处理。

很多优秀的公司都采取了强制正态分布法的考核方法，其中效果最明显的应是美国的通用电气公司。该公司的前任CEO杰克·韦尔奇就凭借该方法绘制出了著名的“活力曲线”。他按照员工的绩效和潜力，将员工分成A、B、C三个等级，其中A等级表示优秀，占20%；B等级表示合格，占70%；C等级表示不合格，占 10%。对于 A 等级的员工，杰克 • 韦尔奇采用的是“奖励奖励再奖励”的方法，提高其薪酬水平并对其进行职务晋升。对于 B 等级的员工，杰克 • 韦尔奇会根据情况，确认其贡献程度，并提高其工资。但是，对于 C 等级的员工，杰克 • 韦尔奇不仅不会给他们任何奖励，还要将他们淘汰掉。

1. 强制正态分布法的操作步骤

强制正态分布法有一定的缺点，其内容会在下面讲到。为了克服它的这些缺点，同时将员工的个人激励与集体激励很好地结合起来，可以使用团体考核方法以改进硬性分配的效果。这种考核方法的基本操作步骤如下：

第一步，确定 A、B、C、D、E 5 个评定等级的奖金分配点数，保证各个等级之间的差别具有足够的激励作用。

例如，某公司将被考核员工分为 5 个等级，其中把 10% 的人评定为优秀，把 20% 的人评定为良好，把 40% 的人评定为中等，把 20% 的人评定为较差，再把 10% 的人评定为最差，其强制正态分布图如图 8-1 所示。

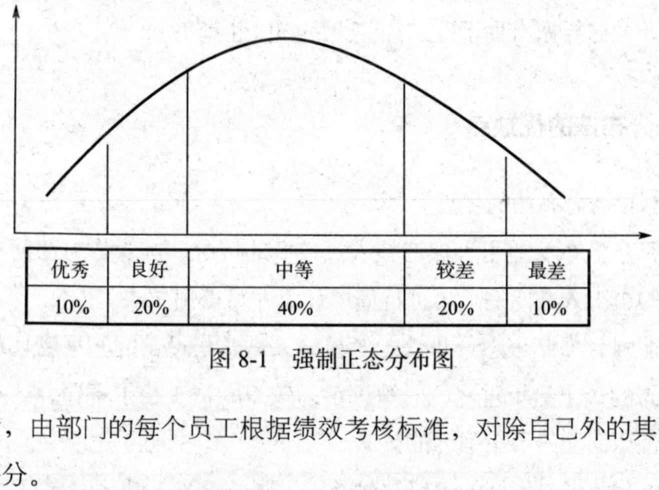

优秀	良好	中等	较差	最差
10%	20%	40%	20%	10%

图 8-1　强制正态分布图

第二步，由部门的每个员工根据绩效考核标准，对除自己外的其他员工进行百分制的评分。

第三步，对称地去掉若干个最高分和最低分，求出每个员工的平均分。

第四步，将部门中所有员工的平均分加总，再除以部门的员工人数，计算出部门所有员工的绩效考核平均分。

第五步，用每个员工的平均分除以部门所有员工的平均分，就可以得到一个标准化的考评得分。（注：标准分等于或接近于 1 的员工则被评定为中等；标准分明显大于 1 的员工则被评定为良好或者优秀；标准分明显低于 1 的员工则被评定为较差或者最差。）

第六步，根据每个员工的评定等级所对应的奖金分配点数，计算各部门的奖金总点数。

第七步，结合可以分配的奖金总额，计算每个奖金点数对应的金额，并得出每个员工应该得到的奖金数额。其中，各部门的奖金分配总额是根据其主要管理人员进行相互考核的结果来确定的。

为了增强管理人员的权威，可以将员工团体考核结果与管理人员对其的考核结果的加权平均值作为员工最终的考核结果，但是管理人员考核结果所占的权重不能过大。各个评定等级之间的数值界限可以由管理人员根据过去员工绩效考核结果的离散程度来确定。这种计算标准分的方法可以合理地确定被考核员工的绩效考核结果的分布样式。

为了鼓励每个员工客观准确地给自己的同事打分，公司可以采取奖励制度，即对同事的考核排列次序与最终结果的排列次序最接近的员工，应该得到如提高评定等级等形式的奖励。另外，员工的考核结果不应在考核当期公开，同时，奖金发放也应秘密给付，这样做的目的是照顾员工的情绪。但是各部门的总体考核结果应该公开，这样做有助于促进部门之间的良性竞争。

2. 强制正态分布法的优缺点

（1）强制正态分布法的优点

①强制正态分布法适用于被考核人员较多的情况，其操作方法简单，只需要确定各层级的员工人数比例，再进行简单计算即可得出结果。

②激励性强。强制正态分布法的考核结果常常与员工的奖惩密切相关，即对被评定为优秀的员工给予重奖，对被评定为较差的员工给予重罚，这种正负激励法的相互配合运用能给员工强烈的刺激。

③等级划分清晰，不同的等级被赋予了不同的含义，其区别显著。

④强制区分。由于强制正态分布法必须按比例把员工的等级区分开，因而能有效地避免在考核过程中出现过严或过松等一边倒的现象。

（2）强制正态分布法的缺点

①考核的准确性较差，只能把员工分为几种有限的类别，很难对员工进行具体的比较。

②有些员工的绩效事实上不能以所设定的分布样式判断，此时考核者若按照自己的设想对员工进行硬性区别，则很容易引起员工的不满。

③容易有虚假情况发生，因为有些部门可能为了应对强制正态分布法，想出“轮流坐庄”的老好人策略，这样就不能真正发挥强制正态分布法的作用。

8.5　行为锚定等级评价法

行为锚定等级评价法（Behaviorally Anchored Rating Scale，BARS）又称行为定位法，是将同一职务中可能发生的各种典型行为进行评分度量，建立一个锚定评分表，然后以此为依据对员工工作中的实际行为进行测评的一种考核方法。行为锚定等级评价法的特点如图 8-2 所示。

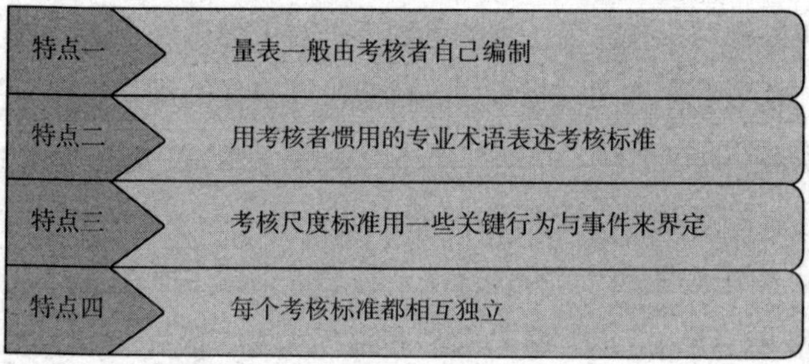

图 8-2　行为锚定等级评价法的特点

1. 行为锚定等级评价法的操作步骤

行为锚定等级评价法的目的在于，通过一个等级评价表将关于特别优良或特别劣等绩效的叙述进行等级性量化，从而将描述性关键事件评价法和量化等级评价法的优点结合起来。下面通过一个案例说明一下行为锚定等级评价法的基本操作步骤。

万家便利是当地一家有名的超市连锁公司，拥有相当大的客户群。最近，随着其他超市在当地开业，万家便利在当地的销售额和日客户量逐渐减少。为了找出原因，万家便利超市连锁公司通过对旗下所有的连锁超市进行调查发现：其下属超市在硬件设施、配套环境、人员比例、所销售货物的质量与数量等方面与竞争对手没有本质区别，甚至具有不少优势，但在一线人员的服务态度、责任心、主动性和积极性方面却比对手公司差。

为了改变这一现状，公司制定了一系列整改措施，其中最主要的就是全面改变对员工的考核方法和考核内容。公司以前的考核方法是将员工绩效考核的核心和重点放在其完成任务的情况上，而现在公司决定把考核重点放在员工的工作行为上。所以，公司决定采用行为锚定等级评价法对员工的绩效进行考核，从而加大对员工工作积极性和主动性的考核力度。行为锚定等级评价法的操作步骤如下：

第一步，进行岗位分析，获取本岗位的关键事件。

要求对工作较为了解的人（通常是工作承担者及其主管人员）对一些代表优良绩效的关键事件进行描述。

第二步，建立绩效评价等级。

一般分为 5 ~ 9 级，将关键事件归并为若干绩效指标，并给出确切的定义。

第三步，对关键事件重新加以分配。

由另一组同样对工作比较了解的管理人员对关键事件重新分配，把它们归入最合适的工作绩效要素和绩效指标中，确定关键事件的最终位置，并确定绩效考核的指标体系。

第四步，对关键事件进行评定。

由第二组人员根据量化等级评价法，将绩效指标中所包含的关键事件由优到差、从高到低进行排列，以判断它们是否能有效地代表某一工作绩效要素所要求的绩效水平。

第五步，建立行为锚定等级评价法的考核体系。

对于员工的每一个工作绩效要素，都将会有一组关键事件（通常为 6 ~ 7 个）来作为其“行为锚”。

2. 行为锚定等级评价法的优缺点

（1）行为锚定等级评价法的优点

①对员工绩效的考量更加精确。由于参与该考核方法的人员众多，他们对本岗位熟悉，专业技术性也强，所以使用这种方法的精确度更高。

②绩效考核标准更加明确。评定量表上的等级尺度是与行为表现的具体文字描述一一对应的，所以其考核标准更加明确。

③具有良好的反馈功能。评定量表上的行为描述可以为反馈提供更多必要的信息。

④具有良好的连贯性和较高的可靠性。行为锚定等级评价法使用同样的量表对同一个对象进行不同时间段的考核，能够明显增强考核的连贯性和可靠性。

⑤考核的维度清晰，各绩效要素的独立性强，有利于考核者进行综合评价判断。

(2) 行为锚定等级评价法的缺点

①设计和实施的费用高，比许多考核方法更费时费力。

②在考核某些复杂的工作，比如那些工作行为与效果的关系不太清楚的工作时，管理者容易对结果进行评定而非依据锚定事件进行考核。

8.6　360° 考核法

360° 考核法又称全方位考核法，是常见的绩效考核方法之一，其特点是评价维度多元化（通常是 4 个或 4 个以上），适用于对中层及以上的管理人员进行考核。

360° 考核法最早被英特尔公司提出并加以运用，使用这种方法时，员工可以通过本人、上级、客户、同事、下属等不同主体的评价来了解自己的工作绩效情况，清楚自己的长处和短处，从而达到提升自己的目的。360° 考核法如图 8-3 所示。

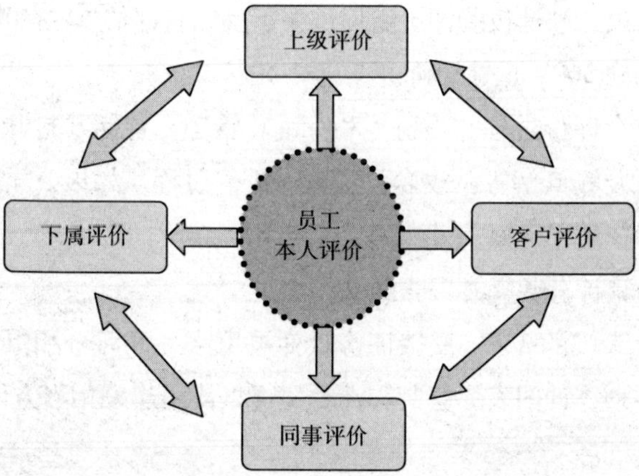

图 8-3　360° 考核法

不同评价者有不同的特点，具体内容如表 8-4 所示。

表 8-4 不同评价者的特点

考核主体	优点	缺点
本人	自我防卫意识弱，能客观分析自己的不足，并愿意加强、补充自己尚待开发或不足之处，从而提高自我管理意识	不能全面意识到自己的不足，所以一般人对自己考核的结果都优于其他人
上级	目标导向明确、了解业务内容	容易受个人主观意识影响
客户	能够获得来自组织外部的信息，从而保证较为公正的考核结果	被评价者不容易获得客户的支持
同事	彼此间共同工作的时间长，相互了解较多，有利于增强小组的协调性和团结性	主观意识强，有时不能客观评价被评价者，比如，故意贬低或抬高被评价者
下属	能够使高层管理者对组织的管理风格进行诊断，获得来自下属的反馈信息	有可能出现故意贬低被评价者的现象

1. 360° 考核法的操作步骤

第一步，组建 360° 反馈评价队伍。

选择的评价者无论是由被评价者自己选择的还是由上级指定的，都应该得到被评价者的同意，这样才能保证被评价者对结果的认同和接受。

第二步，对评价者进行训练和指导。

公司组织人员为被选拔的评价者提供关于反馈和评估方法的训练和指导。

第三步，实施 360° 反馈评价。

公司要对整个评价过程实施监控和标准化管理，包括开封并发放评价问卷、宣读指导语，以及疑问解答、收卷、加封保密等过程。如果公司在这个阶段没有做好，则整个考核结果无效。

第四步，统计评分数据并报告结果。

目前，已有专门的 360° 反馈评价软件被用于统计评分和报告结果，评价软件的功能包括多种统计图表的绘制和及时呈现，使用起来相当方便。

2. 360° 考核法的优缺点

（1）360° 考核法的优点

①考核结果更加准确，因为一个员工不可能影响多个评价者。

②打破了由上级考核下属的传统考核制度，可以反映出不同评价者对同一被评价者不同的看法。

③避免了传统考核中“光环效应”“居中趋势”“偏紧或偏松”“个人偏见”和“考核盲点”等现象的产生。

④防止了被评价者做出急功近利的行为，比如仅仅致力于完善与薪酬密切相关的绩效指标。

⑤能获得较为全面的反馈信息，公司可以根据反馈信息制定出有效的措施，有助于被评价者多方面能力的提高。

⑥ 360° 考核法实际上是员工参与管理的一种方式，在一定程度上可以增加员工对工作的控制力度，提高他们的自主性和工作满意度。这样员工的积极性会更高，对公司也会更忠诚。

(2) 360° 考核法的缺点

①工作量大。因为 360° 考核法的考核结果来自各方面的评估，而且公司还要对所有员工进行关于考核制度的培训，所以工作量比较大。

②考核成本高。当一个人对多个同伴进行考核时，耗费的时间较多，因此由多人来共同考核所导致的成本增加可能会超过考核所带来的价值。

③提供给一些员工公报私仇的机会。某些员工不能正视上司及同事的批评意见与建议，可能会将工作上的问题上升为个人情绪，使这种考核方法成为他们发泄私愤的一种途径。

第 9 章　员工离职：降低离职风险，减少冲突

对于公司而言，员工流动的情况是不可避免的。员工流动的主要原因有两个，一是员工因为考核不通过而被公司解雇；二是员工因为自身的原因主动提出离职。不管是哪一种原因造成的员工流动，都会给公司带来一定的损失，甚至风险。

本章将针对员工离职给公司带来的一些问题做详细讲解，为广大公司经营者提供一些可借鉴的经验和对策。

9.1　如何让离职员工站好最后一班岗

××家电有限公司是一家专门销售进口家电的代理商，公司员工一直维持在 50 ~ 60 人。不过，最近公司老板发现员工中有这样一种现象存在：有些员工在提出离职申请后，马上就懈怠了，他们对工作不再上心，常常找借口请假，甚至经常旷工。在当下这种招人困难的境地，离职员工的这种做法导致公司的一些工作很难开展，给公司造成了一定的损失。

离职人员对工作懈怠的情况，很多公司都遇到过，那么应该如何规避这种风险呢？离职员工能否坚守好最后一班岗，不仅与个人的责任心有关，还与公司对待离职交接期的员工的态度有很大的关系。为了避免发生离职人员对工作懈怠的情况，公司应采取的措施如图 9-1 所示。

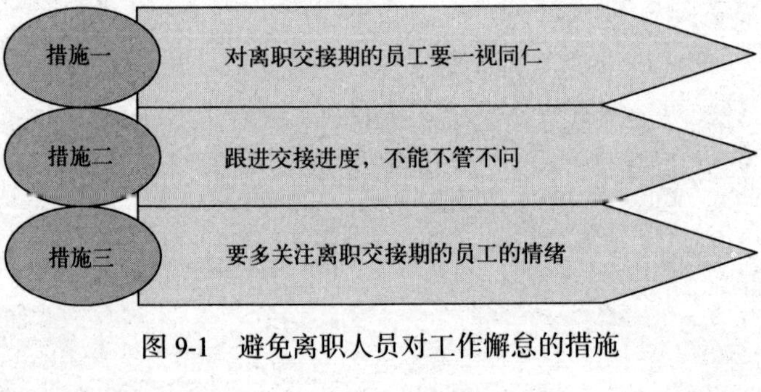

图 9-1　避免离职人员对工作懈怠的措施

1. 对离职交接期的员工要一视同仁

在有些公司中，不管是领导还是员工，他们一旦听说某个员工要离职，就开始与该员工划清界限，比如，部门在开会或者组织集体活动时以离职员工不方便参加为由把他们排除在外，而且平时也会对他们窃窃私语。将要离职的员工本来就因为快要脱离该公司而对工作有所懈怠，再被领导和同事这么一“推”，他们就真的会觉得自己彻底与公司脱离关系了。这时，公司若想让他们尽心尽力地站好最后一班岗，就要看其本人的工作素质了。

对待离职交接期的员工，公司领导要多关注一些，可以选择一个合适的时间组织部门员工聚餐，为离职人员送别，并感谢其在职期间对公司的付出，同时表达对其站好最后一班岗、善始善终的希望，表明以后大家还可以经常联系。如果公司领导这么做了，离职交接期的员工就会心存感激，自然会尽心尽力地完成自己在公司最后的工作。

2. 跟进交接进度，不能不管不问

一般情况下，正式员工的离职交接期为 1 ～ 3 个月，在交接期间，公司相关人员应该负起责任，最好每周对交接进度进行跟踪，而不能不管不问。有些入职时间比较短的员工，可能连离职申请也不写，给领导打一个电话说不来就不来了，这时公司领导不能放任不管，应该要求他们办好离职交接手续。

同时，领导还要给离职交接期的员工传递一种“只要上一天班就还是公司员工”的信号，让他们像平常一样遵守公司的规章制度。若有特殊情况，则要向公司提前说明，并做好工作安排。

3. 要多关注离职交接期的员工的情绪

公司相关领导要与离职交接期的员工认真沟通，了解其离职原因，这样做不仅有助于公司对离职员工的管理，还有助于公司改善人力资源管理方面的不足。同时，公司还要提醒离职员工不要把负面情绪传递给其他同事。

领导如果发现有离职员工把负面情绪传递给其他同事的情况，就一定要多加注意，通过深度沟通平复离职交接期的员工的情绪。否则这种负面情绪一旦被放大，就会慢慢地磨蚀人心，降低团队的工作效率。

9.2 送离职员工一程

在员工离职前，公司管理者应根据员工在公司待的时间长短、与同事相处的融洽程度及离职理由等各方面的情况，选择送别员工的方式。目前，送别离职员工的方式一般有以下三种：

1. 口头送别

如果员工在离职时并未替公司考虑，既不提前递交辞职报告，也不认真完成交接工作，没有给出足够的离职理由便匆忙离职，那么公司管理者只需在其离开时，礼节性地对其口头送别即可。

2. 私下送别

如果离职员工平常的工作表现很出众，在经过公司管理者诚意挽留后仍决定离开，且以后很可能会成为同行，那么公司管理者可私下送别该员工，让其感受到领导对自己的重视与赏识。

另外，如果离职员工与部门或者公司其他同事关系都较好，那么也可以选择让同事们私下找时间为其送别，这样做既能给彼此共事的岁月画上完美的句号，也能使公司在离职者心中留下好的印象。

3. 开欢送会

开欢送会这种仪式一般适用于以公开且合理的离职理由离开公司，并与其他同事相处得很融洽的员工，这种员工的离职理由有继续进修、追寻自己的梦想，或者光荣退休等。

送别仪式既是公司企业文化的一种体现，也是一种团建形式。通过大家对离职员工的告别，对一起打拼的日子的追忆，对未来的展望，可以增强公司员工的凝聚力，也可以让他们更珍惜彼此。

通过以上的送别方式，不论离职员工有什么样的离职理由，或做出了怎样的行为，公司管理者都尽到了对离职员工最后的义务，也为在职员工展现了自己作为领导者的心胸与态度。

公司管理者应牢记，员工是公司宝贵的资产之一，公司并不是封闭的组织，一个员工的离职并不代表他与公司彻底断了联系，二者很有可能会再次产生交集。而且，员工在以后找工作时，对外也会发表对曾供职公司的评价。因此，公司管理者应把握好分寸，在员工离职的最后环节尽量做到礼仪周到。

9.3　员工离职流程

有一些员工去意已决，公司即便对他再三挽留，也难以奏效。那么，对于这类员工，公司应该做的就是制定完善的离职流程，以此来降低员工离职给公司造成的损失。

员工在提出离职申请后，公司若马上允许他们离开，则肯定会给公司造成损失，因为公司不能保证立刻招聘到合适的新员工，这也就意味着员工离职可能会导致其岗位的工作任务无法完成。为了减少这种情况给公司带来的损失，公司应规定离职申请需要提前一个月提出，这样就能给公司留出招聘和交接工作的时间。如果是试用期内的员工，其离职申请应至少提前 3 日提出。

为了对员工起到有效的约束作用，这项离职规定同样需要配以合适的惩处措施，否则它难以发挥应有的作用。例如，如果员工不按照离职规定提前相应的时间提出离职申请，且在提出离职申请后立即离开公司，那么公司将按照旷工的标准扣除其工资。

为了降低员工的离职率，也为了了解员工离职的原因，公司管理者应该在员工提出离职申请后约谈员工。如果员工的能力非常强，在岗位中发挥着重要作用，而且其离职原因并非必然因素，那么公司管理者应尽量通过为员工解决后顾之忧的方式来挽留员工。实际上，对于这种情况，公司的挽留往往是能够达到预期目的的。

如果员工离职的原因是对工作产生了倦怠心理，那么此时挽留已经不起作用了。面对这种情况，公司只能顺应员工的意愿，为他们办理离职手续。在这个过程中，公司首先应该对员工的离职申请进行审批，然后安排相应的员工与离职员工进行工作交接，之后再为离职员工结算工资，最后将离职员工的资料存档。至此，员工离职流程也就结束了。通常来说，员工离职流程如图 9-2 所示。

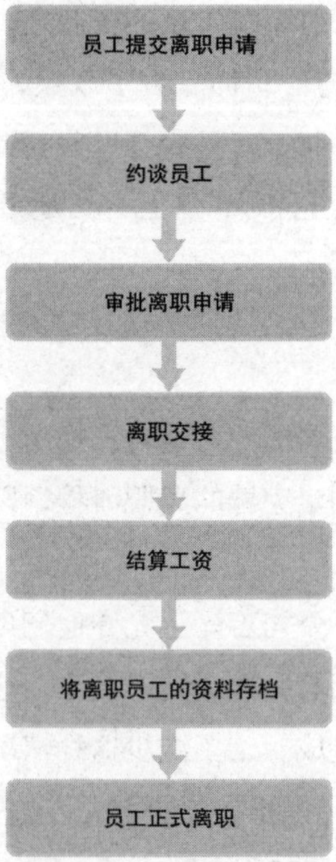

图 9-2　员工离职流程

这里需要注意的是，不论员工因何种原因提出离职申请，公司都应该在员工离职的时候为员工结清工资，不得拖欠。否则，公司就违反了《劳动合同法》的规定。若公司违法，则员工有权通过法律途径维护自己的权益。而一旦发生这样的情况，公司就会在员工的心中留下不好的印象，甚至在行业内留下不好的口碑，这将会影响到公司以后的招聘工作，以及未来的发展。

9.4　员工复职通道

李博涵因为与同事发生了一点小摩擦，一气之下便向公司提交了离职申请。一个月之后，李博涵如愿以偿地从工作了两年的公司离职。

离职后，李博涵休整了一段时间，便开始寻找新的工作。不过，李博涵面试了多家公司，却没有找到合适的。而且，这些公司不论是规模还是福利待遇，都不如他原来就职的那家公司。于是，李博涵萌生了向原就职单位提出复职申请的想法。

事实上，职场中有不少像李博涵这样的人，他们因为一时冲动而申请离职，但最终发现还是自己原来就职的单位好，所以就想复职。对公司来说，这种情况既有好处，又有弊端。它的好处在于能让优秀的员工回流，从而增强公司的整体战斗力，而且复职员工对工作岗位中的各项事务比较熟悉，公司不用对其进行培训，就可以让其直接投入工作。它的弊端是可能会引发员工的离职热潮，因为员工会觉得“既然离职了还能复职，那我为何不先离职去找其他更好的工作？即使没有找到更好的，我也能复职”。在这种侥幸心理的驱动下，一些员工可能会提出离职申请，从而给公司带来不必要的麻烦。所以，为了避免这种情况的出现，公司有必要制定一个完善的员工复职制度。

首先，公司应该规定只接受管理层员工的复职请求，不接受普通员工、基层员工的复职请求。因为管理层员工一方面掌握着公司很多重要的商业信息，另一方面他们属于高素质人才，对公司的发展能起到较大的促进作用。

其次，公司应该详细了解员工复职的原因。从员工的复职原因中，公司可以判断其是否能继续在原岗位中发挥作用。例如，如果员工复职的原因是其他公司的薪酬水平和福利待遇不如原公司，那么他在复职之后就会安心、努力地工作。但如果员工是因为没有找到合适的工作而临时申请复职的，那么他之后还会继续提出离职申请，因此，这样的员工是不适合复职的。

最后，公司应规定在复职员工入职后，其薪酬水平和福利待遇仍按原标准发放。目前，有一些求职者认为，工作经历越丰富，工资就越高。在这种观念的驱使下，很多员工会选择频繁跳槽，尤其是有些公司制定了复职制度，这更让那些想要借助跳槽来加薪的员工看到了希望。针对这种情况，建议公司在设置复职通道时，一定要明确规定复职员工的薪酬水平和福利待遇不变。同时，这也能让复职员工知道，公司不会因为员工复职而降低其原来的薪酬水平和福利待遇，从而鼓励优秀的离职员工复职。

关于员工复职，人力资源界的知名专家李宏飞曾说：“职场人应该有一个清晰的职业规划，如果原就职单位更适合自己的职业发展，就应该抓住机会选择回归，离职之后再回来本来也是很自然的事情，不要因为个人的顾虑而妨碍自身职业的发展。”这段话就是针对复职员工说的。所以为了提高竞争力，公司有必要制定一套完善的员工复职制度。

9.5　员工离职要“三不”：不批评、不指责、不计较

对公司来说，即使面对执意要离职的员工，也要坚决做到“三不”，即不批

评、不指责、不计较。这是一个公司企业文化的体现，也是公司管理者涵养的体现。

如果公司管理者对离职员工过分指责、斤斤计较，那么只会让员工觉得离职是非常正确的决定。此后，离职员工还会在亲朋好友之间谈论此事，从而影响公司的口碑。从长远来看，这显然是不利于公司发展的。况且，员工有自由选择职业的权利。不论员工因为何种原因提出离职申请，于情于理，公司都不应该对此加以批评或指责。

1. 不批评

既然员工提出离职申请，那么肯定是有原因的。如果公司认为这个员工对公司的作用很大，那么可以通过了解员工的离职原因来挽留员工。如果挽留无效，就要尊重员工的决定，千万不要站在领导者的角度上批评员工。

2. 不指责

即便员工给出的离职原因很离谱，如“世界那么大，我想去看看”等，作为公司的管理者，也只能批准。哪怕无法理解，也不能指责员工。一方面，这是员工的自由和权利；另一方面，员工可能在“看完世界”之后还会提出复职申请。如果这时与员工的关系闹得很僵，恐怕员工就真的永远都不会回来了。

3. 不计较

所谓不计较，指的是两个方面的内容：第一，管理者不要与离职员工计较工作；第二，管理者不要与离职员工计较工资。在正常情况下，员工会提前一个月提出离职申请。此时，管理者不应该给即将离职的员工安排太多的工作。即使员工在离职前没有完成所安排的工作任务，也是可以理解的，因为在这段时间内，离职员工需要进行工作交接。在结算工资的时候，管理者也不应该过于计较离职员工是否完成了岗位工作。

另外，公司的形象是公司的无形资产，能够给公司创造更多的实际效益，若因对员工离职处理不当而损害公司的形象，是得不偿失的。从另一个角度来看，离职员工曾经为公司做出过贡献，创造过价值，即使现在要离开公司，公司也应该对员工曾经的辛勤工作有所表示，而不是与员工斤斤计较。

如果员工在离职期间泄露了公司的商业机密，让公司遭受了较大的损失，那么公司可以通过正常的法律程序来维护自己的权益，而不是通过指责、批评等手段处理这种情况。况且，过度的批评和指责不仅挽回不了公司的损失，还会让员工觉得自己的做法是正确的。

9.6　员工离职，应至少提前 30 日提出

如果员工不提前向公司提出离职申请，公司就无法及时找到替补人员来完成该岗位的工作，这不可避免地会对公司造成损失。员工有权离职，公司同样有权要求员工应至少提前 30 日提出离职申请。公司之所以要求员工应至少提前 30 日提出离职申请，其原因包括两个方面：

一方面，对员工而言，员工离职需要向公司的其他员工交接工作。因为每个员工在公司中都会负责某一项具体的工作，公司也会将有关这项工作的资料和信息交由这个员工保管。但是，这些东西都属于公司的商业机密，员工在离职时需要将这些东西交还给公司，并确保不会泄露商业机密。如果员工不提前提出离职申请，就没有充足的时间处理这些交接工作。

另一方面，对公司而言，公司需要充足的时间安排招聘工作，招聘新的员工来代替离职员工。另外，在前面小节中也提到过，离职流程比较复杂，也需要一些时间来办理。

如果员工不提前 30 日向公司提出离职申请，公司就有权延长员工的离职时间，并扣除其相应的工资。当然，公司需要提前将这个要求告知员工，一般来说，大多数公司都会在劳动合同或者员工手册中注明这一要求。

总之，要求员工至少提前 30 日提出离职申请，于员工、公司而言，都是合理且合法的。

9.7　如何管理已被批准离职的员工

某人力资源管理咨询公司接待了一位咨询者。咨询者的问题是，他就职的公司最近出现了一股离职热潮，尽管公司不希望这些员工离职，但还是尊重员工的选择，批准了员工的离职申请。距离员工正式离职还有一段时间，按理说，在这段时间内，离职员工还是公司的一分子，应该尽力做好本职工作。然而实际情况

是，提出离职申请后的员工就像脱缰的野马一样，不再接受公司的管理，不是迟到、早退，就是即使来到公司也不干活。

从心理学的角度来看，员工这时的心理是："我的离职申请已经得到批准了，我马上就与这家公司脱离关系了，所以我也就没必要再为这家公司卖命了。"基于这样的心理，员工在离职申请得到批准后，就会出现对工作懈怠的情况。

然而，上述问题并非不能解决，如果公司能够采取相应的措施，一定可以有效地管理离职员工。有效管理离职员工的 3 个方法如图 9-3 所示。

图 9-3　有效管理离职员工的 3 个方法

1. 严要求

即使是得到离职批准的员工，在未正式离职之前，他也还是公司的一分子，公司有权对他的工作提出要求。离职员工在公司严格的管理下，也就不敢对工作表现出懈怠情绪了。

不过，有些公司对即将离职的员工的态度存在严重的问题，比如，有些员工会刻意与即将离职的员工保持距离，公司有集体活动也会故意不通知即将离职的员工参加。在这种情况下，即使即将离职的员工想站好最后一班岗，也会对公司的这种做法感到不满，从而在心里暗示自己不用这么做。相比较来说，有些公司的做法是值得借鉴的，它们对即将离职的员工一视同仁，甚至还为他们举办欢送会，这样不仅能让所有员工感受到公司的温暖和人性化管理，还能激励在职员工更加努力工作。

2. 跟进度

由于获得离职批准的员工在离职之前需要进行工作交接，所以，公司应该跟进员工交接工作的进度。这样做，一方面可以直接对离职员工的工作起到督促作用，避免他们在工作中出现懈怠的情况，另一方面也可以向离职员工传递一种公司依然关注他们的工作情况的信号，让他们觉得公司还是很重视自己的。

3. 注意情绪

员工在离职交接期的情绪，可以在一定程度上反映员工离职的原因和公司的管理效果。如果员工在离职交接期表现出愤怒的情绪，那么说明他们对公司的某些方面存在着严重的不满。如果公司不能及时意识到这个问题，并对此加以改进，那么最终会造成更多员工的流失。这是一个很危险的信号。为了公司的长足发展，公司应该注意离职员工的情绪问题。

由此看来，公司对离职员工的管理，一方面是公司管理的总体要求，另一方面也是维护公司形象和长远利益的做法。

9.8　匆忙批准离职的 5 种风险

按照《劳动合同法》的规定，公司应该为员工缴纳基本的社会保险，包括养老保险、医疗保险、失业保险、工伤保险、生育保险。事实上，大多数公司也的确做到了这一点。如果公司在员工提出离职申请后，只要求员工完成交接工作就匆忙批准其离职，而忽略了对这些保险的处理，那么会给公司带来一些风险。除此之外，还有一些情况，如果未能及时处理，也会给公司带来风险。下面就来详细讲述一下匆忙批准离职的 5 种风险。

1. 多缴纳保险费的风险

保险业务若是在当月 5 日至 25 日办理的，则下月生效。这也就意味着，如果员工申请离职的时间在这个时间段之外，那么公司就面临为员工多缴纳一个月保险费的风险，这对公司来说也是一种经济损失，尤其是在离职员工较多的情况下。所以，公司在审批员工离职申请的时候，应尽量将离职时间定在月末。

2. 违规违章风险

不排除有这样一种可能：员工做了违反公司规章制度的事情，但公司还未发现，为了躲避公司的追究，员工提出了离职申请。如果员工违反的规章制度涉及公司的商业机密，事态就更严重了。从这一点来看，公司应该对提出离职申请的员工进行了解和调查。否则，一旦批准了员工离职，事情处理起来就会变得很复杂。

3. 泄密风险

如果公司仅仅要求员工完成交接工作，就批准员工的离职申请，而不与其签订相应的保密协议等，那么员工就有可能将公司的商业机密泄露给其他公司。由于未签订相关的协议，即使公司想通过法律途径维权，也会处于极度被动的状态。因此，公司对待员工离职的问题一定要谨慎。为了保障公司的合法权益，若有涉及公司利益的问题，公司应与离职员工签订相关的书面协议。

4. 未开具离职证明的风险

离职证明是证明公司已经与该员工解除劳动关系的书面材料，具有法律效力。如果公司不给离职员工开具离职证明，当员工到下一家公司工作时，就会出现该员工同时与两家公司存在劳动关系的局面。一旦员工在工作中出现意外，他可以向两家公司同时索赔，而这对公司来说显然是不公平的。所以，公司除了要求离职员工完成工作交接任务，还应该为离职员工开具离职证明，并将其存入离职员工的档案中。

5. 提前让员工离职的风险

有些公司规定，只要离职员工是提前30日提出离职申请的，那么他在交接完工作以后就可以离开公司，没有必要等到30日后再离开。公司的这项规定看似比较人性化，实则给公司带来了隐患和风险。如果员工在此期间出了意外情况，那么即便员工实际上已经离开了公司，责任也依然由公司承担。

关于员工离职的问题，《劳动合同法》中有明确的要求和规定。公司应严格按照《劳动合同法》的要求为员工办理离职手续。如果员工向公司提出了超出《劳动合同法》规定的要求，且没有损害到公司的利益，那么公司可以酌情答应。但是，公司应该通过与员工签订书面协议的方式来保障自己的合法权益。

9.9 对跳槽型离职员工的处理方法

宋海波是一名IT工作者，目前供职于一家小型的IT公司。这家公司给宋海波的月工资是8000元，待遇是公司为其缴纳五险一金。开始时宋海波对此还比较满意，于是与公司签订了劳动合同。但后来，宋海波在与朋友聚会时谈到了各自的工资待遇问题，结果发现朋友的月工资都在1万元以上，他们的待遇除五险一金外，还有各种补贴，包括餐补、车补、房补、高温补贴、取暖补贴等。

于是，宋海波开始对自己的工作待遇产生了不满。此后，宋海波一边工作，一边寻思着跳槽。他心里想：一旦找到了更好的工作，就准备离职。在一段时间之后，宋海波果然找到了一份更好的工作。在接到入职邀请后，尽管宋海波手上的工作还没有完成，但他还是毫不犹豫地离开了自己现在就职的公司。

对公司管理者来说，最不愿意碰到的就是跳槽型离职员工。他们往往不会提前提出离职申请，而是突然离职。公司在面对这种情况时通常都会有点措手不及，毕竟不论是招聘新员工，还是工作交接，都需要一定的时间。

上述这种跳槽的行为是对公司极度不负责任的行为。那么，公司应该如何应对这种情况呢？

首先，公司应该制定相应的规章制度，对员工的这种行为加以约束。例如，规定对于跳槽型离职员工，要扣除其半个月的工资，并将该规定写进员工手册和公司规章制度中。这种明确的规定和相应的惩处措施能够对员工起到约束作用。

其次，要严格实施规章制度。如果公司只是制定了相关规定和惩处措施，却没有付诸行动，那么就等于告诉员工这条规定其实是无效的，显然，它便不能起到应有的作用。既然制定了相关规定，公司就应该按照规定去执行。

最后，要建立黑名单制度，将跳槽型离职员工列入黑名单中。因为这样的员工难以对公司产生较强的认同感，他们往往经不起利益的诱惑。所以，对公司来说，这类员工的存在是一种隐患。一旦发现了，就应该将他们列入黑名单中，避免以后再录用。

9.10　对带业务离职的员工的处理方法

这类员工不仅说走就走，还有可能会在离开的时候带走公司的业务，他们也是公司最无法容忍的员工离职类型之一。所以，公司一定要谨慎对待这类员工，最好先了解员工离职的原因，尽量挽留。如果员工执意要走，那么公司绝不能姑息，应该对其严肃处理。

众所周知，业务是公司生存发展的基础。公司一旦没有了业务，就犹如汽车没有了油，人体没有了血液。所以，失去业务往往会对公司造成致命的打击。

当公司遇到员工带着业务离职这种情况时，首先，应与员工进行沟通，了解其离职的真正原因。如果员工仅仅是因为对薪酬待遇不满而离职，那么公司可以提高其薪酬待遇，让其留下来，因为员工为公司所创造的价值是远超于此的。

其次，如果员工离职的原因与薪酬待遇无关，而是公司无法为之解决的问题，也就是说，公司不可能再留下该员工了，那么公司应该安排其他员工去和业务方洽谈，将这一业务交接过来，避免给公司造成损失。

最后，公司应该考虑与该员工签订离职协议。为了保障公司的利益，公司一定要在离职协议中写清楚该员工负责的业务归公司所有，这样可以对该员工的行为起到约束作用，防止他带走公司的业务。

对一个公司来说，员工离职的原因是各种各样的。为了减少员工离职给公司造成的损失，也为了降低员工离职给公司带来的风险，公司管理者应该事先对离职员工的类型有一个大致的了解，并根据不同的类型制定相应的应对措施，防患于未然。

第 4 篇

运营开发

第 10 章　合伙创业：如何找到优质的合伙人

俗话说："一个篱笆三个桩，一个好汉三个帮。"一个人的能力毕竟是有限的，如果一个创业项目靠自己很难完成，那么你不如找一个或几个好的合伙人，创建一个专业的团队，这会增加创业成功的概率。经调查发现，大多数活跃在新经济领域的新型公司与靠单枪匹马打天下的传统公司不同，它们中有 90% 以上的公司都喜欢抱团创业，一般都有一个三人以上的创业团队。然而，这并不意味着任何人都可以当你的合伙人，尤其对于初次创业者而言，更应该擦亮眼睛，选择合适的合伙人，建立一个非常专业、分工明确、优势互补的创业团队，千万不要盲目地选择合伙人，以致让自己的努力付诸东流。

10.1　与潜在合伙人聊聊自己的项目规划

想法，是创业最重要的前提条件，但凡打算创业的人，心中肯定已经有了好的创业项目。在选择合伙人之前，你不妨先把自己的项目拿给你将要选择的合伙人看一下，听听他是否与你有相同的看法，对创业计划是否有相同的思路。只有你们的看法和思路都一致，你们在以后的合作中才会更默契，创业才有更大的激情。

创业最重要的是做好规划，没有规划，肯定干不长。所以，你所选择的创业合伙人一定要是一个对未来有规划的人。如果你将要选择的合伙人认为做事情就是做事情，不需要有什么规划，或者只是一时兴起想创业，那么与这种人短期合作还可以，长期合作就不太合适了。因为胸无大志的人不可能在企业发展和创新方面给你好的建议，反而会给你增加不少阻力。像这样的人，你最好放弃选择他作为你的合伙人。

张晓明一直都是一个有想法、有魄力的人，他在上大学期间，就在学校创建了一个外贸协会。马上就要毕业了，他打算在毕业后创业，但是现在还没有找到比较好的项目。

有一天，他的室友郭洋洋突然有一个想法，他马上找了个本子记了下来，然后立刻给张晓明打电话，让在校外跑业务的他赶快回来商讨“大事”。

郭洋洋把张晓明约到校外的一家饭店里，把自己的想法告诉了张晓明，并希望他能和自己合伙一起把这个想法变成现实。但郭洋洋这个人，平时就喜欢吹嘘自己的伟大创意，在这次有了好的想法后更加得意忘形，指挥着张晓明去具体操作（郭洋洋对“亲自动手”没什么兴趣）。张晓明觉得郭洋洋的这个想法不错，但是没有具体的规划，而且有些想法太理想化。若真要实施，还需要张晓明做更详细的调查分析。

还有一个问题是：郭洋洋很快就要去千里之外的外语学院报到。所以，接下来的很多事都需要张晓明一个人负责。我们都知道，若无法执行，创意本身也就一文不值。所以，我们一定要确定合伙人是否有长期参与的计划。与郭洋洋这种突发奇想却没有具体规划的人合作，肯定会阻碍张晓明以后的发展。所以，张晓明果断拒绝了郭洋洋的请求。

张晓明的这种做法是正确的，对于一些没有具体规划的人，他非但帮不上你的忙，很可能还会阻碍你的发展。所以，果断拒绝是最明智的做法，否则追悔莫及。

那么，什么样的人才能成为你的合伙人？我认为合伙人要具备两个要素，如图 10-1 所示。

要素一	能力互补
要素二	同等权利

图 10-1　合伙人要具备的两个要素

在一次发布会上，华创资本合伙人熊伟铭、脉脉创始人林凡、VOW 智能耳机创始人陈戈回答了创业者在创业过程中的诸多疑问。

问题一：怎样看待创业过程中的合伙人？怎样选择合伙人？

熊伟铭：合伙人是能帮你撑点事的人，而不是一进来就应该得到好处，合伙人所占的股权比例可大可小。

林凡：成为合伙人需要具备两个要素，第一个要素是他的能力跟你是互补的；第二个要素是大家有同等的权利，或者叫同等对话的权利。这也就意味着，他过去的经历和背景与你相似，地位与你相当。

合伙人其实最终是要和你一起商量着去做事情的，虽然拍板的是一个人，但决定一般是由几个人商量着做出来的。

陈戈：我是坚决支持找合伙人的。找合伙人最关键的还是信任问题，信任问题是第一位的。同时还要明确找合伙人的原因，真正搞清楚你为什么需要合伙人。找合伙人是一个很慎重的决策。

问题二：在公司发展过程中如何做好风险控制？

林凡：这跟心态有关系，不管是顺利还是不顺利，你只需要想清楚，你给这个社会带来了什么价值，这个价值跟你现在获得的东西到底匹不匹配。如果现在不匹配，你要努力把它做到匹配，努力地去解决问题，反正最终一定是要匹配的。这是我的观点。

陈戈：创业必须有一个构思，如果你很清楚这个构思的话，你就会发现你只不过是爬了一会儿山，在稍微歇歇脚后，又下去了，然后再往上爬，因为你知道那个山就在那个地方。投机的公司是不会成功的，所以如果你要开公司就必须清楚自己要做什么。

10.2 了解对方的人生经历

在《中国合伙人》这部电影中有一句经典的台词：“千万别跟丈母娘打麻将，千万别跟比你想法多的女人上床，千万别跟最好的朋友合伙开公司。”现实中许多基于朋友关系形成的合伙关系最终都以失败告终，即使他们不会立刻关系破裂，很多合伙人也会在公司成立一段时间后关系破裂，或者在经过相当长的一段时间后分家。当然这种情况也不是完全绝对的，例如，由沃伦•巴菲特创建的伯克希尔•哈撒韦公司，其公司的投资人几乎都是巴菲特的亲朋好友，特别是其主要合伙人之一查理•芒格更是他多年的挚友，如今他们的关系愈加稳固。

不是只有基于朋友关系形成的合伙关系容易破裂，那些不是基于朋友关系形成的合伙关系也会破裂。他们的关系大多不是在公司成立之初破裂的，而是在公司成立很长一段时间之后才破裂的。所以，合伙人之间是不是朋友关系似乎并不是最终导致他们合伙关系破裂的原因，至少不是主要原因。

为了避免日后出现不必要的麻烦，无论你所选择的合伙人是不是朋友关系，你都要先了解他过去的经历，而了解他过去经历的最简单的方式就是与他进行闲谈。从闲谈中，你应该多注意他对做生意的看法，以及他是否有经商天赋。看看他是否适合做合伙人，是否能助你一臂之力，以及是否能给你带来一定的资源，例如客户、资金、人才等。从潜在合伙人过去的经历中，你可以判断出哪些是靠谱的合伙人，哪些是不靠谱的合伙人。一般来说，不靠谱的合伙人会有以下几个特征，如图 10-2 所示。

特征一	不思进取，害怕困难
特征二	不喜欢冒险
特征三	自以为是
特征四	总爱幻想
特征五	喜欢 CEO 头衔
特征六	私人问题不断
特征七	尸位素餐

图 10-2　不靠谱的合伙人的特征

1. 不思进取，害怕困难

在与潜在合伙人闲谈时，你可以适当地了解一下他之前做过什么值得骄傲的事，如果他根本没有做过值得骄傲的事，或者总是张口闭口地说做什么事都有困难，那么这样的人根本不靠谱。所以，我劝你还是不要和他多费口舌，趁早放弃，另找其他好的合伙人。

我们都知道，创业是有风险的，而且在创业过程中会遇到很多困难，所以你要找的合伙人必须是一个积极向上、有理想、有目标的人，这样你们在一起合伙创业才能相互影响、相互鼓励，才有走下去的动力。如果你选择的合伙人是一个不思进取、在困难面前退缩的人，那么你和他合伙，不仅会打击你的创业积极性，还会使创业难上加难。

2. 不喜欢冒险

在闲谈时，如果你发现你要选择的合伙人的简历和资历证明虽然有一大堆，但是他从来都没有过创业经历，那么这时你要果断地放弃这样的人做你的合伙人。

这种人可能更喜欢朝九晚五的工作，习惯按月领取固定工资、享受医疗保险。这种人一般过得很安逸，不喜欢冒险。你若选择这种人做合伙人，那你的创业肯定会受到阻碍，因为每次当机遇来临，需要你赌一把的时候，他总是不敢前进，拖你的后腿。这样的人根本无法独自经营公司，需要你一个指令、一个动作地教他如何经营公司。一旦你的投资计划无法立刻产生效益，他就会抛弃你，跑去找一份“真正的工作”，不然他的老婆孩子谁来养？所以，合伙人一定不要选择那些不喜欢冒险、与你目标不一致，以及无法贡献同等时间、精力和资金的人。

3. 自以为是

这种人的特征是自以为是，他们肚子里没有什么墨水，但是喜欢逞强，总是以为自己做的事永远都正确，对每件事情都要发表自己的看法，还喜欢告诉你，他们永远不会错。这种人最喜欢说的口头禅是“听我的，准没错”。他们很少跟别人讨论自己的决策制定过程，因为他们觉得这样显示不出自己的水平。他们还喜欢贬低持反对意见的合伙人，并背着对方做出能够显示自己水平的决策。

这种自以为是的人最要命的是，如果某项计划成功了，他们就会沾沾自喜，认为这都是自己的功劳。如果计划失败了，他们就会把过错算在其他合伙人头上，将自己该负的责任撇得一干二净。这种人根本不适合做合伙人，因为你需要的是合作者而不是独裁者，没有人是永远正确的。

4. 总爱幻想

有些人总爱幻想，你会在闲谈中经常听到他们这样说：我从小就幻想着买艘豪华游艇，巡弋在自己的私人岛屿……像这样喜欢幻想的人，他们往往不能脚踏实地，总想一口吃个胖子。这种不切实际的幻想主义者在公司不能盈利的时候，就会变得很急躁，或者开始打退堂鼓，而且他们还有一个致命的弱点：不知道该怎么做才能让公司挺过来。

要知道，创业不是一蹴而就的，未来的财富要靠多年坚持不懈的努力去换取。例如，阿里巴巴在创业前期的十几年中一直处于亏损的状态，但是马云及其合伙人靠着耐心和毅力，硬着头皮坚持了下来。所以，创业者需要有耐心，如果你选择了一个东一榔头西一棒子、天天做白日梦的合伙人，那么你的公司早晚会被这样的人拖垮。

5. 喜欢 CEO 头衔

有些人实际上没有什么实力，但总爱向别人吹嘘自己是 CEO，即便他的公司没有一点名气，甚至处于亏损状态，他也仍热爱参加鸡尾酒会，喜欢吹嘘自己，唯独不喜欢一件事：工作。这种人总是拿着 CEO 的架势夸夸其谈，甚至有点“招摇撞骗”。要知道，公司不是靠吹嘘、夸夸其谈和花架子取得成功的。所以，在选择合伙人时，你要尽量避开那些自私自利、爱慕虚荣、光说不做的人。

6. 私人问题不断

在闲谈和日常接触中，你可以了解到你要选择的合伙人是不是私人问题不断，比如，他最近准备打离婚官司，争夺财产；或者七大姑八大姨经常跑来找他帮忙等。为了避免以后出现麻烦，你在选择合伙人时一定要把他的底细查清楚，和对方交流一下你们对各种事情的看法，比如经营观念、家庭生活、经济状况。如果你要选择的合伙人看起来私人问题不断，你最好立刻放弃。

7. 尸位素餐

尸位素餐者主要是指那些占着职位不好好工作，无所作为，吃白饭的人。他们整天游手好闲，甚至都不来公司上班。这种人是公司的负担，只会消耗公司的能量。所以，最好不要选择这样的人做合伙人。

10.3 通过对方的朋友间接了解合伙人

了解一个人最好的办法就是走进他的朋友圈，看看他的朋友和身边的人对他的评价和看法。

如今，QQ、微信已经成为主要的社交工具，很多人都会在 QQ 空间或者微信朋友圈发一些关于日常生活的信息。对于你将要选择的合伙人，你可以加他的 QQ、微信，进入他的 QQ 空间或微信朋友圈看看他日常所发表的一些“动态”，以及“动态”中有哪些人经常给他评论，评论的内容是什么，通过这些信息你可以了解到他的日常生活，以及关于他身边朋友的一些信息。除此之外，你还可以通过其他渠道多方面打听他经常和什么人来往，他的品行怎么样。当然，你不要只了解他的朋友对他的评价，他的对手对他的评价或许更真实一些。

选择合伙人的标准：人品第一、价值观第二、工作态度第三、能力第四。可见，人品是选择合伙人最重要的指标。品行良好的人能为你和其他人树立榜样，对其他人起到示范作用。品行良好的人一般都有好的习惯，他们可以影响周围的每一个伙伴，能与这样的人一起合伙创业，你的事业会如虎添翼。那么，你在关注所要选择的合伙人的朋友圈时，应从哪些方面了解他的品行呢？好的合伙人应该具备以下品质，如图 10-3 所示。

图 10-3　好的合伙人应该具备的品质

1. 重信守诺

关注你将要选择的合伙人的朋友圈，看看他是不是一个重信守诺的人。合伙人品质中最重要的一点就是重信守约，一诺千金。重信守诺不仅是做人的基本要求，也是合伙创业中对合伙人的基本要求。

连续 15 年蝉联华人首富宝座的李嘉诚说：“坚守诺言，建立良好的信誉，一个人良好的信誉是其走向成功不可缺少的前提条件。”

创立新世界发展有限公司的香港富豪郑裕彤在总结其创业经验时，以“二十三字箴言”强调了诚信的重要性：“守信用、重诺言、做事勤恳、处事谨慎、饮水思源、不见利忘义。”

尤其在公司创建初期，诚信更是起着关键的作用，它甚至决定了创业的成败。所以，在合伙创业中，对合伙人的道德要求很有必要，也非常重要。然而在鱼龙混杂的社交圈中，一不小心就有可能混入不具备商业道德的人，这些人很可能会把公司的前途断送掉。所以，创业者，特别是新手创业者，在选择合伙人的时候，一定要擦亮眼睛，多方打听合伙人是否重信守诺，以免给居心不良者可乘之机。

2. 不放弃，不抛弃

关注你将要选择的合伙人的朋友圈，看看他是不是一个意志力坚强的人。当遇到困难时，不放弃希望、不抛弃你的人是一个伟大的合作伙伴。

3年前，泰伦斯打算在芝加哥开一家设计公司，由于资金、技术等方面的原因，他打算找一个合伙人。其实，他心中早有人选，这个人就是克莱尔，一位最优秀的设计师、发明家兼艺术家。泰伦斯和克莱尔之前是同事关系，他们曾经一起为许多公司工作过，两个人的合作很愉快，泰伦斯无法想象如果没有克莱尔，他的工作会怎样。

克莱尔也非常信服泰伦斯，于是，他们在各个方面达成共识后，两个人决定开始创业。泰伦斯和克莱尔都坚定不移地为目标努力，他们一起经历了一些棘手的商业斗争。克莱尔对细节非常重视，她总能给予泰伦斯想要的结果。尽管她自己很优秀，但她从不自傲，总能与泰伦斯一起分享他们的商业果实。对克莱尔来说，她和泰伦斯不是对立的，而是互利共赢的，目的就是让公司得到更好的发展。

克莱尔在困难面前从不放弃，即使在公司生死存亡的时刻，她也没有垂头丧气，而是充满希望，这给了泰伦斯很大的鼓舞。最后，他们齐心协力，渡过了难关。在泰伦斯看来，克莱尔就像一个木马一样工作，她从未停止过对如何清除障碍的思考。这种耐力在合作中是无价的，她强大的工作动力会带动泰伦斯一起努力工作。这也是他们创建的设计公司在3年之内便在当地颇有盛名的重要原因。

可见，找一个意志力比你更强的人合伙创业，不但会使你轻松很多，而且创业道路也会变得顺畅很多。即使在创业过程中遇到困难，只要你们齐心协力，任何困难也都能迎刃而解。相反，如果你找一个意志力薄弱、遇到困难就想打退堂鼓、总是让你泄气的人合伙创业，那么你肯定不会成功。

3. 宽容大度

关注你将要选择的合伙人的朋友圈，看看他是否具有宽容的气度。合伙人一定要有宽容的气度，因为在创业过程中，谁都无法预料未来会发生什么事。如果你选择的合伙人心胸狭隘，那么在你或者其他合伙人因某个决策或某人的失误而给公司造成损失的时候，他不会努力帮助当事人解决问题，而会落井下石，对当事人大发雷霆，严词谴责，还会把一切罪责都怪罪在当事人头上。这不但容易让其他合伙人心中产生隔阂，而且他们有可能在这位合伙人犯了过错后，也对其加以指责，这样就很容易形成恶性循环，以致合伙关系最终破裂。但如果你选择的合伙人有宽容的气度，那么在你或者其他合伙人因不小心犯错而招致损失时，这位合伙人会把这次的错当成整个团队的错，不会对你或者其他合伙人心存芥蒂。

有宽容气度的合伙人是好的合作伙伴。他们不会把辛苦的工作推给搭档，自己挑轻松的做，而会事前与搭档签订公平分工的协议，并按照协议去做；他们不会斤斤计较，在其他合伙人生病或者有急事抽不开身时，他们愿意为搭档多分担一些，自己多干一些，或者由于他们的营销能力强，可能会多接不少生意，这时他们也不会因为搭档接的生意少而觉得不公；他们会把荣誉归于集体，在其中一个人受到表扬时，他们会认为这是共同努力的结果，如有物质奖励，也愿意与大家分享；他们没有私心，总是把合作所得的利益放在首要位置，不会私下独揽生意，将所有利益归己所有。所以说，选择一个有宽容气度的合伙人，会让你们的合作关系变得很和谐。

4. 不断进取

关注你将要选择的合伙人的朋友圈，看看他是不是一个不满足于现状、不断进取的人。一个不满足于现状的人以后会比现在过得更好，一个不断进取的合伙人也会让公司变得更大、更强。

如今，时代在快速发展，一个不思进取的人早晚会被社会淘汰。在优胜劣汰、适者生存的现今社会中，为了适应时代的发展，人就要不断进取。创业者更加需要拥有积极进取的人生态度，这样才能在激烈的竞争中脱颖而出。只有拥有积极的人生态度，你才有足够的欢乐去感知生活的甜蜜，才有足够的悲伤去承载人情的冷漠，才有足够的希望去快乐地成长。

你还要让你的创业团队时刻保持新的生命力，不断地让优秀的合伙人加入，以保证创业团队是最优秀、最有战斗力的团队，这样才能把公司做得更大、更强。

5. 有合作精神

关注你将要选择的合伙人的朋友圈，看看他是否具有合作精神，是否适合与你合作。合伙人要有很好的开放合作的心态，因为你的合伙人或许不止一个，可能还有其他人，而且在创业的道路上肯定需要跟很多人合作。

合伙人还要有为对方着想的心态，当问题发生时，要懂得换位思考，而不是将责任推给对方，埋怨对方。另外，合伙人必须充分信任和尊重彼此。

6. 脚踏实地

关注你将要选择的合伙人的朋友圈，看看他是不是一个做事情脚踏实地的人。拥有一个脚踏实地、肯干、能吃苦的伙伴非常重要，如果能拥有一个卖力、干劲十足的合伙人，你还怕做不成事吗?

10.4 一起参加聚会，看对方的社交能力

如今，很多人不敢创业，主要是因为觉得自己“没有技术”“没有资金”“没有资源”“没有商机”，其实，这是一种错误的想法。

马云不懂程序，也没有资金，他现在不也成了互联网达人？分析他的成功之道，有一群创业合作伙伴是其成功的主要因素。对马云来说，他没有技术，但是他的合作伙伴有技术；他没有资金，但是他拉着合作伙伴一起投资；他没有资源，但是他的合作伙伴有资源。马云自己有的是什么呢？他有的是眼光和社交能力。马云的社交能力不可小觑，他和比尔•盖茨是好朋友，可以说他的朋友遍布天下，这也为阿里巴巴的发展开拓了更为广阔的道路。

合伙人的社交能力是很重要的，如何能看出一个人社交能力的强弱呢？你可以邀请他参加你的朋友聚会，在聚会中观察他的社交能力，因为社交能力会在这种场合中充分地表现出来。

如果他在人多或者稍微陌生的场合中常常表现得比较拘谨，不太能融入其中，也不太会主动与人沟通，那么他的性格可能就是不健谈、内向、有点闷。这样的人不太适合做创业的合伙人。在创业过程中，多少会遇到这样的场合，如果你的合伙人不善交际，就很可能会影响公司的发展。所以，你最好不要选择这样的人做你的合伙人。

选择合伙人，最好选择一些性格比较外向的。因为一般外向、气场强的人能非常快地融入大部分的社交场合。你回忆一下身边是否有这样的朋友，或者是否看到过类似这样的人在聚会上如鱼得水，感染着周围的人，使气氛非常活跃，让大家都很开心。

通常来说，社交能力强的人一定是有气场和有自信的人。然而，气场和自信

是两个完全不同的概念，有气场一定有自信，而有自信不一定有气场。真正气场强大的人，一定是在获得了足够的财富、足够的地位甚至足够的权力后，在某种程度上突破了各种心理限制，从而把深植内心的各种恐惧驱散了；真正气场强大的人，必然有坚定的信念、强大的内心，不会轻易受到外界的影响，而他们总是会影响别人，影响环境；真正气场强大的人，已经不需要通过金钱、权力、地位来获得自信，即使除去这些外物，他们依旧坚信自己比别人强。

当一个气场强大的人在你面前时，你会有一种说不出来的感觉，你也不知道他到底哪里不一样，只是隐隐约约地觉得他和一般人不同。我们现在就来分析一下，气场强大的人到底在哪些方面与一般人不同，具体体现在以下几个方面，如图 10-4 所示。

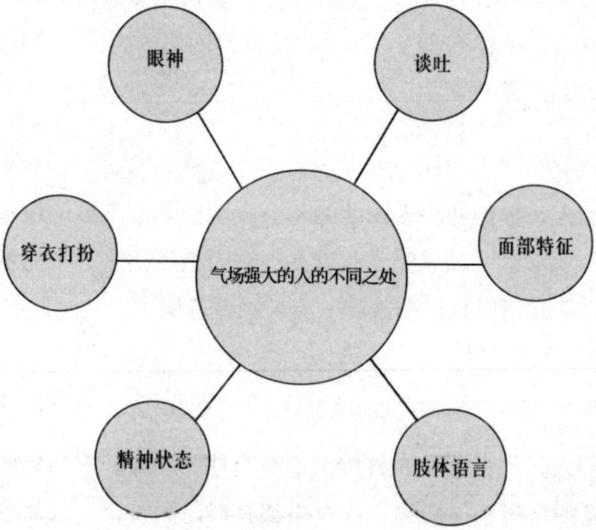

图 10-4　气场强大的人的不同之处

1. 眼神

气场强大的人，其眼神绝不可能呆滞木讷，一定炯炯有神，最关键的是，他们的眼神不但很自信，而且还很坚定。所以说，气场强大的人，一般都会有坚定有力、充满自信的眼神。如果你和有气场的人对视，你会感觉自己的内心或多或少地被触动，那是一种无形的、能直击你内心的感觉，这种触动是一种轻微的情绪反应。

2. 谈吐

一个人的谈吐一般包括其说话的语气、语调、节奏及嗓音。气场强大的人，他们的谈吐不凡，而且说话抑扬顿挫，很容易把其他人震慑住。

3. 面部特征

一个人的面部特征在提升气场方面也很重要，气场强大的人的面部特征主要有两点：一是颧骨线条流畅；二是鼻子挺拔有力。

4. 肢体语言

气场强大的人，他们有着与一般人不一样的肢体语言。他们的肢体语言给人的感觉是沉稳淡定、从容不迫的，举手投足都给人自信满满、稳重的感觉。

5. 精神状态

气场强大的人，他们在外人面前绝不会表现出萎靡不振的精神状态。他们的精神状态是一种无形的场域感觉，也就是一个人散发出来的高能量的精神状态，这种外化的内心状态可以直接渗透到一般人的潜意识中，从而影响到对方。

6. 穿衣打扮

气场强大的人，他们的穿衣打扮都很有个性，比如，穿布鞋的马云，穿休闲装的马克·扎克伯格等，他们的穿衣打扮都有自己的特色。虽然这些装扮有时候看起来很不合时宜，但它们却被人当作一种个性的表现。

总之，你在挑选合伙人的时候，一定要观察他是不是一个有气场的人。一个有气场的人会在社交中占据主导地位，可以为以后的商业谈判增加成功的筹码。

10.5 故意批评对方，观察对方的处理方式

合伙人能在被批评、指责甚至极端情况下保持情绪稳定是非常重要的。很多人可能会在受到批评后无法端正心态，以至于错误分析局面，最终把事情搞砸，这在创业过程中是极其危险的。因此，合伙人在受到批评后的表现是创业者需要

观察的重点。

批评往往发生在某件糟糕的事情后，因此，当时的整体局面是被负面情绪笼罩着的。如果合伙人能够抓住问题的重点，消解掉指责方的对抗情绪，那么这个合伙人无疑是非常理性且聪明的。

在谈话氛围仍处在非理智状态的情况下，无论怎样试图讲清楚事实，大家都会受到负面情绪的影响，当事情发生时，双方都会有情绪，并不能静下心来进行交流。因此，这时合伙人正确的处理方式是认真聆听，给予回馈，肯定对方的观点并提出改进方案。

首先，在面对来势汹汹甚至明显带有发泄情绪的批评指责时，如果合伙人能够做到不发火，那么他已经成功了一大半。在事情未了解清楚之前，一味地发火只会让双方都失去理智。

其次，给予回馈，有可能的话向对方表示感谢，缓缓占据主战场。当面对创业者或其他人的指责甚至无理取闹时，若合伙人能够真诚地给予回馈，便能将充满火药味的“对抗”变成心平气和的沟通，让“战场”变成可以商谈的“谈判桌”。

然后，在肯定对方观点的基础上提出更好的意见。由于每个人看问题的角度不同，很多人在面对指责时的第一反应都是感到委屈，但事实上，冷静下来，你会发现对方给了自己一个新的视角。因此，如果合伙人在面对批评指责时能主动承认错误，则一方面给了对方一个让步的机会，另一方面也表达了自己对问题的重视程度，这样便使得下一步的讨论变得顺理成章。

然而，肯定对方的观点并不代表要背负所有的责任，在第一步聆听中首先要将问题分析清楚，是自己的错可以认，不是自己的错一定要记得委婉地表达出来。

最后也是最重要的一点，即使对方指责的错了，也不要冷嘲热讽，要温和地加以解释并给对方台阶下，这才是大度的做法。

一个能够承受较大的心理压力，保持情绪稳定，尽量理性地解决问题的合伙人，不论是在处理公司事务时还是在对外交涉中，都能给予创业者很大的帮助。

10.6　是选择资本入股还是技术入股

在创业前期或者公司经营一段时间之后，若有合伙人想入股，那么他既可以选择资本入股，也可以选择技术入股。资本入股是指投资人以投入公司经营资金的账面价值入股，包括债务资本和股本资本。技术入股是指技术持有人（或者技术出资人）以技术成果作为无形资产作价出资公司的行为。在技术入股后，技术出资方取得股东地位，相应的技术成果财产权转归公司享有。

资本入股是以资金、实物等方式加入某公司，这些都是确确实实存在的东西，其股权分配比例一般也是由资本投入的多少而决定的。而技术入股则和资本入股有很大差异，因为技术成果不是一个客观存在的实物，它们是无形的，要发现其绝对真实价值相当困难，而且对其过高或过低的评价均会损害出资方的利益，引起各种纠纷。

一般来说，技术入股主要包括两种形式：一种是研究开发中的技术入股，另一种是技术转让中的技术入股。其中，研究开发中的技术入股是合伙人以其智力和研究、开发项目作为股份向公司进行技术投资，与公司联合研制、开发新产品，共同承担风险，分享效益。技术转让中的技术入股是将合伙人自己掌握的现成的技术成果折合成股份，向公司进行技术投资，然后分享效益。

《公司法》关于技术入股的有关规定在客观上为技术成果的价值转化提供了良好的前提，其有利于提高技术出资人的入股积极性，并能够有效调动技术出资人积极实现成果的转化。那么，技术入股的股东，其股份该以何种方式体现？需要走哪些法律程序？资本入股的股东如果追加投资额，又该如何体现在股权分配中？

刘晓东于2018年9月16日创立了××有限责任公司，现邀请王阳明以技术入股形式加入该公司。下面问题来了：

1. 如果刘晓东答应给王阳明30%的股份，那么该股份应以何种方式分配，需要走哪些法律程序？

2. 假设刘晓东再投资50万元到××有限责任公司，又该如何体现在股权分配中？

针对第一个问题，刘晓东要明确王阳明的技术入股属于哪种形式。如果王阳明持有的是自己本身的技术价值，也就是王阳明对公司的服务，那么刘晓东可以给王阳明期权，按年分次给予并行权。所谓行权，在国内非上市公司，即刘晓东将股权转让给王阳明，其行权价格可以为0元。刘晓东可以一次性或者按年分次将自己所持公司的股权无偿或以极低的价格直接转让给王阳明。

如果王阳明持有的是某种已经形成了无形资产的技术，那么刘晓东可以让王阳明以无形资产出资入股。但这种形式的入股需要聘请专业的评估师进行价值评估，并聘请专业的会计师验资。但是，如果这种无形资产是某种技术秘密或技术诀窍就基本无法评估了。

针对第二个问题，对于刘晓东追加的这 50 万元投资额应占多少股，需要双方协商，对公司进行估值。

刘晓东的公司创立仅一年，对于这样的公司，不太容易进行估值，所以，如果刘晓东想再以 50 万元入股 ×× 有限责任公司，那么只能看双方对公司现状及未来发展的预期是否能达成一致。确认估值后，双方协商股权比例，然后再以这 50 万元出资入股。但是，如果估值高于公司的注册资本，也就是有溢价，则部分可以计入注册资本，部分可以计入资本公积金。

刘晓东和王阳明从合伙之初，就针对公司的各项事宜达成了一致意见，并以书面形式做出了相关规定。他们建立了一个非常专业、分工明确、优势互补的创业团队，相信一定能使公司取得跨越式的发展。而且他们以这样的方式合作，当公司扩大到一定规模时，也能够迅速地吸引风险投资人前来投资，从而使公司得到更好的发展。

然而有些合伙人，由于是朋友关系，在合伙之前，他们没有签订行之有效的合伙人协议，因此后期出现了很多问题。

沈阳 ×× 餐饮公司经营了 20 多年，且一直保持着每晚店铺爆满的销售状态。该餐饮公司的老板郭先生对当前这种不用太辛苦，又能保障一家人富足生活的状态很满足，所以，一直没有考虑将餐饮公司扩大经营。

近年，沈阳当地政府的大力扶持，再加上朋友提出想投资该餐饮公司，让郭先生带着大家一起发财，所以郭先生觉得这是一个好机会。于是，他决心利用这次机会创立餐饮品牌，再在当地开一家分店。这家分店的经营面积达 4000 多平方米（比老店大一半以上），投资额达 700 多万元。

针对这次投资，郭先生的 ×× 餐饮公司重新分配了股权，股东共有 5 人，3 人为资本入股，2 人为管理入股（未投入资金，但对分店的经营管理负责，并享有一定的分红）。郭先生仍是 ×× 餐饮公司最大的股东，并全面负责公司的各项事务。管理入股的两位股东都不是全职管理人员，他们在外分别有自己的事业，因此大多在下班后到分店帮忙。

本来，郭先生觉得一切都和预想的差不多，然而事与愿违，分店原计划于 3 月底开业，但时间已经快到 6 月了，店内的各项事务仍未处理完善。郭先生看到几位主管的心思也不稳定，开业时间更是无法确定。于是，他通过网站搜索及朋友推荐，决定请专业的管理团队来解决上述问题。

该管理团队通过几天的现场调研，发现郭先生的分店主要存在以下三个方面的问题。

1. 分工不明确

股东分工不明确，这是最重要的一点。如果一件事情所有的领导都去管，而又无人最终拍板，这会让中层管理者及员工无所适从，最后既浪费了人力也浪费了物力，导致工作一拖再拖，毫无成效。

比如，在餐厅布置方面，郭先生看到某间房内多出了一张四人桌，就让员工搬到另一间去，刚搬过去摆好，这时另一位股东刘先生过来看到了，又立即喝止员工，要求他将桌子搬回原来的房间，因为这是预订这个房间的顾客专门要求的。又比如，让中层管理者最痛苦的是，各类营运问题无法及时解决，不知该听谁的，具体如何执行也没人给予回复……

要想解决这些问题，郭先生应该与各个合伙人签订具体的协议，按协议规定进行分工并明确责任。对于分店的各个负责人，从分店开业开始就对其按劳支付一定的报酬，同时要求各个负责人必须在规定的时间内完成各自所负责的工作，然后再根据其所负责的工作的变化调整他们的报酬。

2. 规划不完善

郭先生与其他合伙人开的这个分店，由于他们对开业筹备没有进行系统的规划与分工，以致各项预支超标。之前他们投入的资金已经透支，部分股东不愿再追加投资，致使分店的各项物资不能及时到位，从而影响了开业时间。

3. 管理层缺乏经验

分店的中层管理人员多为股东介绍来的，他们中大多没有这方面的管理经验，甚至从没有接触过餐饮行业，这使得分店的各项管理工作存在很大的问题。

10.7 合伙人股权分配方法

“亲兄弟，明算账”是指合伙人之间要明确债权关系，不能含含糊糊，而要把出资款项、利益点划分等在合同中明确地规定出来，这样合伙人才能更清晰、更有条理地做事，才能共担风险，共获利益。

找合伙人创业，肯定会涉及股权分配的问题，而股权分配一般会涉及两个根本问题：一个是保证创始人对公司的控制，另一个是获取更多的资源使公司成功。比如，找有能力的人来帮你，从而使公司得到更好的发展。

在绝大多数情况下，对创业者而言，鱼和熊掌不可兼得，你不能既要得到控制权，又要获得经济回报。因为一个初创公司在前期会遇到很多资金、技术、资源等方面的困难，这时就要通过从外部获得资源来创造价值，而要想获取外部资源，通常就需要创始人削弱自己对公司的控制权，比如，将 CEO 的位子让给他人，或者让其他人加入董事会。那么，在选择合伙人时，应该如何分配股权呢?

1. 公司的股权分配

股权分配问题是创业者不得不面对的问题，而且，如果在创业初期没有将其处理好，则很可能会给以后的创业失败埋下隐患。那么，合伙人该如何对股权进行分配呢?

对于一般的有限责任公司，股份是按照投资金额和注册资本的比例确定的，利润也是按照股份占有情况按比例分配的。公司在注册登记时提供的公司章程和股东会决议中规定了股权分配、个人职责、利润分配、注册资本和认缴期限等，除非有特殊要求，否则按照约定的分配原则分配即可。

在分配股权比例时，也有一定的原则。例如，你和合伙人投入相同的资金，这时应该怎么分配股权呢？有的人认为应该平均分配。事实上，最不妥的做法就是股权五五分，因为五五分的结果是没有分配决定权。可能你们在开始的“蜜月期”内不会发生争执，因为创业初期，谁都不会想太多。但是到了一定阶段，你们就会出现分歧，如果这时没有一个人拥有绝对的控制权，就可能出现谁也不服谁的情况，最终的结果就是你们分道扬镳，创业失败。

所以，在确定股权比例方面，一定要确定谁是老板，让老板一个人说了算，其他人都必须听老板一个人的决策。腾讯公司的马化腾在这方面做得就比较好，他自己的股份最多，其余 5 ~ 6 个人，每个人均衡地持有 8% 的股份，马化腾掌握绝对的控制权。与负责管理技术的人相比，负责管理销售的人出任CEO，公司成功的概率会更高一些。

根据《公司法》规定的股权1/2的决议规则和2/3的特别决议规则，相对理想的股权分配是持1/2以上的股权，更理想的是持2/3以上。下面我通过在股权分配中出现的三种分配方式（如图10-5所示），分析在实际操作中可能出现的一些问题。

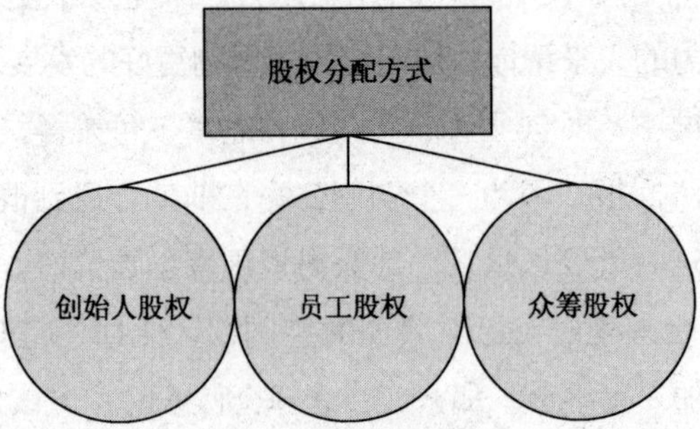

图10-5 股权分配方式

（1）创始人股权

在分配创始人股权时，首先要确定公司的创始人，因为创始人是承担风险的人。而且，创始人不拿工资，只拿分红。那么，创始人的股权该如何确定呢？具体的操作步骤如下：

起初，每个创始人持有相同的股权。假设公司现在有三个合伙人甲、乙、丙，那么他们三个人刚开始持有的股权分别为100、100、100。

召集人股权要增加5%。召集人可能是CEO，也可能不是CEO，但如果是他召集了大家一起来创业，他就应该多获得5%的股权。假设甲是召集人，那么，甲、乙、丙现在的股权分别为105、100、100。

提出创业点子及执行的人股权要增加5%。但是，如果这个创业点子最后没有被执行，或者没有形成有价值的技术专利，或者没有潜在地发挥作用，那么，实际上提出这个创业点子的人就不应该得到这个股权。

在创业时，迈出第一步是最难的，也是最关键的。如果某个创始人提出的想法已经有了眉目，比如已经开始申请专利，或者已经有一个演示原型，或者已经有一个产品的早期版本，或者已经出现其他对吸引投资或贷款有利的事情，那么这个创始人可以额外得到5%～25%不等的股权。

某个创始人若要担任公司CEO，那么其持有的股权应该增加5%。CEO作为对公司贡献最大的人理应拥有更多的股权。一个好的 CEO 对公司的作用很大，所以担任 CEO 职务的人股权应该多一点。

很多合伙创业者，他们有的创始人是全职进行创业的，而有的创始人则属于兼职，那么全职创始人的股权应增加 200%。因为全职创始人工作量更大，冒的风险也更大。

信誉对创业者来说也是最重要的资产。如果某人是第一次创业，而他的合伙人曾经参与过风险投资并且成功地做了一些项目，那么这个合伙人比创始人更有投资价值。所以，在某些极端情况下，某些创始人会让投资人觉得非常值得投资，这些超级合伙人基本上消除了“创办阶段”的所有风险，所以最好在这个阶段为他们增加 50% ~ 500% 不等的股权。

对于现金投入的股权分配情况，可以按照投资人的投资比例确定。若某个合伙人在前期投入的资金很多，那么这个合伙人应该获得更多的股权。因为创业初期的投资风险往往是最大的，所以应该获得更多的股权。

最后是计算股权。如果甲、乙、丙三个创始人最后的股权分别为 200、150、250，那么他们三个人的股权总数为 600，甲、乙、丙的持股比例分别为 33%、25%、42%。

上述对创始人股权分配的各种情况做了详细介绍，在具体的实施过程中，合伙人还要在协商以后确定具体的分配额。

(2) 员工股权

在一些创业公司中，有些创业者希望把员工当作合伙人，通过分配股权给予员工激励。这样做虽然能起到一定的激励作用，但是也有不妥的地方，一是过早地分散了股权；二是大多数员工更希望得到稳定的收入，而不是未来可能增值的股权，所以，员工的管理问题不应单纯地用分配股权的方式来解决。

近些年，向员工分配股权的合伙人公司中最有名的就是万科了。万科 2500 多名骨干员工持有公司超过 4% 的股票，成为万科第二大股东。万科通过使员工成为合伙人的经营模式，更好地实现了投资人和员工之间的利益分享。这些拥有万科股权的职业经理人和事业合伙人以二合一的身份存在于公司，既为公司打工，也为自己打工。通过这种模式，万科将员工本身的利益和公司的利益联系在一起，所以，员工会把公司的利益看得更重，更努力地为公司工作。

真格基金的创始人徐小平说：“合伙人的重要性超过了商业模式和行业选择，比你是否处于风口更重要。”奇虎 360 的创始人周鸿祎从一开始就推出了员工持股计划，最初员工持股比例高达 40%，经过几轮稀释后在上市前降到了 22%。这个比例在如今的互联网公司中已经算高的了。

(3) 众筹股权

在讲众筹股权之前，我先解释一下什么是众筹。众筹是指通过互联网发布筹款项目并募集资金。这种新的融资方式相对于传统的融资方式而言更为开放，项目的商业价值也不再是能否获得资金的唯一标准。只要是网友喜欢的项目，都可以通过众筹方式获得启动项目的第一笔资金。这种融资方式为更多小本经营或创业的人提供了无限的可能。

然而，股权众筹的股东数量并不是无限制的，因为根据《公司法》的规定，有限责任公司的股东不能超过 50 人，非上市的股份有限公司股东不能超过 200 人。法律对公司股东人数的限制，导致大部分众筹股东不能直接出现在公司工商登记的股东名册中。针对这一问题，我在下面提供了两种常用的解决方案。

①委托持股

委托持股也叫代持股。通过众筹方式投资的股东，有时因为《公司法》的限制而不能出现在公司工商登记的股东名册中，这时几个乃至几十个隐名的众筹股东就要与一个实名股东分别签订代持股协议，代表众筹股东持有众筹公司股份。在这种模式下，众筹股东并不亲自持有股份，而是由某个实名股东代持股份，并且在工商登记中只体现出该实名股东的身份。中国法律会保护真实股东的合法利益，也就是说，即使在股东名册中没有出现众筹股东的名字，只要有协议证明众筹股东是真实的出资人，其权益也是可以被保障的。

②持股平台持股

持股平台持股的操作步骤是公司创始人先建立一个持股平台，假设现在有 30 个众筹股东做这个持股平台的投资人，他们把资金投入持股平台；然后，持股平台再把这笔资金投入众筹公司，这时持股平台就是众筹公司的股东，而这 30 个众筹股东的权益也就通过持股平台体现出来了。持股平台可以是有限责任公司，也可以是有限合伙人，二者对众筹股东来说都承担有限责任。按照《中华人民共和国合伙企业法》（以下简称《合伙企业法》）的规定，通常普通合伙人参与管理，而有限合伙人不参与管理。这样，众筹发起人就能以其普通合伙人的身份管理和控制整个持股平台，进而控制持股平台在众筹公司的股份，实际上也就控制了众筹股东的股份。

公司创始人通过股权分配方式，把股权分配完之后，还必须签订相应的股权兑现合同，否则股权的分配就没有任何意义。也就是说，按照创始人在公司工作的年数、月数，逐步将股权兑现给合伙人。其实道理很简单，就是按劳分配。在合同有效期内，如果你履行了相应的职责，那么公司就应该将你的股权兑现给你；如果你没有履行相应的职责，那么股权就应该兑现给真正给公司做出贡献的人。股权兑现的常规期限是 4 ～ 5 年。比方说，在工作满一年后兑现 25%，然后可以每月兑现 2%。

其实，签订股权兑现合同也是对创业公司和合伙团队自身的保护。未来谁也无法预料，谁也无法保证几个合伙人会一直做下去。前车之鉴已有很多，一些合伙人都是在合作了几年后因为某种原因而导致关系破裂的，这时肯定就会面临分家的局面。所以，只有提前约定好股权分配原则，在分家时才不至于互相扯皮。很多人都不想看到这样的情景：两个创始人辛苦了 5 年，终于做出了成绩，而另一个只干了 3 周就离开公司的原创始人，在 5 年后回来说公司 25% 的股权是属于他的。所以，在某些合伙人要退出合伙关系时一定要签订合同，以免发生类似上面的情况。

2. 案例解析

在世界 500 强公司中，有很多公司刚开始都是以合伙的形式创业的，而且它们还有一个共同点，就是在起初创业时就已经做好了股权分配。

苹果公司是由乔布斯、沃兹尼亚克、韦恩合伙创立的，在成立之初，其股权分配比例分别是乔布斯 45%、沃兹尼亚克 45%、韦恩 10%。谷歌公司的创始人佩奇和布林，他们起初的股权分配比例是每人各 50%。Facebook 的创始人是扎克伯格、萨维林和莫斯科维茨，他们三个人的股权分配比例分别是 65%、30%、5%。

苹果电脑是由沃兹尼亚克开发的，乔布斯的股权之所以和沃兹尼亚克的股权一样，是由于沃兹尼亚克生性内敛，习惯于一个人工作，而乔布斯不但是个营销天才，而且拥有领导力，对公司的未来很有信心，激情四射。当时沃兹尼亚克只愿意兼职为苹果公司工作，后来在乔布斯和他的朋友、家人的百般劝说下，他才同意全职工作。至于韦恩，他之所以拥有 10% 的股权，是因为当时乔布斯和沃兹尼亚克两人在运营公司方面完全是新手，需要韦恩的运营经验。不久后，韦恩由于厌恶承担风险，很快就退股了。

苹果公司当年实行的是单一股权结构，同股同权。在苹果公司上市后，乔布斯的股权下降到了11%。由于乔布斯在董事会里没有找到铁杆盟友，因此后来面临被踢出局的局面。

谷歌公司从找到天使投资人到A轮融资差不多用了一年时间。当年，硅谷著名风投公司KPCB和红杉资本各注入谷歌公司125万美元，分别获得了10%的股权。2004年，谷歌公司在创立6年后上市，近2000名员工获得配股。谷歌公司在上市时重拾美国资本市场消失已久的AB股模式，佩奇、布林等公司创始人和高管持有B类股票，B类股票每股表决权等于A类股票10股的表决权。

2012年，谷歌公司为了增发新股，又增加了不含投票权的C类股。这样，即使总股本继续扩大，创始人减持了股票，佩奇、布林等创始人也不会丧失对公司的控制力。2015年，虽然佩奇、布林等创始人所持有的谷歌公司的股票将低于总股本的20%，但仍拥有近60%的投票权。

Facebook是由扎克伯格开发的，而扎克伯格是一个意志很坚定的领导者，所以在当时他占有65%的股权，而萨维林懂得如何把产品变成钱，所以他占有30%的股权，而莫斯科维茨则在增加用户方面做出了一些卓越贡献，所以他占有5%的股权。

不过，公司前期对萨维林的股权分配为日后埋下了隐患。因为当时萨维林不愿意和其他两个人一样中止学业全身心地投入新公司，而他又占了将近1/3的股权，因此，当莫斯科维茨和新加入公司但创业经验丰富的帕克对公司的贡献与日俱增时，萨维林的股权就只能被减少，以增加后两者的持股，而萨维林当时则以冻结公司账号作为回应。

在Facebook完成A轮融资后，公司根据每个人对公司的贡献重新分配了股权，当时萨维林的股权降至不到10%，这时怒火中烧的他将昔日的合作伙伴告上了法庭。萨维林主张满足广告商的要求，让公司赚更多的钱，但扎克伯格的理念是“让网站有趣比让它赚钱更重要”。虽然萨维林的观点从短期来看是完全正确的，但他这么做不可能把Facebook变成一家伟大的公司。对此，扎克伯格非常清楚。

Facebook之所以存在股权分配问题，原因在于它前期没有像苹果公司和谷歌公司那样早一点寻找天使投资人。实际上，在公司确定产品方向之后，就需要天使投资人帮助自己把产品和商业模式确定下来，避免为了立即赚钱而将公司引入歧途。后来，Facebook也找了天使投资人彼得·泰尔，他是帕克的朋友介绍的。当时彼得·泰尔为Facebook注资50万美元，获得了10%的股权。随后，Facebook的发展可谓一帆风顺，不到一年时间就进行了A轮融资——阿克塞尔公司为其投资了 1270 万美元，此时公司估值 1 亿美元。

2012 年，此时公司已经成立 8 年，在时机成熟之际，Facebook 上市。Facebook 上市时同样使用了投票权 1:10 的 AB 股模式，这样，扎克伯格一人就拥有 28.2% 的表决权。此外，扎克伯格还和主要股东签订了表决权代理协议，在特定情况下，扎克伯格可代表这些股东行使表决权，这意味着他掌握了 56.9% 的表决权。

制定股权分配方案对创业团队而言是非常重要的，它能有效地避免合伙人以后的纠纷。随着公司的不断壮大，资本需求也会越来越大，后续融资更是不可避免的。然而，在引进资金及经验丰富的运营人才时必须给予其股权或期权，而这些都会稀释创始人的股权。虽然创始人的股权被稀释，但谁也不愿意像乔布斯一样，被自己亲手创建的公司赶出来。那么，如何避免这种情况发生呢？那就要采用双层股权结构，即表决权和分红权分离。

虽然我国《公司法》规定同股同权，不允许直接实施双层或三层股权结构，但允许公司章程对投票权进行特别约定（有限责任公司），允许股东在股东大会上将自己的投票权授予其他股东代为行使（股份有限公司）。

总之，对股权分配问题的处理是一种博弈，是不同角色之间的讨价还价。至于具体如何分配，没有一个标准答案，这要根据每个公司的具体情况而定。

10.8　经营权划分方法

公司的经营权是指经营者掌握对公司法人财产的占有、使用和依法处置的权利。公司只有在拥有公司法人财产的经营权之后，才能根据市场的需要独立做出公司的经营决策，自主开展生产经营活动，及时适应市场变化。

公司经营权的实现方式包括制承包、租赁制和公司制三种。根据市场经济体制的要求，公司必须建立自主经营、自负盈亏的公司制度。在现代公司制度中，在所有权和经营权分离的基础上，公司可以获得经营自主权。

要想更好地了解经营权，你还要清楚公司的经营权有哪些特征，其主要内容如下。

（1）经营权的主体不再是自然人，而是经济组织，尤其以公司法人为主。

（2）经营权的客体不再局限于土地及其之上的附着物，而是包括全部的有形财产和无形财产。

(3) 经营权的效益实现不只来源于客体本身，还来源于客体以外。

(4) 经营权的行使不仅仅直接作用于物质资源，比如耕种土地、居住房屋、穿行邻地，还包括现代广义的资产经营行为。

(5) 所有权人的利益更为密切地与经营权人联系在一起。

(6) 经营股权的分配比例是按照职责、岗位来确定的，而不是按照人来确定的。

通常情况下，经营权属于所有者本人，但也可以根据法律、行政命令和所有者的意志将经营权转让给他人，这种转让是合法的，应受到国家法律的保护。

合伙经营的经营权又该如何分配呢？一般来说，经营权的分配主要由合伙人之间协商确定，可以通过签订协议的方式对公司的股权比例、经营权、分红、管理等做详细的约定。

10.9 异议处理规则与方法

对于多人合伙投资的公司，首先要明确谁是法定代表人，谁说了算，在出现不同意见和分歧时该怎么处理等问题，只有解决了这些问题，公司才能走得长远。

下面通过一个案例说明一下公司股东的话语权该如何确定。

××有限责任公司共有5位股东，其中一位股东占有公司65%的股份，因为公司75%的启动资金都是由他提供的，其余的资金则是由另外4位股东提供的。然而，这位大股东仗着自己有钱，在公司占有的股份多，表现得非常霸道，他把持着公司的财政大权。针对这种情况，公司其他的股东应该怎么办？

针对上述问题，该公司的其他股东首先要明确，只要是公司的股东，不论大小，都对公司的经营有知情权和获得红利分配的权利，而且每个股东都有权向公司提出查阅会计账簿的申请。公司若拒绝提供查阅，则股东可以请求人民法院强制要求公司提供查阅。其次，该公司的这个大股东具有侵犯公司财产权的行为，其他股东应自行搜集相关证据，以股东的名义提起侵权诉讼。

总而言之，作为公司的股东，要依法办事，只有这样才能维护自己作为公司股东的权利。

当合伙人对他人执行的事务提出异议时应如何处理呢？对于这个问题，《合伙企业法》第二十九条做出了具体规定：合伙人分别执行合伙事务的，执行事务合伙人可以对其他合伙人执行的事务提出异议。提出异议时，应当暂停该项事务的执行。

根据上述规定，当某个合伙人对他人执行事务的行为提出异议时，被异议人应立即中止对该事务的执行。如果被异议人对异议人的意见表示认同，则应按照其意见予以纠正或终止该事务的执行；如果被异议人对异议人的意见不认同，则应要求全体合伙人共同决定。全体合伙人如果认定被异议人的行为为越权或其他不正当行为的，被异议人应自觉予以纠正；全体合伙人如果认定被异议人的行为为正当行为的，则应依多数合伙人的意见恢复被异议人对该事务的执行，即使异议人有不同意见，也应予以保留。

在合伙企业中，所有合伙人的地位都是平等的，为防止个别合伙人坚持己见，对抗监督，我国《合伙企业法》还规定：受委托执行合伙事务的合伙人不按照合伙协议或者全体合伙人的决定执行事务的，其他合伙人可以决定撤销该委托。

另外，在合伙开公司前还要为可能发生的冲突预先制定协议。在合伙企业中，合伙人很容易对某项事务存在不同的意见，或者因为某项事务发生冲突，这都是很现实的问题，也是不可避免的问题。所以，合伙人要事先想好一旦和搭档发生冲突该如何处理；同时应建立一套一般程序来处理预料之外的矛盾或突发事件。

公关界的龙头老大——蓝色光标，它是由 5 个人合伙创立的公司。虽然这 5 个人的友好合作使蓝色光标逐渐成为国内最大的公关公司之一，但在这条道路上，他们每个人都有自己的想法，所以也有过很多分歧。

1999 年，蓝色光标创立了第二家公关公司：智扬公关。然而到了 2000 年，在互联网泡沫破灭之后，蓝色光标的客户群体集体进入低迷期，公司的业务受到较大影响。同时，蓝色光标的 5 个合伙人发现，在蓝色光标的规模变大之后，其利润率反倒不如从前了。

对于当时的境况，赵文权说："我们发现，公司在 30 ~ 40 人的规模时是最赚钱的，一旦规模大了，就不一定有规模效益了。"当时，蓝色光标的 5 个合伙人对于公司如何走下去，在董事会上有过多次争论。有的合伙人主张开一些更赚钱的小公司，一个一个开，虽然每一个都不大，但是利润率很高。

开小公司的想法让部分合伙人也有过犹豫，赵文权认为："从赚钱的角度看，这样最合算。"但他不同意这样做，他认为只有做大蓝色光标，公司才有价值。最后，该项提议因为赵文权的反对而作罢。

孙陶然认为现在中国的服务业“没什么机会”，所以他提出要做实业。因为此前孙陶然与其他人合办的恒基伟业，推出的掌上电脑“商务通”风靡市场，所以他觉得做实业比较踏实。当时，其他合伙人中有些对孙陶然的提议表示赞成，不过，这项提议最后因为有一个合伙人坚决反对而同样被放弃。

蓝色光标自创立以来，一直坚持“一票否决”的原则，这是他们在创业前期定下的规则之一。赵文权笑着说：“我们是多数服从少数。”在蓝色光标，任何事情，只要有一个合伙人不同意，就得放弃。“这样的规则避免了由于某一人头脑发热提出不合时宜的建议而引起争议的情况发生。”

2002 年，重返蓝色光标的赵文权调整公司战略布局，使公司业务不再局限于 IT 领域。蓝色光标的业绩也随之出现较快增长，2004 年营收增长将近 100%。后来，赵文权和孙陶然认为蓝色光标若要发展，则必须上市融资，所以他们想尽一切办法全力推进这件事。“并不是所有人都同意。”赵文权说有个别合伙人认为蓝色光标没必要上市。在合伙人之中，有两个人坚决让公司上市，有一个人不同意，其他人则不表态。

赵文权为了说服这位合伙人，在董事会上反复阐释：“不上市，一切无从谈起。只有上市，才能去做并购，把蓝色光标做大。”最后，这位合伙人终于被他说服了。有人问赵文权是如何说服这位合伙人的，他说：“主要靠讲道理。”

2010 年 2 月 26 日，蓝色光标正式在创业板挂牌交易，5 个合伙人一同出现在深圳证券交易所，这是他们第一次在公众面前同时露面。在公司上市之后，赵文权经常一个人代表蓝色光标出席各种活动。孙陶然认为他是蓝色光标的领军人物。在过去的 17 年里，蓝色光标的 5 个创始人组成的合伙关系颇为牢固。

蓝色光标的 5 个创始人，他们的兴趣和性格迥异，孙陶然是这 5 个人中最为活泼之人；赵文权更理性一些，只喜欢打牌或宅在家看历史书；吴铁最为保守；许志平与陈良华都喜欢宅在家里看书，不喜欢玩。许志平不苟言笑，但性格温和，有耐心，各种书都看，喜欢玩各种拼图。陈良华是个学者型的人，性格较“倔”，只看对自己有用的书。这 5 个人除了工作，其他时间很难聚在一起。赵文权透露，他们 5 个人合伙创业 17 年，只在一起吃过一次饭。那是 2010 年春节，蓝色光标即将上市，为了庆祝此事，他们在一起吃饭过年。

赵文权还介绍道：“我们之间的私人交往并不多，每次开完会就各自回家。”但在他们之中，两人之间的私下交流却不少。许志平与陈良华之间有一些共同话题；赵文权与孙陶然是好友，二人常在一起玩，都喜欢打牌；吴铁因为与赵文权曾是邻居，所以他们的互动也不少。“我们很熟，但并不是那种兴趣相投的朋友，我们是志同道合的合作伙伴。信任彼此，但不是密友。”孙陶然如此描述 5 个人之间的关系。

对此，赵文权认为，正是因为他们每个人之间不是特别亲密，互相之间保持了某种距离，所以，在创业过程中避免了各种摩擦与矛盾。

在我国，朋友之间、兄弟之间合伙创业的案例有很多，但最后的结局大多不是很好，他们往往会关系破裂，甚至同室操戈。例如，1991 年，“万通六君子”王功权、冯仑、刘军、王启富、易小迪和潘石屹共创海南万通，平均分配权益，但在 4 年之后，其中有 5 个人相继离开。还有，华海药业公司的大股东陈保华与二股东周明华同窗创业，在公司上市之后却因为利益分配不均，数度上演对垒闹剧。

对此，赵文权总结：“通常我们看到合伙人之所以分裂，有两个重要的原因，一是合伙人对公司发展的理念不同，二是利益分配不均。几乎所有的中国合伙人都会出现这样的情况。”蓝色光标的合伙人与之不同的是，他们从一开始就建立了一套规则，并且始终小心翼翼地维护着这个规则，哪怕它是不公平的。同时，蓝色光标 5 个合伙人并不都在一线，所以不可能出现业务上的冲突。

10.10　如何完善退出机制

在公司运营过程中，当合伙人因个人原因或其他原因退出合伙关系时，一旦处理不当，轻则会使公司陷入困境，重则会使公司倒闭。所以，很多事情需要合伙人提前以书面形式约定好，分阶段将退出机制完善成熟。

1. 设置股权成熟制度

股权成熟制度通常表述为“创始人同意，只要创始人持续全职为公司工作，其所持有的全部公司股权自本协议生效之日起分 4 年成熟，每满 2 年成熟 50%。如果从交割日起 4 年内创始人从公司离职（不包括因不可抗力而离职的情况），创始人应以 1 元的象征性价格或法律允许的最低转让价格将其未释放的股权转让给投资人或投资人指定的主体。”

股权成熟制度可以有效防止创始人突然从公司离开而带走大部分资金的情况

发生。

股权成熟制度涉及 CEO、COO 等创业者管理层所分配到的股权。比如，公司给 COO 分配了 20% 的股权，他最初信心十足，决心把事情做好，把公司做到上市。可是，一年后，这位 COO 却被其他公司挖走了。那么，此时会出现两种情况：一是公司没成功，这位离开的 COO 一定会回来要求退股；二是公司成功了，这位离开的 COO 没做任何贡献却要分走公司 20% 的红利，这就会导致不公平。为了避免发生这种情况，股权成熟制度就诞生了。

设置股权成熟制度对创业公司有两个好处：第一，公平，有付出才有收获，坐享其成是不被允许的；第二，有利于创业公司吸引新的人才。如果你不做 COO，公司自然要找别人做 COO。如果人家看到公司的股权已经分配完，而且前 COO 还占有那么多股权，人家就不会愿意进来，这种情况需要由股权成熟制度来避免。

另外，股权成熟制度并不影响创业者的分红权、表决权和其他相关权益，所以创业者应当在融资之前做好设置股权成熟制度的准备。

2. 对合伙人退出并撤资的处理

公司在创立初期，其风险承受能力特别弱，一旦出现大的波动，就容易倒闭，所以合伙人退出机制的设置十分必要。

一般情况下，合伙人在公司创业前半年退出并撤出资金，是公司倒闭的最直接因素。对于这种情形，可以允许合伙人退出，但是资金不能完全撤出。一旦允许资金全部撤出，其余合伙人的现金流压力就会急剧增大。撤出资金时必须约定一定的比例，原则上撤出比例不超过 50%。当然，对于余下的 50%，合伙人可以以商业借贷或股份的形式具体协商处理。

3. 对技术入股撤股的处理

公司在创立前期，技术入股的合伙人一旦撤股，公司就无法及时找到替代人员，很容易面临困境。所以，对于技术入股的合伙人，如果他们要退出，那么公司必须在找到合适的替代人员后，再允许其撤出。

所以，对于此类撤股的情况，合伙人还是要提前约定具体的处理办法，技术入股撤股的处理办法如图 10-6 所示。

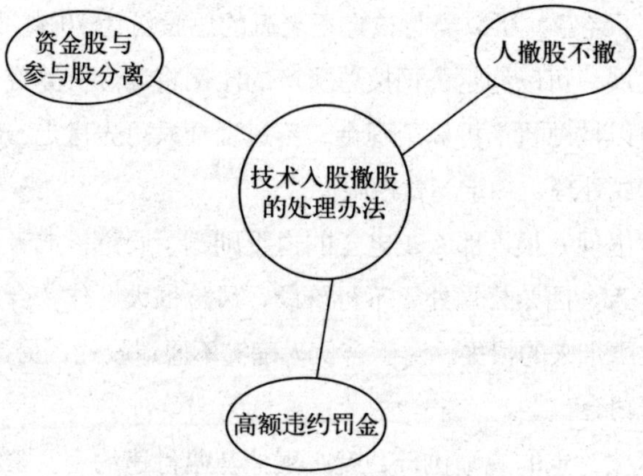

图 10-6　技术入股撤股的处理办法

（1）资金股与参与股分离

在合伙初期，因为合伙人对公司的前景比较看好，所以股权分配得相对简单。然而，正是不恰当的股权分配，给公司以后的发展埋下了很大的隐患。如果合伙人中有的出资人的出资比例高，那么按照惯例，其被分配的股权比例也会很高。然而，后期一旦公司快速发展，合伙人之间就容易产生矛盾。其他合伙人虽然付出的同样多，但由于出资较少，以致所分配的股权也少。这样就会导致股权分配差距过大。

所以，此时必须将资金股与参与股分离。假如你和王老五成立了一家公司，总投资 100 万元，王老五出资 70 万元，占股 70%，作为合伙人的你会同意吗？显然这是不可接受的，不是因为自己占股较少，而是因为这种股权分配方式不利于合伙人长期合作。这时你可以和王老五协商，他的股权由两部分组成，一是出资股，二是参与股。如果王老五出资 70 万元，那么他的股权可以这样分配：出资股（40%）+ 参与股（15% ~ 30%）。具体参与股是多少，创始人可以制定一定的标准进行估算。尽管这样看来，王老五的总股份和之前差别不大，但是这样不仅能提高参与者的积极性 / 参与度，也免去了其他合伙人心理上的不公平感。

（2）人撤股不撤

人撤股不撤，也就是说一旦合伙人离开，股份必须转让给其他合伙人或重新进行股权分配。这完全是出于对公司发展的考虑，这样做或许对退出者有些不公平，但是世上没有绝对的公平，所以只能给出一个相对公平的建议。

如果经营盈利，那么其他合伙人可以进行溢价回购。例如，王老五当初投入

700 万元，并参与了经营。所以当时核定王老五的总股份为 70%。如果公司现金流大，又想稳定发展，可以约定公司按总资产的比例将现金折算给王老五。如果现金流紧张，也可以按总资产折算给现金，不过现金只可先撤走一部分，另一部分以商业借贷的方式处理，约定还款期限。

如果公司经营出现亏损，那么王老王的退股则不予同意，或者让其将股份低价转让给其他合伙人。因为公司处于下行阶段，风险很大，作为合伙企业的退出方也应当承担风险所带来的损失。对于合伙人确实不愿退股的，另行商议。

(3) 高额违约罚金

如果合伙人不按约定的规则执行，就必须让其赔付违约金。赔付标准不宜过低，赔付额必须高于其退股所带来的损失额。一旦出现退股纠纷，就可做到有章可依，以保障所有合伙人的权益。

10.11 合伙协议模板

合伙协议是公司（企业）对协议 / 合同的订立、当事人的权利义务关系、协议的履行等问题提供法律依据的凭证。合伙协议模板如表 10-1 所示。

表 10-1 合伙协议模板

合伙协议

合伙人：

姓名：________________，性别：________，年龄：________，住址：______________

（其他合伙人按上列项目顺序填写）

第一条 合伙宗旨：____

第二条 合伙经营项目和范围：____

第三条 合伙期限

合伙期限为_____年，自_____年____月____日起，至_____年____月____日止。

第四条 出资额、方式、期限

1．合伙人___________（姓名）以___________方式出资，计人民币___________元。

（其他合伙人按顺序依次列出）

2．本合伙出资共计人民币___________元。在合伙期间，各合伙人的出资为共有财产，不得随意请求分割，合伙终止后，各合伙人的出资仍为个人所有，至时予以返还。

第五条 盈余分配与债务承担

1．盈余分配：以________为依据，按比例分配。

2．债务承担：合伙债务先由合伙财产偿还，合伙财产不足清偿时，以各合伙人的________

续　表

为据，按比例承担。

第六条　入伙、退伙、出资的转让

1．入伙：（1）须承认本协议；（2）须经全体合伙人同意；（3）执行协议规定的权利和义务。

2．退伙：（1）需要有正当理由方可退伙；（2）不得在合伙不利时退伙；（3）退伙须提前 ____ 个月告知其他合伙人并经全体合伙人同意；（4）退伙后以退伙时的财产状况进行结算，不论以何种方式出资，均以金钱结算；（5）未经合伙人同意而自行退伙给合伙造成损失的，应进行赔偿。

3．出资的转让：允许合伙人转让自己的出资。转让时其他合伙人有优先受让权，如转让合伙人以外的第三人，第三人按入伙对待，否则以退伙对待转让人。

第七条　合伙负责人及其他合伙人的权利

1．____________ 为合伙负责人，其权利：（1）对外开展业务，订立合同；（2）对合伙事业进行日常管理；（3）出售合伙的产品（货物）、购进常用货物；（4）支付合伙债务。

2．其他合伙人的权利：（1）参与合伙事业的管理；（2）听取合伙负责人关于业务情况的报告；（3）检查合伙账册及经营情况；（4）共同决定合伙重大事项。

第八条　禁止行为

1．未经全体合伙人同意，禁止任何合伙人私自以合伙名义进行业务活动；其业务活动若获得利益则归合伙，若造成损失则按合伙实际损失赔偿。

2．禁止合伙人经营与合伙竞争的业务。

3．禁止合伙人再加入其他合伙。

4．禁止合伙人与本合伙签订合同。

5．如合伙人违反上述各条规定，应按合伙实际损失赔偿。劝阻不听者可由全体合伙人决定除名。

第九条　合伙的终止及终止后的事项

1．合伙因以下事由之一须终止：（1）合伙期届满；（2）全体合伙人同意终止合伙关系；（3）合伙事业完成或不能完成；（4）合伙事业违反法律被撤销；（5）法院根据有关当事人请求判决解散。

2．合伙终止后的事项：（1）即行推举清算人，并邀请中间人（或公证员）____________ 参与清算；（2）清算后如有盈余，则按收取债权、清偿债务、返还出资、按比例分配剩余财产的顺序进行。固定资产和不可分物，可作价卖给合伙人或第三人，其价款参与分配；（3）清算后如有亏损，不论合伙人出资多少，先以合伙财产偿还，合伙财产不足清偿的部分，由合伙人按出资比例承担。

第十条　纠纷的解决

合伙人之间如发生纠纷，应共同协商，本着有利于合伙事业发展的原则予以解决。如协商不成，可以诉诸法院。

第十一条　本协议自订立并报经市场监督管理机关批准之日起生效。

第十二条　本协议如有未尽事宜，应由合伙人集体讨论补充或修改。补充和修改的内容与本协议具有同等效力。

第十三条　其他：________________

续 表

第十四条　本协议正本一式 ____ 份，合伙人各执一份，送 __________ 各存一份。 合伙人：__________　____ 年 ____ 月 ____ 日 合伙人：__________　____ 年 ____ 月 ____ 日

表 10-1 中所提供的合伙协议模板仅供大家参考。大家在签订合伙协议的具体过程中，还需要参照公司的具体情况，对合伙协议的内容做相应的调整。

第 11 章　业务开发：如何快速突破信息差

在信息泛滥的时代，如果不能更快地获取优质的信息资源，那么从制定策略到行动整个过程都会落于人后。如何突破信息差在很大程度上决定了创业者能否成功。那么，如何才能快速突破信息差，加快公司的业务开发进程呢？

本章分析了信息差导致的现状，讲解了如何从资源整合入手来突破信息差的困境，通过介绍一些资源整合的方法，帮助创业者少走弯路，更快更好地发展公司。

11.1　为什么有人亏钱，有人赚钱

虽然很多创业者或创业公司都做着同样的事情，但是有些能做大做强，而有些则惨淡收场，为什么同样都是创业却会有如此大的反差？很多人觉得是领导者、工作团队的问题，但归根结底，在这个信息为王的时代，创业的成败来源于信息差。

信息差，即信息不对称，是当今时代非常容易出现的情况。尽管现在的信息渠道十分丰富，各种信息都在扩散，但是由于每个人所使用的平台不同、接收到的信息量不同，再加上个人的知识储备量不同、过滤的能力不同，因此最终得到的信息也不同。

通过收集分析这些信息，创业者可以利用其中的信息差，选择有利的方向，做出对公司有利的决定。依靠这种方式，创业者及其领导的公司便能成为同行业中的佼佼者，若能一直保持这种优势，便能始终快人一步，抢占商机。

拥有充足的信息，可以帮助创业者掌握优质的资源，享受资源的优先调配。相反，由于所知信息的局限性，创业者会主动或被动地进入思维误区，无法觉察到自己行为的不合理，以致最终做出错误的抉择。

信息不对称实际上是一种双方不均等的状态，其中掌握较多资源、占据主导优势的一方居高临下，可以控制话语权，而信息量较少的一方，只能处于被动局面。一旦优势方截断信息流，对被动方施加影响，二者的差距就会越来越大。

创业者应多锻炼自己的思辨能力，对一件事情、一条信息应始终保持辩证思维，这样才能更有效地对其进行处理。当创业者拥有了强大的信息处理能力时，便可以对一条信息举一反三，即使在信息不对称的情况下，也依旧能扭转劣势，做出正确的决定，采取行之有效的应对方法。

在创业过程中，很多东西都需要创业者去学习，而创业能否成功则取决于创业者个人的努力与坚持。很多创业者会受环境或公司状况的限制，选择一些能迅速取得短期收益的路径，但是长此以往，创业者就会逐渐丧失思辨能力。

当创业者提升思辨能力时，便能在公司运营及产品策划中引入新的观念，引导员工开拓新的思维方式。

创业者如果知道自己想要什么，并且对未来也有清晰的规划，就可以利用所获得的信息降低成本，使自己更强大，那么最终取得成功也是自然而然的事情。

11.2 突破信息差的根源在于资源整合

处于信息时代，创业者若因信息不对称而无法对市场做出准确的评估，无法得到精确的数据，就会造成很多严重的后果。越是处于信息发达的时代，创业者就越容易被铺天盖地的信息所迷惑，不知道该如何整理、运用这些信息。

为了整合信息资源，充分把握信息的时效性，创业者应该具备获取信息、加工信息、利用信息的能力。

(1) 信息获取能力是指创业者有效地收集信息，并在有利信息与不利信息中进行筛选的能力，足够充足的信息源是解决信息不对称问题的基础。

(2) 信息加工能力是指创业者对筛选后的信息进行梳理、加工、优化的能力，其中包括对信息的理解、分析、评论等能力。如今每天的信息量都在爆炸式增长，为了从真假难辨、杂乱无章的庞大信息库中甄别出质量高的信息，需要创业者耐心而精细地对信息进行整理及深加工，只有这样才能挖掘其中所蕴含的价值。

(3) 信息利用能力是指创业者将所加工的信息和当前的形势进行结合，经过分析、综合而转换成新信息的能力。对信息进行收集和加工是为了最终对信息加以有效利用，帮助创业者洞察消费者的需求和市场的变化。信息利用能力不仅是信息资源整合能力的具体体现，也是检验信息整合能力的一个重要标准。

那么，资源整合的方式有哪些呢？总结起来有如下几种：

1. 资源共享

资源共享就是将自己独有的资源与他人共享，根据资源的重要程度，创业者可以选择有偿共享或无偿共享。资源共享可以充分提高现有资源的利用率，与合作方实现优势互补。

没有任何一个企业可以拥有所有的资源，不同的企业都有自己的"王牌"。哪怕是同一个资源，由于角度不同、渠道不同，不同的企业也能从中挖掘出不同的信息，占据相对的优势。因此，企业之间的资源是可以互补共享的。

还有一些资源是企业自身固化在组织内部的，如营销渠道、市场经验等，对企业自身来说不能流动交易，对他方来说无法通过市场获取。然而，一旦双方建立友好的合作关系，便能通过资源共享使其焕发出新的生命力。

2. 资源交换

蒙牛集团的创立者牛根生在创业时资源相当匮乏，但他如今却取得了很大的成就，其中固然要感谢创业者及员工们的辛勤付出，但最初他之所以能站稳脚跟，很大一部分原因在于他进行了资源交换。

对创业者来说，手中可支配的资源少甚至没有，都是常态，即使是如今站在金字塔尖的企业家，当初也会有困顿的时候。所以，为了实现发展目标，创业者要厘清自己手中可支配的资源，甚至用"空头支票"去交换自己所需的资源。牛根生在向农民承诺牛奶包销时知道自己一定会做到吗？他不会去想，他只能拼命去做，因为这是农民需要的，这就是他的资源。

3. 资源外包

随着现在社会分工的细化，出现了很多专职做某项工作的组织。资源外包也叫业务外包，它是指企业用外部最优秀的专业化资源，从而达到降低成本、提高效率、充分发挥自身核心竞争力和增强企业对环境的应变能力的一种管理模式。在签署外包合同后，公司将一些非核心、辅助性业务外包给专门负责的组织，让专业的人做专业的事。这样做不仅能提高公司内部的效率与竞争力，使公司更好地发挥自身的优势，也能降低公司的运营成本。

创业公司，尤其是初创公司，能找到并保持自身的核心优势已经很不容易，所以很难做到样样精通。资源外包不仅可以避开公司的短板，弥补自身能力的不足，还可以将资源集中到核心优势上，专心满足客户的需求，是一个双赢的决策。

4. 公司合资

创业者在运营公司时，不论遇到什么问题都要自己扛，风险很大，所以若能整合两个甚至多个公司的资源，则不但能充盈自身的实力，还能与其他公司分担风险、共同发展。因此，对创业者来说，合资经营也是一个不错的资源整合方案。

5. 联合研发

如今产品技术日益分散化，没有哪个企业可以长期拥有生产某种产品的最新技术。因此，大多数企业的对策是尽量采用外部资源，并积极创造条件以实现内外资源的优势相长。

新产品的开发很复杂，公司不能等灵光乍现才去做新产品，而要主动寻求创意，从研发、迭代进化到产品问世，其中需要花费大量的时间。但市场环境复杂多变，即使新产品成功面市，也很有可能无人问津，最终公司花费高额成本做出的新产品没有市场，创业者只能自行消化。

如果企业之间共同开发新产品，则既可以利用共同的资源，交流彼此的技术，也可以减少人力资源的闲置，共同攻克技术难题，制造新卖点、提高市场竞争力，而且在产品面市后还可以共同面对风险。

6. 联合调查

市场调查是获取信息的主要途径，但它的工作量大、专业性强，费用又极高。然而，如果公司之间能够联合起来做这件事，就能弥补前面的种种不足。

在寻找合作伙伴时，创业者应该选择目标客户相同但具体市场细分不同的公司。比如，生产儿童服饰的厂商，可以联合儿童玩具制造厂商、儿童食品制造厂商等，共同进行市场调查。

7. 渠道共享

渠道建设是公司运营中非常重要的一环，公司如果能找到合作伙伴，与其在渠道设计、中间商选择与调整等方面合作，就一定能决胜在终端。渠道共享可以将公司的销售口径大大拓宽，降低渠道的建设成本，给公司带来超越竞争者的优势。

通过渠道共享，公司可以借助共生伙伴的渠道将产品及时高效地送到消费者手中，这样就能在提高效率的同时降低成本。

11.3 如何收集同行业资源

要想收集同行业资源，创业者首先要对自身所处的行业有明确的认识。创业者可以从行业的市场价值、行业的市场集中度等方面检测自己对该行业的了解程度。

收集行业信息主要有两种方式：一是线上收集（比如，委托金融调查机构、投资机构或咨询公司等生成的行业报告，与行业相关的网站或论坛等社交网络上的帖子）；二是线下收集（比如，参加行业展会、峰会等线下活动，与相关从业者进行私下交流）。

1. 线上收集

如今，浏览器检索是很多人获取信息最便捷的方式，创业者也不例外。搜索国内信息可以使用百度搜索，搜索国外信息可以使用谷歌搜索。另外，还可以通过社交网络获取信息，比如从微博、微信公众号甚至朋友圈等找到相关信息。假设创业者的微信好友人数很多，即使这些人不全是他的客户，创业者也可以通过他们日常发布的朋友圈消息总结出行业的发展形势。

要想咨询更多的行业信息，创业者可以从以下网站进行搜索：BCG 的资源丰富，更新速度快；腾讯公司企鹅智库中的行业报告很丰富；阿里研究院以研究消费趋势为主。每个行业都有相关的媒体与权威杂志，它们可以帮助创业者了解最新的行业热点及未来的发展趋势。

论坛是行业内部交流的地方，所以在这里讨论的内容一定是大家都关注的，尽管帖子的质量可能参差不齐，但只要创业者细心挖掘，就一定能找到有用的信息。

另外，一些专业领域的媒体发布的内容也有很大的参考价值，比如，在创业类的媒体上可以了解创业方面的问题，有人会针对一些创业问题提出解决方案，不论其是否实用，总能打开一个新的视角。

2. 线下收集

行业峰会既是行业盛事，是旁观行业大佬们交流分享经验的平台，也是一个行业的指向标。

参加行业峰会可以听到行业大佬们对当下的见解，对未来的展望。行业峰会为创业者提供了巨人的肩膀，可以帮助创业者看到更远的风景。

遗憾的是，行业峰会的举办频率不会太高，更何况创业者每天都很忙，有时候时间也很难协调。

创业者也可以通过与同行或相关从业者进行交流来获取信息。从事同一个行业的公司有很多，并不都是竞争对手。例如，你公司与对方的细分领域不同，竞争的区域也不同，那么若能彼此合作，共享信息资源，就能让双方都获益。因此，与同行的私下交流也可以让创业者获益匪浅。

总而言之，收集同行业资源信息的方式有很多种，创业者需要在收集后对信息认真过滤、整理，最终筛选出优质的信息为己所用。

11.4 如何利用跨界资源做营销

跨界营销作为目前营销策略的新方向，不论它的手段、方法多么花样百出，其真实目的依然是加深顾客对品牌的印象。创业者需要强化品牌形象，提高品牌知名度，因此，在选择跨界资源时，创业者一定要慎重，盲目合作只会混淆客户对品牌的认知。

跨界营销横跨两个不同的领域，需要在满足彼此要求的基础上，将双方的优势资源最大限度地利用起来，达到强强联手的双赢效果。

在寻找跨界合作方时，创业者需要慎重挑选。自身品牌应与合作品牌有某种潜在的联系，例如二者的受众比较贴近或者客户有同样的潜在需求等。在合作之前，对合作方的调研是必不可少的，很多天马行空的创意背后都是由实在的数据支撑着的，没有任何决策是创业者可以随便制定的。

在选定合作方后，创业者就可以根据双方的特点及核心优势制定相应的营销战略，营销形式可以多样，但一定要贴近二者的品牌内核。

跨界营销的一个看点在于“反差”，很多意想不到的组合仅仅将名字放在一起，就很有话题度，进而在未上线前就能引爆流量。比如，气味图书馆（一个香水品牌）与大白兔奶糖的合作，童年时奶香的气味变成如今的香水，打出广告语“来点孩子气”，熟悉的配色移到了香水瓶上，不用打开便能闻到甜甜的奶香，让网友纷纷惊呼“一定要买”。

利用这样的创意，再加上一点花式营销，就能将品牌之间的“化学反应”展示给用户，这样一来，创意有了，流量也有了，二者合力满足了观众的需求。

当今市场产品同质化现象严重，所以吸引消费者的注意力就显得极为重要。很多老牌产品不断寻求新的突破就是为了带给消费者新鲜感，只有消费者看到产品后感兴趣，才有可能购买。创业者只有准确把握消费者的心理预期，才能将广告和创意做得恰到好处。

对很多品牌来说，跨界营销能够帮助它们打一场漂亮的翻身仗。它们能够利用跨界营销的资源整合来吸引流量、变现流量，从而实现盈利；如果品牌创意做得足够好，则还能赢得消费者的好感，带动下一次的消费。

将自身与合作方的品牌优势进行组合，打破常规的束缚，打造一个市面上未曾出现的新产品；或者将产品与文化相结合，实现产品内容的升华，进而顺势打造品牌的高端形象，都是跨界营销的好方法。

11.5 如何制定自己的代理模式或加盟模式

当创业者建立了自己的品牌，并且公司的发展态势良好时，创业者就可以制定自己的代理模式或加盟模式，邀请更多的人一起将品牌发扬光大。这时的品牌已经运作成熟，声誉良好，代理商或加盟商可以“坐享其成”，创业者也能扩大自己的影响力。

创业者需要明确代理和加盟的概念并不相同，创业者可以根据公司的产品及运营模式选择其中一种模式，或者各取所长，制定属于自己的模式。

代理是指在每个地区寻找相应的代理商，为代理商提供平台，但产品与客户都属于总公司，总公司有权撤换代理商。

加盟的双方则是互相独立的，总公司授权自己的品牌给加盟商，提供相对完整的指导，包括如何装修、如何进货、如何使用收银软件等。加盟商除了每年向总公司交纳一定的加盟费，其所得收入都是自己的。

创业者在制定代理模式或加盟模式时，先要确认自身的优势，不论是产品的独特性还是成熟的盈利模式，创业者都要找准公司的立脚点或者能吸引代理商或加盟商的优点，并将其展现出来。

比如，一家产后护理加盟店通过其个性化的服务模式，实现了盈利。该店通过提供定制化的护理项目，打破了传统的坐月子的方式，满足了客户的个性化需求。

只有找准项目的卖点，才能极大地提高招商的质量，创业者要向感兴趣的代理商或加盟商介绍该项目所在行业的优劣势，通过精准的分析、清晰的思路增加代理商或加盟商的信任感。

要做到这些，创业者需要提前做好准备，搜集行业数据、认真分析产业链，将整理的信息放在合适的框架中，在给代理商或加盟商讲解项目时做到有理有据，内容翔实，一步到位，赢得他们的青睐。

从代理商或加盟商的角度来讲，他们在选择代理或加盟某品牌时，肯定也想尽可能地降低风险，因此，公司的产品自动化、管理模式化，是吸引代理商或加盟商的亮点。

例如，某连锁加盟便利店采取线上线下相结合的经营模式，客户可直接从微信下单，操作简单。同时，该连锁加盟便利店还提供完善的、可复制的经营模式，将日用百货和社区服务两大模块的创收经验交给加盟商，以帮助他们汲取过往的成功经验顺利展开运营。

该连锁加盟便利店有一定的品牌保障，经常与阿里巴巴、京东等大型供应商保持着稳定的合作关系，因此不但货源广泛，产品多样，质量有保障，而且进货的成本相比一般供货商还能直接降低 5%，这样全面优质的供货渠道可以直接为加盟商开放，帮助他们轻松上手。

凭借自动化、模式化的经营优势，该连锁加盟便利店成功吸引了大批加盟商的目光。

第 12 章　财务平衡：左手现金流，右手利润率

企业就像一个人，而人能生存的前提条件是血液循环要顺畅，对企业来说，现金就是企业的血液，现金流就是企业的血液循环。企业要想生存，正常开展生产经营活动，就必须保证现金流顺畅。

狭义的现金是指企业的库存现金，广义的现金是指企业的全部货币资金，包括库存现金和银行存款。企业的一切经营活动都是从资金投入开始的，没有投入就没有产出，投入企业的资金需要不断周转，因此现金流就是企业的生命线。另外，创业者还要把握好公司的利润率，保持财务平衡。

12.1　180 天生存线

现在，越来越多的企业陷入经营危机，其中大多数都是因为现金流出现了问题，现金流一旦出现断裂，若不能尽快解决问题，企业就只能倒闭。

企业的运作必然离不开资金，债务、生产、营销等都需要资金，资金的流动支撑着企业的发展。买原材料需要资金，给员工发工资也需要资金，营销活动还需要资金。不管是日结、周结还是月结，都属于应付账款。企业需要的资金大部分来自月结账款，甚至季结账款，这就引出了一个概念，企业的 180 天生存线。

什么是企业的 180 天生存线？简单来说，就是企业现有的能使用的现金流量能满足企业不少于 180 天的运营，这 180 天不是上限，而是底线。这条线就是一道用于提醒创业者的黄线，一旦触碰到这条线，创业者就要提高警惕。

2019 年 1 月，四川一家纸业公司倒闭，资金链断裂，公司拖欠员工 3 个月的工资，导致工人罢工并堵门讨要工资，供应商也堵到公司门口。据供应商反映，这家纸业公司倒闭是因为公司欠了 1.9 亿元的外债，公司老板挪用资金投资了某高速公路的建设，才导致公司的资金链断裂。

无独有偶，依旧是 2019 年 1 月，杭州一家包装制品公司的老板失联，工厂陷入停产状态。据知情人士透露，该厂前段时间就出现过主要原材料缺货的情况。之所以工厂停产、老板失联，是由于老板前期投资房地产行业，建了一栋 9 层的

楼房，结果资金未能在预期内回流，从而导致公司的资金链断裂。

纸业公司是老板将公司正常运作的资金挪为他用，导致公司的资金链断裂；而包装制品公司是老板多元化经营，投资房地产，导致公司的资金链断裂。这两个案例都告诉我们，不管什么时候，也不管创业者有什么样的野心，创业者一定要为自己的企业保留180天的现金流，这是企业的生存线。

有了这180天的缓冲期，即使企业面临资金危机，也有时间去融资或寻找合作伙伴，这样就有机会把企业救活，而不是在面对危机时毫无招架之力。

企业经营需要保证现金流顺畅，现金流是保证企业生存的前提条件。当企业面临180天生存线的时候，最好的做法是开源节流，减少支出，无论是裁员还是寻找合作伙伴，都要以保证企业能活下来为主。

12.2 90天死亡线

现金流危机犹如企业内部的毒瘤，会使企业陷入绝境，上文中提到的案例就很好地证明了企业缺乏现金流的危害。除了那条180天生存线，还有一条90天死亡线，这是一条不可触碰的红线。一旦企业的现金流量只能支撑企业90天的运营，就代表着企业踏入了死亡倒计时，这个时候创业者要利用一切办法解决导致企业出现这种情况的问题。

企业为什么会出现现金流危机？有以下三个原因。

(1) 只注重机遇而忽视现金流

在企业管理方面，创业者一定要保持冷静，理性对待。虽说抓住机遇可以很快地将公司做大做强，但并不是所有的机遇都能实现盈利。

(2) 市场突变，陷入资金危机

很多时候，企业的现金流出现问题都是因为市场发生变化，可能是政策调整，也可能是新技术替代旧技术，还可能是产品的生命周期从成熟期走向衰退期。

(3) 投资不善，陷入资金困境

对企业而言，多元化发展是指创业者把“鸡蛋”放在多个“篮子”里，这样企业即使在某个经营领域出现问题，也可以依赖在其他领域的发展来规避经营风险。然而，多元化发展也存在缺陷，即容易导致组织机构臃肿，使管理难度加大，一旦投资不善，则可能会使企业在多个领域都失去竞争优势。另外，在外部环境发生剧变时，企业要承受来自各个方面的压力。

创业者如果一直“不务正业”，则一旦多元化战略运用不当，不仅会对新事业产生影响，还可能会影响原有事业的发展，甚至影响整个企业的发展。

当企业真的面临 90 天死亡线的时候，创业者该怎么办？四个字：开源节流。要在不影响企业运营、合法合规的基础上减少支出，为企业赢得一息生存时间，能节省多少成本就节省多少成本，同时还要快速找到合适的合伙人或者投资人，为企业注入新的资金。

如果企业遇到了现金流方面的问题，那么创业者最好的做法就是大刀阔斧地砍掉拖垮企业的项目，减少财务支出，保留主营业务，以求重获生机。

12.3　如何加强企业的现金流管理

在明确了现金流的重要性后，创业者除了要重视现金流，还要加强企业的现金流管理。那么，创业者具体应该怎么做呢？

1. 编制现金预算，加强资金调控

现金预算是现金流管理的主要内容。通过现金预算，公司可以掌握现金流入、流出的情况，及时补足现金余额。创业者要按公司收入提取一定比例的准备金，以规避经营风险，避免企业出现资金链断裂危机。

2. 建立并健全现金流财务管理制度

创业者要严格管理每一笔应付款及预付款，并进行严格的预算、核算，用制度来保证资金的收支平衡。

3. 加强对现金流的管理

要加强对现金流的管理，在不同时期，企业的现金需求量会出现较大的且难以预知的变化。为了更好地利用现金，创业者可以按照经验和企业的实际发展情况，设置企业的现金额度，从理论上接近上限。

4. 现金流财务管理信息化

电子信息和大数据等技术的发展为企业的现金流管理提供了更为便利的条件，为了实现企业的长足发展，创业者要及时更新财务管理方式，利用大数据，节约企业财务管理成本，提高企业管理效率。

数据信息化流量管理不仅可以提高现金流信息的传递效率，还可以增强企业对现金流数据的收集分析能力。

5. 融资渠道多元化

多元化的融资渠道为企业提供了多种获得充足现金流的途径，可以避免企业出现资金链断裂的情况。

6. 提高企业管理人员现金流管理意识

现金流是否合理流动，取决于企业管理人员的现金流管理意识，因此，要及时更新企业管理人员或现金流管理者的财务知识，提高其现金流管理意识。

上海有一家发展势头非常好的商业公司，却在账面利润率达到20%的情况下倒闭了。原因是这家公司的现金流出现了问题，没有资金去偿还债务。这家公司到期不能偿还债务，最终在债权人的请求下，该公司进行了破产清算。

直到现金流断裂，这家公司竟然没有人察觉现金流出现了问题。由此可以看出，这家公司的管理层并没有现金流管理意识。

相比较而言，广东的一家科技公司就非常重视对现金流的管理，该公司规模较大，每天用于技术与设备的现金支出非常多，但这家公司的现金流非常充足，原因在于它很好地利用了现金流时间差。每天在银行下班之前，公司财务部会将所有的资金都转到公司的总账户上。

第二天早晨，财务部会对资金进行合理的分配，比如，今天某个部门要采购设备，财务部则会凭借已批复的申请单直接把资金划拨过去；某个部门需要出差，财务部也会直接把资金划拨过去，而且用不完的钱会回流到总账户。

这样做既控制了现金总量，又把控了整个资源，同时这家公司每周都要制作现金流量表，对现金流入和流出明细进行汇总。

从这两个案例中我们可以看到，对企业而言，现金流管理的重要性甚于企业的日常管理。

12.4　创业新手也可创造高利润率

有的创业者常说："我从事的行业是'夕阳'行业，3% 的利润率已经是行业平均水平了。"这样的说法本身就有问题，创业者在管理企业时若实行平均主义，则只会让企业的发展倒退。在企业的利润率问题上，也是同样的道理。

其实每个行业都有利润率高的企业。我们以互联网平台为例，阿里巴巴的利润率为 47%，腾讯为 35%，百度为 27%，但如果我们求平均值，就会发现这个行业的平均利润率非常低，因为在这个行业中除了利润率高的企业，还有很多负盈利的企业。

很多传统行业的创业者认为传统行业的利润率最高只能达到 5%，但实际上依旧有一些企业的利润率高达 35%，甚至 45%。

面对自己眼前的利润表和很多同行的抱怨，很多创业者很难想象在自己的行业里居然有人能创造高利润率。但如果我们站在全局的高度看，就会发现任何行业都有利润率高的企业。

北京市有一家属于低端制造业的耗材公司，主营各类打印耗材，比如，硒鼓、墨盒、碳粉等。它的经营方式是通过批发商、代理商和自营店面进行销售，年销售额约 300 万元，但利润率很低，只有 3%。

随着行业竞争的日渐激烈，这家公司面临着转型困境。目前，我国有很多这样的传统企业，它们的发展远远跟不上现在智能化、网络化的大趋势。而这家耗材公司面对的困境是除惠普原装硒鼓外，硒鼓市场极少有其他公认的品牌。

曾经有同行试图通过新的营销策略推广自己的品牌，但收效甚微。普通消费者对硒鼓的需求量小，而大量需要硒鼓的企业或机构大多是通过招标采购的。因此，广告投入对提高销量的作用并不大。

这家耗材公司尝试了很多转型的方法，比如取消中间商，改为直营或电商渠道，延长服务链条，开辟打印机维护、维修业务等，但最终都因行业特点、自身资源不足和能力有限等因素而失败。在走了一圈弯路后，这家耗材公司痛定思痛，沉下心来进行分析，最后从用户需求的角度挖掘创新空间。

通过研究用户构成，该公司发现占硒鼓使用量 70% 的客户是那些打印量大的单位，例如银行、保险公司等，这类公司负责物资采购的通常是行政部门，而真正使用硒鼓的部门从产生需求到实际拿到硒鼓，至少要经过一周的时间。而且，行政部门和实际使用部门还要腾出专门的空间来存放这些硒鼓，产生了一定的库存费用。

这家耗材公司根据这一现状改变了其销售方式，改由独立经销商推测时间点主动上门给客户补货。这样一来，客户就不需要有库存，也不用建立出入库程序了，可以节约不少时间和资源。

这家耗材公司还设计了一个产品箱，在箱子内装上一个月用量的硒鼓，同时在每一个硒鼓上贴上二维码，客户在第一次使用硒鼓之前需要扫一次码，这时这家耗材公司就能收到使用消息，从此每隔一周上门服务一次，及时补货，并将坏了的硒鼓回收，对没有用完的硒鼓进行检修。

紧接着，这家耗材公司又与第三方公司开展推广合作，在箱子内配上第三方公司的宣传单、优惠券、试用装等，并从中收取配送服务费，使这个产品箱变成了一个销售渠道。这些赠品既为这家耗材公司带来了额外收入，又为客户带来了惊喜。这家耗材公司有了这些额外收入，便可以下调硒鼓的价格，在采购招标时获得竞争优势。

通过对用户的分析，并结合实际需求不断创新，这家耗材公司最终完成了转型，找到了应对自身问题的解决方案与新的价值空间。很快，它的利润率就超过了 10%，走出了困境。

从这个案例中我们可以看出，利润率不是由行业决定的，而是由企业的能力决定的。企业就像滑雪道上的人，技能越高，竞争就越少。因此，即使我们是创业新手，没有很多资源和渠道，但只要我们放宽眼界，敢于创新，新手也能创造高利润率。

12.5 将成本分解，并砍掉 30% 的成本

一个企业要想创造高利润率，一般会采取两种方法：一是增加收入；二是降低成本。对企业而言，成本每降低 10%，利润就翻一番，而且降低成本也是在降低风险。

那么，创业者应该怎么做才能将成本分解，并砍掉 30% 的成本？其做法如图 12-1 所示。

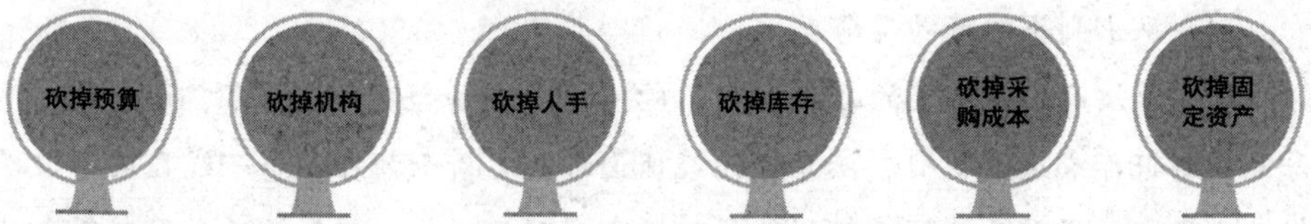

图 12-1　创业者如何砍掉成本

(1) 砍掉预算

首先，创业者要制定预算制度，同时要保证预算制度有法律效力，在预算出来之后，利润也会随之而出。

(2) 砍掉机构

创业者在砍掉机构时要快刀斩乱麻，同时还要引导全体员工参与进来，引入“利润导向、客户导向”的理念，组织全体员工进行学习和研讨。创业者要重新设置产品研发、销售、订单交付这三大流程，将机构设置扁平化，不设副职，明确职责。同时，还要减少组织机构层次，对每个岗位进行量化，把每个部门都变成利润中心。

(3) 砍掉人手

创业者要给企业的每个员工设定明确的目标，将工作任务量化，进行明确的考核，减少人力的浪费。

(4) 砍掉库存

创业者要设定最低的库存标准，尽量做到零库存；循环取货，与供应商保持顺畅的沟通；与供应商建立良好关系，确保优先送货。

(5) 砍掉采购成本

创业者要关注三个核心：业务、产品及客户，在不影响企业正向发展的前提下，适度地砍掉采购成本，有利于减轻企业的负担。

(6) 砍掉固定资产

在砍掉固定资产时要干净利索，固定资产会占用企业大量的资金，不管使用与否，它每天都会有大量的折旧与磨损，而且随着技术的升级，固定资产也会产生更多的维护费、修理费。

虽然现在的沃尔玛公司是世界 500 强企业之一，但很少有人注意到，沃尔玛作为一个企业，其实和中国本土的企业有很多共性：劳动密集型企业，科技含量不高，追求低成本等。通过对沃尔玛低成本运营的研究，可否为我们的企业提供一些经验呢？沃尔玛是如何砍掉成本的？主要有 4 个方面的经验可以借鉴。

（1）从上到下的节约观念

沃尔玛没有华而不实的办公场地、办公设备，始终坚持“合适的才是最好的”。每到销售旺季或者节假日，沃尔玛的经理们都会穿着西装在销售一线直接为顾客服务，而不是像其他公司那样增加员工或者招聘临时工。节约是沃尔玛自创立以来一直保持的一种观念和传统。

（2）直接采购

沃尔玛绕开中间商，直接从工厂进货，大大减少了进货的中间环节，为降低采购价格提供了更大的空间，因为每经过一个中间商，价格至少要高几个百分点，甚至十几个百分点，而避开中间商就能把这些支出从成本中节省出来，从而使沃尔玛在进货价格方面比其他竞争对手更有优势。

（3）统一配送

沃尔玛实行统一订货、统一分配、统一运送。为此，沃尔玛建立了配送中心，每家分店只是一个纯粹的卖场。供货商将货物送到配送中心之后，在48小时以内将装箱的商品从一个卸货处运到另一个卸货处，不会在库房里消耗时间，这种类似网络零售商“零库存”的做法使沃尔玛每年可以节省数百万美元的仓储费用。

（4）运用高新技术，有效协调货物配送

沃尔玛投入4亿美元，发射了一颗商用卫星，实现全球联网，以先进的信息技术保证高效的配送。通过全球联网，沃尔玛公司总部可以在一小时内全部清点一遍全球4000多家分店的每种商品的库存量、上架量及销售量，从而迅速掌握销售情况，及时补充库存，减少资金成本及库存费用。

从沃尔玛的案例中我们可以看到，节约成本对企业而言到底有多大的作用。创业者要把多余的成本当成毒瘤砍掉，不断向员工灌输降低成本的重要性，使全员树立节约意识，将降低成本与企业发展密切联系在一起，最终创造高利润率。

12.6 延伸产业链上下游，挖掘利润蓝海

创业者要想发现利润区，必须以利润为中心进行企业战略规划，同时要具备区分无利润区与利润区的能力，这也就要求创业者要延伸产业链上下游，挖掘利润蓝海。在发现利润区后，创业者要调整商业模式，以便寻找新的利润区，使企业获得持续增长的动力，实现“弯道超车”。

罗辉是深圳一家自动化企业的CEO，2018年以来，他明显察觉到机器人产

业的降温。前两年，机器人产业狂飙突进式发展，现在机器人产业的发展开始减速，进入平稳发展期。与之前相比，机器人产业表面看似已经降温，而实际上是创业者和资本正变得更加理性，开始从长远的角度考虑行业的发展前景。

像罗辉所在的掌握了机器人核心技术的自动化企业，在市场重新洗牌之后，成了真正的受益者。这家自动化企业主要致力于机器人核心部件编码器的研发和生产，以此为切入口，2018 年其业绩突破 2000 万元。

在机器人产业进入平稳发展期后，这家企业开始积极寻求新的发展路径，围绕核心技术向机器人产业链上下游延伸，挖掘行业的利润蓝海。

伴随着业绩的高速增长，这家企业也在调整自身的经营战略。在调整之前，这家企业的业务只有编码器的研发和生产，而现在则围绕编码器，向产业链上下游扩展。

就在 2018 年下半年，这家自动化企业成功研发了一款编码器专用芯片。在这之前，该企业研发的产品搭载的都是国外的芯片，而现在搭载其自主研发的芯片的编码器已经问世，这不仅降低了该企业的产品成本，还增强了其市场竞争力，使其创造了高利润率。

除了自主研发专用芯片，这家自动化企业还开始往产业链下游延伸。2019 年 1 月，这家企业推出了面向五金行业的机床，这款机床使用的就是该企业自主研发的编码器。

之后，这家企业在与其他终端机器人应用企业竞争时优势更加明显。罗辉说："机床的核心部件就是编码器，我们将自己研发出的编码器安装在机床上，不仅质量更有保证，而且不用从市场上购买，这意味着我们的市场价是其他厂商的成本价，所以价格优势更加明显。"

通过延伸产业链上下游，这家自动化企业成功地找到了行业的利润蓝海，在同行业的其他企业还在缓慢发展机器人产业时，它已先人一步，占据了主动权。

在中国的商业环境中，企业要想取得成功，不仅需要依赖更多的要素，如产品、技术、销售能力、服务能力、管理能力、财务能力等，还需要在组织机能上具有更强的扩张性。如果一家企业在每一个方面都人才济济，那么其整体就会拥有较多优势，就能不断降低成本，创造高利润率。

第 13 章　发展战略：如何让公司有节奏地运转

发展战略是对公司发展中整体性、长期性、基本性问题的一种谋划。公司发展战略的本质特征是发展性，即着眼于公司发展。虽然有些公司的战略也是为公司发展服务的，比如公司竞争战略与营销战略，但是它们的着眼点与发展战略是不同的，竞争战略着眼于竞争，营销战略着眼于营销。那么，什么样的战略才能着眼于公司的发展呢？

本章结合中小型公司的实际情况，摒弃“大而全”的思想，介绍了几个具体的发展战略。公司如果能合理运用这些发展战略，就能调整好自己的发展节奏，从而推动公司快速发展。

13.1　决策要慢，执行要快

创业者作为公司的领导者，手中握着的是整个公司的方向盘，所以必须把控好行动的速度，明白行动的分量。慢决策、快执行能够帮助公司快而稳地发展。

1. 决策要慢

创业者在确定公司的战略方向后，将其具体细化为相应的策略，并落实到各个部门。创业者要制定的策略包含产品、运营、市场等各个方面，它们彼此独立但又有着千丝万缕的联系，因此创业者不得不慎重对待。

创业者在进行整体规划时应抓住每个阶段的重点，这样整个战略的执行顺序和重要程度也就可以确定了。

制定发展战略犹如画家作画，首先要认真构思画面结构，然后认真勾勒出框架，框架做好后，再细描、修改、填色；还犹如作家写作，要先列出故事的大纲，这样等到正文开场后，每个人物在哪些环境说什么、做什么，会引起何种结果，最终得到哪种结局就都顺理成章了。

在公司运营的过程中，创业者始终都在不断尝试，在做每一个决定时都应该深思熟虑，尤其是在制定需要落实到各部门的策略时。即使是员工人数较少的小型公司，虽然其中每个人都身兼多职，但只要每个命令是清晰的、可执行的，员工就能准确地完成自己的工作任务。只要策略足够明确，公司的效率就不会低。

因此，创业者不应盲目相信直觉，要慢下来，给自己留出思考的时间，从多个角度去看待公司发展的情况，尽可能地做出准确的判断，最终给下属一个可以“快执行”的策略。

“慢决策”可以避免创业者在不了解全局的情况下草率地做出决定，创业者只有看清楚发展趋势，做好充分的准备，才能保证员工能够快速、正确地执行战略决策。

2. 执行要快

“慢决策”是根据事情的轻重缓急，在执行决策的先后顺序方面做出一定的安排。在执行时，要尽可能地将决策迅速落实。

小米创始人雷军曾说过：“站在风口上，猪也能飞起来。”所以，抓住机遇是非常重要的，错过了一个风口，你可能就错过了最佳商机。

因此，在执行策略时，一定要快，但快的前提是有正确的策略可以依照，否则若只是无头乱撞，就可能会走上岔路，与成功失之交臂。

当今时代，产品的生命周期越来越短，除了一些商业巨头旗下的产品，更多的产品都是昙花一现。面对五花八门的市场与层出不穷的新品，人们不再对某个产品长情。

有些创业者误认为，他们只要推出新产品，喜欢的用户就会购买。但事实是，每天都有无数的新品面市，如果不能一击必中，那么就会有被淘汰的危险。

因此，创业者在制定相关策略后，要快速执行，只有这样才能抓住时机，打开市场。

13.2 寻找需求空当，采用填补战略

填补战略是指公司将自己的产品定位在市场上尚未被竞争者发现或占领的那部分需求空当。从现实情况来看，小型公司普遍势单力薄、竞争力弱，难以与大型公司进行竞争和抗衡。此时，选择填补战略就能很好地避开直接竞争，扬长避短，很有可能获得进入某一市场的先机，从而建立对自己有利的市场地位，将自

身发展壮大。

专注于婴幼儿产品的贝因美公司，在创业初期遇到了很多险滩。在20世纪80年代初期，外国婴幼儿食品品牌便开始大力进攻中国婴幼儿产品市场这块巨大的处女地，并于80年代后期成功抢滩中国市场。1992年，作为本土婴幼儿食品品牌的贝因美诞生了，该公司刚建立就面临着外资品牌的竞争压力。

但是让大家想不到的是，在外资品牌窒息战术的打压下，贝因美不仅没有被"消灭"，反而以后来者的身份一跃而上，令众多外资品牌瞠目结舌。分析贝因美成功的奥妙，原来是其始终以满足目标顾客未被满足的需求为导向，通过产品填补战略积累了一定的资本，从而顺利度过了脆弱的创业期。

那么，贝因美公司是如何利用填补战略绝处逢生的呢？

首先，寻找市场机会。贝因美在被外敌重重包围的市场竞争中，努力寻找缺口，找出利己市场。比如，当时市场上的不少奶粉不但蛋白质含量低，且以动物蛋白为主，乳糖含量很高，而在中国有相当一部分的婴幼儿对乳糖有不适应症。此外，中国婴幼儿易患碘缺乏病，所以必须在辅食中补充碘。由此，体质特性决定了中国婴幼儿需要的是含碘的、蛋白质含量高且易于吸收的断奶期食品，而这在中国市场上明显存在巨大的缺口。因此，贝因美利用这些缺口，推出相应的有竞争力的产品，依靠强大的产品竞争力满足被竞争对手忽略的细分市场。贝因美努力寻找市场的各种缺口，这几乎是初创时期贝因美唯一的战略选择。毫无疑问，认真的市场分析和研究，是贝因美踏上征途的第一步。

其次，锁定目标市场。成功挖掘市场后，贝因美接下来要做的就是锁定目标市场。根据影响消费者购买行为的个人因素，贝因美总结出了其婴幼儿奶粉目标消费群体的特征：

（1）育儿知识来源于专业的杂志或图书、长辈及医生；家庭月收入水平中等及以上。

（2）以普通工人和个体工商户为主，专业技术人员为辅。

（3）相信专家而不崇洋媚外。

贝因美的目标消费群体不同于外资品牌的"三高"（高收入、高学历、高地位）目标消费群体，此类目标消费群体既有一定的消费能力又有一定的选择能力。准确锁定目标消费群体，为贝因美的实力增强和长期发展奠定了良好的基础，使其最终成功地从以立锥之地求生存的中型企业，扩张成为中国婴幼儿产品产业的领跑者之一。

填补战略是贝因美成功的主要原因。不过需要注意的是，创业者在决定采取填补战略之前，必须仔细分析“空缺”的性质和大小，以及公司自身的实力特点。概括地说，填补战略的实施要点如下：

（1）弄清楚“空缺”为什么存在，是因为竞争对手没有发现、无暇顾及，还是因为这里根本没有潜在的需求。千万不要低估了你的竞争者，你能想到的，他们很可能也会想到。

（2）考虑这一“空缺”是否有足够的发展空间，即在该市场空间中是否存在潜在的需求，这些需求是否能形成一定的规模，使公司有利可图。

（3）确定自己是否有足够的技术和生产能力开发这一“空缺”。如果公司不具备这些条件，千万不要一意孤行，否则只会造成大量资源的浪费。此外，还要确定公司的营销能力是否能满足开发“空缺”的需求。

（4）判断这一“空缺”在经济上是否合算，是否有利可图。如果填补战略获利不佳，就要果断放弃。

13.3　通过多方借力，采用借势战略

借势战略是一种比造势战略更高明的营销手段，即将销售目的潜藏在营销活动中，将产品的推广融入一个消费者喜闻乐见的环境中。这种营销手段不但能节省财力、物力，而且效果显著。借势战略的成功例子有张艺谋借势电影《山楂树之恋》热卖山楂月饼，蒙牛借助《超级女声》销售蒙牛酸酸乳。

2005 年，蒙牛与湖南卫视联手打造《超级女声》这一选秀娱乐节目，《超级女声》体现了“想唱就唱，自我主张”的时尚精神，当时蒙牛也提出了纯牛奶和含乳饮料共同发展的计划，这种力图打造时尚的含乳饮料的形象与超级女声的时尚精神不谋而合。于是，蒙牛通过品牌冠名、歌曲营销、广告投放、建立网站等多种方式进行营销，使其在酸酸乳领域的销售额从2004年的7亿元飙升至30亿元，创造了一个不小的销售奇迹。蒙牛之所以大力推广酸酸乳，实际上是因为传统纯牛奶的发展陷入了窘境。

蒙牛在其发展过程中，除了利用《超级女声》为自己造势，还利用了很多其他的借势战略，比如，利用“申奥”显身手，利用“非典”赢民心，利用“神五”造双翼等，可以说，借力盛事是蒙牛获得霸主地位的一大撒手锏。如今，在竞争日益激烈的销售“红海”中，中小型公司若想宣传自己的品牌或者产品，借

一些重大事件为公司造势也是一条绝佳的途径。

借势战略成本低、操作简便，中小型公司在发展前期可以利用这一发展战略，它对公司的生存和发展尤为重要。为了让借势战略发挥更大的作用，创业者必须正确看待及评价这一发展战略，其思考要点如图 13-1 所示。

要点一	借势战略要站在受众的角度思考
要点二	借势战略同样适合大型公司
要点三	不要害怕被冠以炒作的恶名
要点四	借势战略要尽量避免追求短期效应

图 13-1　借势战略的思考要点

1. 借势战略要站在受众的角度思考

对借势战略来说，如果借势不准，借力不对，就很容易使公司的品牌知名度和美誉度受到损害。因此，借势战略除了要吸引眼球，最重要的是要站在受众的角度思考，对大众的心理进行准确判断，以便最大限度地拉近大众与公司产品或服务的距离。

2. 借势战略同样适合大型公司

很多人认为借势战略只适合发展中的中小型公司，其实不然，借势战略也是很多大型公司进行推广营销的惯用手法。例如，近几年火热的电商“618”营销，这个日期最初是由京东提出的，当时京东花了大价钱投放广告，而最后几乎所有电商都借着这个日期开展促销活动。

3. 不要害怕被冠以炒作的恶名

有些公司不敢靠借势战略营销，很大一部分原因是它们怕被戴上“炒作”的帽子，从而影响公司形象。其实，有这种想法的公司有些杞人忧天了，当借势战略与品牌形象、品牌个性相吻合时，它所发挥的能量是巨大的。因此，公司不管是营销也好，炒作也罢，只要有利于公司及品牌的发展，何乐而不为呢？

4. 借势战略要尽量避免追求短期效应

对于借势战略，有人曾做过一个比较形象的比喻：将公司的每一次借势战略活动比喻成一颗颗散落的珍珠，将公司一致性的行动方针比喻成把珍珠串起来的线。那么，如果公司没有串珍珠的线，珍珠即使再闪光，也只能散落在沙滩上。反之，如果公司没有珍珠，只有串珍珠的这条线，那么同样没有多大的意义。公司只有把散落的珍珠用一根线串在一起，才能形成一条光彩夺目的珍珠项链。然而在现实中，很多公司在利用借势战略的过程中只知道整天忙着找珍珠，却不知道如何把珍珠串起来，这种没有从长远角度考虑的借势战略其实并不能发挥它全部的作用。所以，公司在利用借势战略时要从长远的角度考虑。

13.4　升级思维，运用“搭船”战略

填补战略和借势战略能很好地为中小型公司在发展初期奠定根基，但是在经济全球化的背景下，公司若想走出国门，参与国际化竞争，则必须制定一个好的国际化战略。对于大型公司来说，它们可以自主建设强大的海外营销网络，甚至子公司、分公司体系，以实现对产品流通渠道的控制；而对中小型公司而言，它们没有足够的资源和实力开拓国外市场，但是可以通过为大型公司提供配套产品及服务的“搭船”战略进入国际市场，这种“搭船”战略显然是目前中小型公司的最佳选择。

华为是将“搭船”战略运用得最好的公司。1987 年，华为刚刚成立，那时华为的产品数量和种类都不多，业务内容也比较分散，后来在机缘巧合之下成为香港一家生产用户交换机公司的销售代理商，之后公司才慢慢发展起来。

全球化一直是华为的梦想，在 20 多年的时间里，尽管华为在其全球化进程中屡战屡败、屡败屡战，但它却成功地实现了从由简易房起家的小公司到世界一流通信公司的蜕变。如今，华为不论是作为智能手机厂商、通信设备供应商，还是信息与通信解决方案供应商，都走在了全球的前列。

华为之所以取得如此大的成功，很大原因在于它明白品牌出口的重要基础之一是技术，特别是高科技。所以，华为以技术研发的本地化为“船票”，努力登上一艘又一艘“大船”来开拓全球市场。

“搭船”战略正是华为的战略特色，那么它是通过什么样的方法搭上“大

船”的呢？下面通过分析华为的案例，介绍一下“搭船”战略常用的一些实施方法，其要点如图 13-2 所示。

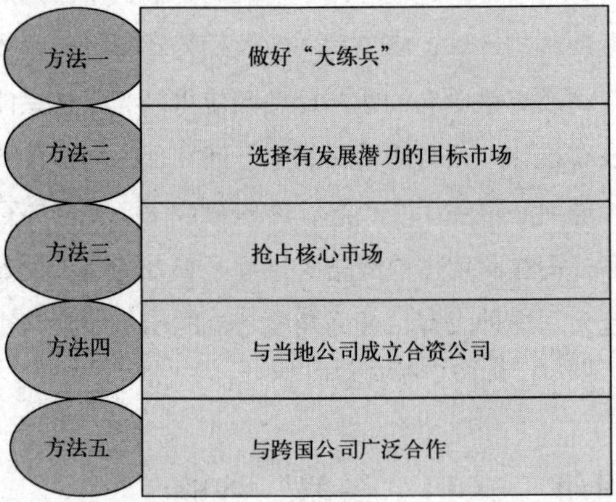

图 13-2 “搭船”战略的实施方法

1. 做好“大练兵”

1995 年，华为就意识到电信设备商的未来不会仅仅依靠区域市场生存，而要靠国际标准化生存。于是，从 1996 年开始，华为便开始了国际化布局——为香港和记电讯提供以 C&C08 窄带交换机为核心的“商业网”产品，和记电讯在产品质量、服务等方面的要求近乎苛刻，这为华为日后进军国际市场进行了一次“大练兵”。

2. 选择有发展潜力的目标市场

华为在有了充足的资金、技术及经验储备以后，就面临着第二个难关——目标市场的选择。当时，华为的高层管理人员针对目标市场展开了激烈的讨论，如果选择发展落后的国家，显然难有收益，而如果选择经济发达的欧美国家，则竞争过于激烈，没有太大的优势。经过几番思量，华为最终决定将发达程度相对较弱，但未来经济发展有潜力的国家或地区作为目标，比如，俄罗斯、拉丁美洲等，并采取集中优势兵力，制胜薄弱环节，以“农村包围城市”策略，从一些电信发展较薄弱的第三世界国家入手，步步为营、层层包围，最后抢占发达国家市场。

3. 抢占核心市场

在进入国际市场前期，华为遇到了很多挫折，经过多方努力，后来才慢慢“回暖”，并在发展中国家市场连战告捷。随后，华为开始进攻“觊觎”已久的发达国家市场，从 2001 年开始，华为以德国为起点，通过与当地著名代理商合作，使华为的产品成功进入德国、法国等发达国家。在门槛相当高的北美市场，华为又开始“借船搭乘”，频繁地以 OEM（代工）方式或借助合作伙伴、渠道商的力量获得了占领国际市场的机会。

4. 与当地公司成立合资公司

很多公司在进入陌生的市场后，都会选择与当地的某些公司合作成立一个合资公司，因为对方更了解本地市场，华为也不例外。华为在进入美国市场后不久，就开始与 3Com 公司谈判，合作成立合资公司，并于 2003 年 11 月正式成立华为 3Com 公司。华为通过与友商的合作，共同创造良好的生存空间，并共享价值链的利益。

5. 与跨国公司广泛合作

华为在进入欧美市场以后，除了与当地公司成立合资公司，还进一步加强了与跨国公司的广泛合作。当时，华为在欧美地区的一些发达国家中的知名度并不高，不像诺基亚、西门子、微软、IBM、索尼、3Com 等品牌那样家喻户晓。于是，华为凭借自己的产品和技术，通过参股或控股的方式，以技术为本，借力知名品牌和渠道，最终实现了其全球市场版图的扩张。

综上所述，我们可以看出华为的国际化之路其实就是一条与跨国公司合作的“搭船出海”之路。所以，创业公司或者发展中的公司可以学习华为这种“搭船”战略，让公司乘风破浪，走上国际化道路。

13.5　主动放弃非核心资源，布局虚拟战略

与成立 10 多年的公司相比，一般新成立的公司资源比较少，但是这并不能说明新公司不具备竞争能力。

针对这种情况，创业者可以采用“虚拟经营”的模式，即掌握公司的核心能

力，而利用非核心能力的业务与第三方进行合作或将其外包。例如，你公司的核心竞争力是策划与设计能力，那么你就可以将印刷外包出去，这样就不用考虑建立一个小型印刷厂了。通过这种模式，公司的灵活性会大大提高，公司在接业务的时候受到的限制也会慢慢减少，最终达到资源利用最大化的目的。

这种模式能有效地使有限的资源变得无限，正如“六人定律”——两个陌生人之间，可以通过六个人建立联系。在利用这种模式运营的公司中，耐克公司是一个成功的榜样。

耐克公司既没有自己的生产车间，也没有自己的销售公司，那么它是怎么使自己的年销售额达到上百亿美元的呢？原来，耐克公司牢牢控制着设计部门和营销部门，从而使生产和销售的流程虚拟化运作。

接下来，我就对耐克公司的经营方法进行拆分讲解。

第一，耐克公司拥有自己的核心竞争力，即耐克公司的设计能力，这也是其得以生存的根基。

第二，耐克公司实现了对外部现实资源的有效整合。在这一过程中，耐克公司以产品经营为根基，进行多个领域的整合。当然，整合资源是一个复杂的过程，如果公司给非核心领域分配过多的资源，那么核心领域分配的资源就会减少，所以在这里必须控制好一个“度”。

对于耐克公司的这种经营模式，还有一套理论——由迈克尔•波特提出的著名的价值链理论做支撑，这一理论从价值链的角度去分析成本的来源及如何提升价值。

通过对价值链的分析，我们可以看到，耐克公司的经营领域已经包含了产品的生产、销售流程，这一流程打破了资源的限制。这一策略的实施，有利于公司集中优势资源对自己的核心竞争力进行多角度的市场调研、品牌策划、广告投放及渠道沟通，从而减少了人力、物力的消耗。

对于耐克公司的这种经营模式，苹果公司运用得更加得心应手。苹果公司的合作伙伴有许多，涉及上百家手机生产厂家。这些厂家为苹果公司提供高品质的手机硬件产品，而苹果公司始终控制着研发、设计工作。这样低成本的运作模式，可以使苹果公司集中更多高水平的工程师对产品进行不断的升级、改进，这也是苹果手机深受用户喜爱的原因之一。

13.6　采用联合战略，优化资源配置

所谓联合战略，是公司经营者针对单个公司尚不足以独立经营某一事业，难以实现规模效益的情况而采取的一种战略，具体解释为两个或两个以上独立的经营实体横向联合成立一个经营实体或公司集团的拓展战略，是社会经济发展到一定阶段所产生的必然形式。实施该战略有利于实现公司资源的有效组合与合理调配，增加公司经营的资本规模，实现优势互补，增强竞争力，加快拓展速度，促进规模化经济的发展。

这一战略可以在实现横向联合的基础上，再实行纵向联合，最终实现网状布局，将竞争对手成功包围。这种合作方式可以共同分担风险、分享利益。

温州是改革开放过程中的先行者，其中有许多公司的经营模式值得创业者学习。仅在温州柳市镇就有 300 多家低压电器公司采用了联合战略。这一经营战略的实施使得这些公司的产品能够在全国各个省市进行销售。这样的联合避免了由同行间的竞争导致的利润率下降，同时也为温州树立了强大的品牌，如目前十分强大的德力西集团、正泰集团和新华集团等知名品牌。

当然，温州公司的合作范围远不止于此，厨卫、建材等领域也纷纷建立了自己的联合组织，这些组织统一宣传、互相监督、互相帮扶。

联合战略的实施方式并不仅限于合作，也可以采取兼并、控投、合并、参股等形式，成立力量更强大的联盟。这一经营战略可以分为一体化战略、公司集团战略、公司合并战略、公司兼并战略等四种类型。

当初国美集团对永乐电器就是采取了兼并形式，最终实现了国美集团的一体化战略；链家地产通过控股、参股等形式实现了在上海、广州等重点城市的扩张。类似这样的案例有很多，原理都是一样的。

这些公司通过采取联合战略，在资金、技术、人才方面进行互补，相互之间的约束力大大增强，责任感也相应增强。由于经过了多方资源的整合，这些公司有很大的竞争力，可以轻易完成一些小公司无法完成的项目。

其实在美国，这种模式随处可见，比如谷歌公司对数百家企业进行疯狂收购、微软收购诺基亚的手机业务、Facebook 对 Waze 公司的兼并等。所以，无论是采用虚拟战略还是联合战略，都是为了使公司更加强大。

第 14 章　稳中求变：人生需要折腾，但不能瞎折腾

创业需要冒险精神，因此创业者应不断创新，持续为公司带来活力。然而，创业也是一条异常艰难、充满了变数、随时可能会失败的路，因此，创业最好的方式应该是稳中求变。

创业者应将“稳定大于一切”的观念铭记于心，小到公司的日常采购、搬家等事宜，大到公司迭代进化，都应尽可能地规避风险。

14.1　节省资金，严防公司得“富贵病”

创业公司很多时候都处于摸索期，需要创业者“摸着石头过河”，边走边积累经验，因此，创业者需要合理使用公司的资金，不仅在缺乏资金时要懂得节省，即使资金充足时也不能大手大脚地乱花钱。创业公司只是个学步的“孩子”，应该努力成长，而不是提前享受。为了防止公司得“富贵病”，创业者应做到以下几点。

1. 降低房租，节省开支

抛开虚荣心不谈，很多创业者都会考虑到公司的外在形象问题，担心如果将公司地址选在位置偏、环境不好的地段，不仅很难招聘到员工，还会让客户心存疑虑。

针对这个问题，创业者既可以选择在孵化器租工位来展示自己的产品，也可以选择与其他公司共用办公空间大的楼层一起工作，这样不仅能使办公面积看起来不那么小，还能降低房租。

在公司的日常开销方面，必要的设备一定要采购，但一些日常用品则可以选择买二手的，其性价比会更高。对于可能会影响到工作效率的硬件设备，我建议还是应尽量选择品质较好的商品。如果有可能的话，尽量通过网站或卖场的促销活动来争取得到最大的优惠。

对于一些大型设备，创业者要先认真考虑是否一定需要、只是短时间必备还是需要长期使用、日后如果转卖是否容易出手等种种问题，再选择是租借还是购买。

钱要用在刀刃上，以公司官网的设计为例，早期在公司经营内容还未明确、团队规模还未形成时，不必花重金请人专门设计，可以购买现成的网站模板并随着公司的成长将其慢慢升级，等公司的发展规模基本确定时再决定需不需要重新设计网站。

另外，不论公司有没有专门的财务人员，创业者都应清楚地知道公司的支出情况，定期查询财务支出记录并进行阶段性总结，要知道钱花在了哪里，这样才能更加了解公司的财务状况。

2. 减少营销费用

产品品质是最好的口碑，创业者与其将大量的费用预留给后期的营销推广工作，不如先用心做好产品。如果产品有了忠实的用户，用户就会主动将产品分享给他们的朋友，这种自发的宣传更有说服力。

如今信息传播渠道越来越多样化，小型公司不需要（也没有足够的资本）到处投放广告，它们可以凭借创意通过自媒体渠道打开市场。例如，制作关于公司品牌的短视频或创意广告，如果这些做得足够好，也能吸引到很多的目光。

制作短视频或创意广告不一定要选专业的广告公司，现在很多年轻人都学会了各种剪辑技术，再加上他们了解当今社会的热点，有时也能做出优秀的作品。创业者需要好好筛选自己的宣传视频，一旦投放的宣传视频能够吸引用户群体，就极有可能实现病毒式营销。

3. 降低人工成本

很多时候人工成本高大多是由公司内部管理不善导致的。人工成本高不代表员工的工资高，如果公司人满为患，一个人的工作安排两个人来做，那么不仅每个人的工资不高，其工作效率也不会高。

人工成本高会直接导致产品成本增加，但消费者并不会为这些隐形成本埋单。所以，为了提高利润，降低人工成本的比重，为公司减负势在必行。创业者要想降低人工成本，就要对公司现状进行分析，认真判断当前公司的人员结构是否合理，人员能力是否足够胜任当前的工作，分析每项人工成本的数据，找到可节省资金的项目削减成本。

很多创业者在降低人工成本方面首先从员工的工资下手，这其实是错误的做法。不论是减少福利、降低薪酬还是裁员都会打击员工的积极性，无差别的攻击只会让员工人人自危。创业者应该根据公司的实际情况，有选择地采取措施。降低人工成本是为了让公司发展得更好，而不是闹得公司内部人心惶惶。

创业是一件十分艰难的事，尤其是小型公司的创业者，更应该时刻意识到自己处在悬崖边，不能贪图一时的享乐，肆意挥霍资金，而应该将钱花在刀刃上，选择适合自己的，而不是昂贵的、看起来高端的。创业者一旦发现公司有“富贵病”的征兆，就要尽早根治。只有这样，才能保证公司平稳地发展。

14.2 公司不要轻易搬家

公司搬家不同于普通居民的搬家，公司搬家会涉及很多方面，小到零碎物件，大到机器设备，还有选址、装修、人员调配、物资运输等事情。

公司搬家既消耗体力，又消耗脑力，可以说每搬一次家都会导致公司内部动荡一次。下文列举了公司搬家前后需要做的准备工作及收尾工作，给创业者一些参考。

1. 搬家的准备工作

(1) 布置新办公地址

创业者在选定新办公地址后，要提前规划好各个部门的办公区域，具体工位可由部门内部自行决定，但要在规定期限内决定好并尽早制定铭牌。在物品摆放方面，大件物品的摆放位置要具体落实，不论是在实地还是在平面图上，都应该做好标记，让人一目了然。

新办公地址的家具及办公设备是继续用旧的还是换新的，被淘汰的旧设备及旧家具如何处理等问题，都需要提前想清楚。

新办公地址的电线排布是否需要更改等问题也要考虑好，电话线、网线要提前安装完毕并尽早测试。总之，有任何问题都要在公司搬过去之前解决，不能影响公司搬家后的工作。

新办公地址的钥匙，如各个门、抽屉的钥匙等，要贴上标签，做好分类，保证搬家时可一一对应，不影响日后使用。

积极联系新办公地址的物业人员，告知其搬家时间，并询问是否需要办理出入证，如需要，则要提前办理。

在确定搬家前记得发布迁址通知，让客户及合作伙伴知道公司的新地址。同时，公司还要去市场监督管理部门申请变更营业执照，并办理相关手续。

（2）确定搬家公司

在确定好新的办公地址及搬家时间后，创业者应提前确定好搬家公司。创业者可以通过对搬家公司的服务态度、报价、搬家方案等方面的评估，最终确定搬家公司。

另外需要注意的是，对于车辆、人手及装车注意事项等一定要事先与搬家公司讲好，防止到时候因装车不合理而造成物品损坏，或因人手不够而耽误原定进度。

在给搬家公司付款时，最好选择定金加尾款的方式，预先交一部分定金，等到搬家全部结束后在规定期限内清点所有物品，并在确认无损坏、无丢失后支付余额。至于具体的定金、尾款的比例，创业者可与搬家公司共同协商。

（3）告知员工搬家事宜

在确认搬家地点及搬家计划后，要尽早通知员工搬家事宜，提醒员工注意新地址的交通状况、周边环境等。

同时，告知员工具体的搬家时间及流程有利于他们调整自己的工作进度，方便其与其他部门或客户接洽，预留出时间来协助公司搬家。

（4）物品准备

创业者应安排员工自行核对、清点各部门物品，提前处理不需要的物品，对需要员工自行打包的及需要搬家公司专业打包的物品进行分类，确定需要打包箱、胶带等搬家工具的数量，公司统一购买并在规定时间分发。

在整个准备过程中，创业者应注意可能出现的问题，提前做好预案，避免到时候慌乱。

2. 搬家当天的工作

办公室的固定资产仅大件就有办公桌椅、办公设备（如电脑打印机）、通信设备（如电话）等物品，想要将它们安全地搬到新办公地址已然不轻松，更别提还有各种小的零碎物件了。因此，搬家过程中物品丢失是极易出现的情况，为了尽可能地避免出现这种情况，应该注意以下几个方面。

（1）全程监督

无论搬家公司有多么可靠，公司都应派人亲自监督，每辆车安排固定的负责人，确保装车、路线等都与原定计划一致，以免在搬运过程中发生意外。

新旧办公地址都要安排负责人，如果条件允许，最好每个部门都安排相应的负责人。旧址的负责人要负责清点物品数量及协调现场，随时与新址的负责人联系核对；新址的负责人要保持和搬家公司的联系，清点核对每一辆车的物品，检查是否有损坏，并指挥搬家人员对物品进行搬运、放置。

（2）搬运贵重物品的注意事项

贵重物品以电脑为例，轻薄可携带的笔记本电脑应尽量由员工带走，对于厚重的台式电脑，当个人无法搬运时，应将电脑谨慎封箱，在装箱时放置一定的塑料泡沫以防止其在搬运过程中被损坏。在装车时，应尽量将易碎的贵重物品集中放置装车，在箱子上要贴好或以醒目的粗笔标注“易碎”“轻放”等字样，提醒搬家人员小心装卸。

同时，为了防止在搬运过程中出现问题，创业者应与搬家公司签订保额协议，明确公司、搬家公司与保险公司三方的责任，避免因他人的失误而承担不必要的损失。例如，若物品在装箱前是完好无损的，但在到达之后拆箱时却发现被损坏了，在这种情况下造成的损失应由保险公司或搬家公司承担。

3. 搬家的结尾工作

在搬家工作结束后，要及时清点核对物品并将其放置好，要迅速接入电话线、网线，保证公司处于随时可联系、员工处于随时可工作的状态。在搬家结束后，公司可举办一个简单的入驻仪式，让员工尽快适应新环境，找到归属感。同时，公司也能借机做一下宣传，从侧面展示公司的企业文化并加深客户及合作方对公司新址的印象。

公司搬家耗时耗力，因此，创业者在选址时眼光要放长远，尽量避免频繁搬家。

14.3　暴发户心态要不得

不同的创业者想开公司的原因也不同，有的人是迫于生计而被“逼上梁山”；有的人是因为热爱挑战，想要在创业中体会收获的快乐；有的人是想让自己过得更好，想更上一层楼。但也有一些人，他们梦想着一夜暴富，创业对他们来说更像买彩票，只要搏一搏可能就会获得“大奖”。

因此，在面对创业的初次或某次成功时，一些创业者会表现出一种暴发户心态，他们忘记了创业是一个持久的过程，一时的成功并不意味着这个公司已站稳了脚跟；他们忽略了成功中的偶然与机遇等因素，不能正确地认识创业这件事，他们认为创业这种“快速致富”的方式是可以复制的，因此总想着开公司能挣大钱。

这种暴发户心态会让创业者飘飘然，认为自己什么事都能做到，热衷于去赌一些不确定的结果，从而忘记了谨小慎微；认为自己已经拥有了很多财富，可以尽情享乐，从而肆意消费。在这种情况下，创业者往往会做出一些不理智的举动，主要体现在以下三个方面。

(1) 盲目追求功能齐全

完善公司结构、加强部门建设本没有错，但那些具有暴发户心态的创业者被成功冲昏了头脑，他们往往忽视公司还处在成长期的事实而盲目建设公司，使公司发展的压力越来越大，以致公司越走越慢。有时公司的机构、部门设立得越多，部门建设得越全面，事情反而会越复杂。

成长中的公司不应该追求“五脏俱全”，而应该尽可能地做到高效率做事。公司的功能越齐全，无法直接创造价值的员工就越多，最终只会造成人员冗余、人工成本高、效率低下的状况。

(2) 盲目追求高才生

暴发户的标准就是什么都要最好的，不在乎价格，体现在招聘员工方面就是不管职位的职责与所需的能力是什么，只招高才生。

实际上，有的职位对员工的学历要求并不高，若强行在一个大专生就能做好的位置上放一个研究生甚至博士生，那么不仅工作的效率不会高，公司整体的能力水平也不会得到提高，大材小用只会增加人工成本。

招聘员工的关键应该是“人岗适配”，即挑选合适的人放在相应的岗位上，帮助其最大化地发挥自己的潜力。而暴发户式招聘，即将高精尖的人才高薪招来做一些远远不需要他们能力的工作，这不仅会使个人能力无法得到发挥，还会浪费公司的人工成本。

(3) 主动或被动“养闲人”

创业公司时刻处于在生死线边缘徘徊的险境中，需要时刻准备战斗，所以创业者应该有初生牛犊不怕虎的勇气，更应该有去粗取精的锐气。

公司想要优化管理本无可厚非，但是仅针对目前取得的小小的成就，就开始对老员工“论功行赏”，对新员工放松管理，这并不是人性化管理，而是没有看清局势的任性行为。

具有暴发户心态的创业者会满足于现状，对员工放任自流，长此以往只会让员工懈怠工作，助长庸者之风，若反馈到工作效率上，则会拖慢公司的发展速度。

创业者若有暴发户心态，还会使公司面临另一种情况，即存在“关系户”。由于是自主创业、自己当老板，因此创业者会有很多或来自亲友，或来自合作方推荐的员工。具有暴发户心态的创业者面对这种人员会敞开公司的大门，认为自己的实力可以容纳这些人，不料最后只会给公司带来内部冗员的危机。

另外，公司如何安置这些通过非正规渠道招来的员工也是一个问题，若将其放到已经饱和的部门，则会降低员工的工作效率；若因人设位，则更会影响到其他员工的情绪与办公室内的工作氛围。

所以，创业者要时刻保持清醒的头脑与良好的心态，既不能因一次的失败就失去信心，也不能因一时的顺利就生出暴发户心态。要踏实做事，勤恳节约，认真治理公司，组建精简、高效的团队，只有这样才能让公司发展得更快、更稳。

14.4 声明式迭代，有效规避风险

开公司不能一成不变，要敢于创新，走出舒适区，尝试打破一切束缚。而在公司迭代进化的过程中，声明式迭代可以帮助公司规避风险。

声明式迭代是指公司在尝试新事物，例如出台新规定或产品更新换代时，应提前向公众声明，如果出现问题，则可以恢复原状，这样可以提前使利益相关者安心，事后也能对问题进行及时处理。

以软件的开发与升级为例，当公司由于对推出的新版本的功能或界面等做出了很大的调整、改进而又不确定用户的态度时，如果公司能另外制作一个体验版

本，在不影响旧版本使用的情况下推出新版本，引导广大用户去体验新版本，并强调用户的反馈会决定新功能的去留，那么用户的参与度就会很高。

公司声明在体验过程中，若某功能遭到绝大多数用户的否定且修改后仍不尽如人意，公司就会舍弃这个功能甚至这个版本，那么体验的用户一想到自己的意见具有如此大的影响力，便会更加严肃地对待这次体验并做出评价。反过来，不论用户对新功能或新界面有多少不满，只要想到这只是体验版，并不是已经完全更新的最终版本，若自己表达意见，产品就有可能会被完善，那么用户就不会对公司表示失望，只会努力表达自己的想法，争取公司的关注。

在这样双向友好的迭代中，公司推出的新版软件会更容易得到用户的认可，即使没有得到极大的称赞，至少也能做到无功无过，平稳进化。用户因为自己的意见受到高度重视，因此会积极配合调研，帮助公司排除错误的选项，从源头上防止公司自以为是地更新版本。

这便是声明式迭代的好处，它能够向推出新事物的目标群体传达清晰的信息，即“你的意见十分重要，并且能帮助公司做出实际的改变”。在这种情况下，目标群体由于能够得到明确的信息，即所推出的新制度或者新产品并不是最终的，自己并非只能被动接受，因此会相对理智地看待它们。

对公司来说，声明式迭代不仅可以降低因产品的升级或更新带来的风险，还可以对外展现公司“广纳善言”的形象。很多产品的升级都会被人诟病，当用户被提示产品有更新，却在更新后发现新功能十分不方便而又无处吐槽时，产品及公司的形象就会受到一定的损害。这时，公司的应对措施就显得十分重要。

很多工具型网站在更新版本后都会保留一个旧版本，以帮助用户适应新版本。当用户打开新的版本，却发现自己熟悉的按钮都换了位置时，若能在显眼处看到“回到旧版”的选项，就会使用户瞬间感到安心。用户在一次次的使用过程中会慢慢熟悉新版本，若用户一直使用旧版本，则会收到网站“建议使用新版本”的消息提醒或者旧版本保留时限的倒计时提醒，帮助用户最终实现从使用旧版本向使用新版本的过渡。

在这个过程中，由于网站始终可以“回到旧版”，因此用户对新版本改进的容忍度会很高，若改得好则可以尝试使用，若改得不好则可以随时舍弃，反正有旧版本可以用，总之，用户不会因为用不惯新版本而放弃这个网站。这也是声明式迭代带来的一种隐形好处。

搜狗搜索在这方面做得就很好，它不是在每一次更新时都保留一个阶段性的旧版本，而是始终保留使用率最高、最受欢迎的一个旧版本，不论何时，只要用户对当前搜狗搜索的版本不满意，就可以随时地切换到旧版本。

这是一份永久有效的声明，一份无形的承诺，虽然公司会一直尝试新事物，但不论软件迭代更新多少次，都始终为用户保留最简洁的版本，方便用户。因此，不论其他软件如何折腾，搜狗搜索始终有它的忠实用户。

当下，很多创业者认为原地踏步就等于退步，因此他们努力追求变革、寻求创新。但我认为在创业的摸索阶段，创业者应该追求稳中求变，在保有当前利益的前提下使劲折腾。

不论是勤勤恳恳工作的员工，还是依靠产品品牌积累的忠实用户，都是公司的重要财富。声明式迭代可以让他们意识到自己被重视、被尊重，认为自己有改变公司决定的影响力，从而对公司拥有更大的包容心，这在一定程度上会降低公司改革的风险。

第 15 章　创业维艰：如何解决资金短缺问题

几乎没有任何一个创业过程是一帆风顺的，创业者经常遇见的问题就是缺乏资金。很多时候，缺乏资金会导致创业项目停滞不前，更有甚者，会直接导致公司破产。所以，为了提前解决资金短缺的问题，创业者要从多方面筹集资金，本章主要介绍了几种常用的筹集资金的方法。

15.1　压缩经营成本

压缩经营成本是指在不削减产出的前提下尽量减少投入，也就是削减公司经营活动中不盈利的部分。压缩经营成本可以提高公司的竞争力，增加公司的利润。

在激烈的市场竞争中，不仅很多中小型公司在尽力压缩经营成本，就连很多世界 500 强的公司也在压缩公司的经营成本。

世界最大的制药公司——美国辉瑞公司宣布，为了应对激烈的市场竞争，公司将在两年内裁员 1 万人，并关闭多家制药厂和研发中心，以压缩公司的经营成本。

索尼公司为防电视事业亏损，拟与三星电子携手开发 LCD 面板，其目的在于将三星电子的面板量产技术与索尼的影像技术结合，量产新的高画质面板，此举将帮助索尼大幅降低 LCD 显示器的生产成本。

世界上最大的化妆品公司之一的雅芳公司在中国市场曾出现过著名的“牛鞭效应”——因分公司仓库的库存额大幅增加，所以需要租用更大的仓库。此外，75 个分散在各类城市的大大小小的雅芳分公司的仓库，使得雅芳公司不得不投入大量的人力去从事仓储、出纳、打单等工作。显然，这种以“分公司仓库”为中心的物流模式消耗大、速度慢、管理难，越来越跟不上销售的步伐。为了解决这个难题，雅芳公司制定了“直达配送”方案。在“直达配送”方案的脚本中，雅芳公司给自己设定了三个目标：提升客户满意度、降低公司库存量、整合信息流与资金流，这使公司的经营成本降低了很多。目前，雅芳公司的运营成本占销售总额的比例从 8% 降低到了 6%，这是一个非常惊人的变化。

那么，雅芳公司降低的经营成本具体体现在哪些方面呢?

1. 物流成本

要想降低物流成本，首先要了解物流成本由哪些部分组成。雅芳公司的物流成本包括运输成本、库存成本、仓库成本，以及提货报关服务成本。其中，运输成本占 3% ~ 5%，库存成本占 30%，仓库成本（包括人事费用和仓库租金）占物流成本的 60%，因此，降低物流成本就要从压缩仓库成本开始。

2. 员工成本

在制定“直达配送”方案之前，雅芳公司在我国分布的 75 个分公司中共有 600 名员工负责仓储、出纳、打单等工作，现在员工数量锐减至 192 名。这些员工的工资每月至少 1 万元 / 人（包括工资、资金、福利及保险支出），现在每年可以节省不少员工成本。

近年来，雅芳公司一直致力于压缩经营成本，并取得了很大的成效。如今，雅芳公司已拥有 4.3 万名员工，通过 440 多万名销售代表向 145 个国家和地区的女性提供 2 万多种产品，成为全美 500 强公司之一。

目前，我国很多公司也存在经营成本偏高的现象，导致这种现象产生的主要原因如下：

（1）原材料供应不及时

（2）工作效率偏低

（3）库存偏多

（4）产能利用不充分

（5）能源管理粗放

（6）采购方式落后

（7）设备管理不善

（8）品质把控不好

（9）生产计划粗放，资源配置和利用不充分

（10）工艺布局不合理

（11）现场管理混乱

（12）内部物流管理不合理

那么，公司要想压缩经营成本，就要关注公司运营的全流程，消除一切浪费和低效率的行为，公司可以从以下几个方面压缩经营成本，具体内容如图 15-1 所示。

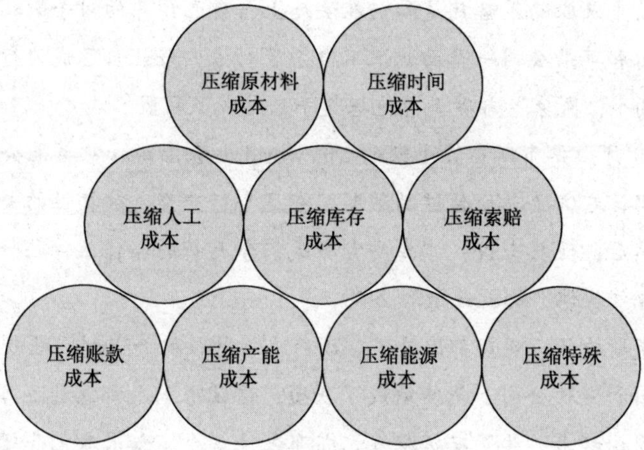

图 15-1　压缩经营成本的主要方面

压缩经营成本的实质是消除一切浪费和低效率的行为。在市场经济环境下，经济效益始终是公司管理者追求的首要目标，为了实现这一目标，公司必须重视公司成本的管理工作，树立成本效益观念，从投入与产出两方面对比分析成本的必要性和合理性，然后采取有效措施压缩经营成本，从而以尽可能少的成本付出，创造出尽可能多的使用价值。

15.2　与对手合作

竞争的最高境界就是与对手合作。当市场要求公司不断加快创新速度，全球化的压力越来越大时，短兵相接的竞争对手也可以在不损害各自利益的前提下结成战略联盟。那么，怎样才能把竞争对手变成合作伙伴呢？最简单的答案是，获取共同利益。

1988 年 3 月 17 日，苹果公司声称微软公司在 Windows2.03 操作系统的图形用户界面公然抄袭了苹果 Mac 电脑用户界面，并向微软公司提出诉讼，控告其侵犯了苹果公司的版权。微软公司最后打赢了这场官司，但苹果公司不服，再次上诉。就这样，苹果公司和微软公司在各种版权和专利问题方面争斗了将近 10 年。

后来，苹果公司自从乔布斯愤而辞去公司董事长的职位后，危机不断。可以说，在乔布斯回归苹果公司前，苹果公司的一切都糟糕透了。5 年后，乔布斯重返苹果公司董事会，担起了挽救苹果公司危机的使命。那么，乔布斯是如何让苹果公司在一年半后峰回路转、起死回生的呢？

乔布斯最先采取的策略就是和仍在法庭上与自己搏斗的对手微软公司合作。尽管微软公司和苹果公司一见面就恨不得杀了对方，好让自己成为行业霸主，而就是这样的两个“冤家”却破天荒地携起手来结成了联盟。

1997 年 8 月，乔布斯在波士顿的 Macworld 大会上说：“苹果公司生存在一个生态系统里，它需要其他伙伴的帮助。在这个行业里，破坏性的关系对谁都没有好处。”然后，他接着说：“我要宣布我们今天新的合作伙伴之一，它是一个非常重要的合作伙伴，那就是微软公司。”

听了乔布斯的话，观众都惊呆了。已经在各种版权和专利问题方面争斗了 10 年的苹果公司和微软公司，竟然结成了联盟，这让很多人都感到不可思议。在场的人员纷纷议论起来，为了安抚观众，乔布斯又说：“如果我们想进步并看到苹果公司好起来，就必须放弃一些东西，必须放弃这种非赢即输的观念……我想，如果我们想在 Mac 上使用微软公司的 Office 系列软件，那么我们最好还是对开发它的公司表达一点儿谢意。”

苹果公司和微软公司既是市场上短兵相接的直接对手，也是合作伙伴，它们一起并肩开发新产品，分享新理念和新技术，合作开拓市场。

与竞争对手合作，虽然公司不会因此一劳永逸，但可以节省不少精力。总体来说，向竞争对手寻求合作，利大于弊。那么，公司与竞争对手合作有哪些好处呢？主要体现在以下几个方面，如图 15-2 所示。

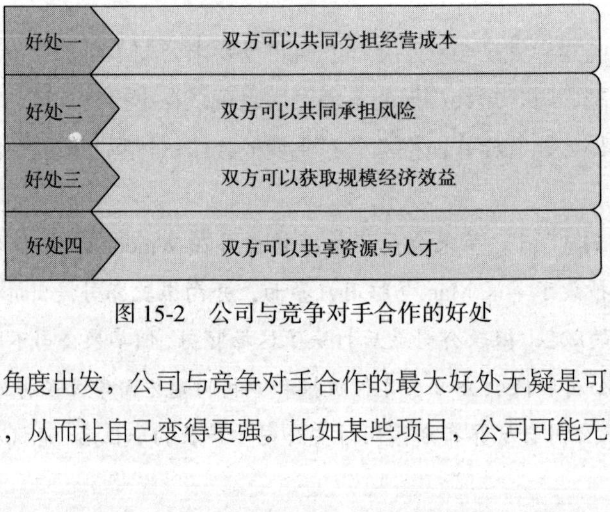

图 15-2 公司与竞争对手合作的好处

从商业的角度出发，公司与竞争对手合作的最大好处无疑是可以与对方共同分担经营成本，从而让自己变得更强。比如某些项目，公司可能无力独自承担它的开发成本，但是如果这时选择与其他公司合作，就可以通过大家共同分担这些成本的方式来完成该项目。竞争对手之间的合作并不会损害各自的竞争优势。所以，在适当的时候与竞争对手合作，对公司而言利大于弊。

15.3　办理房产抵押贷款

有些创业者在遇到资金问题时，会想方设法筹钱，除了向亲戚朋友借钱，他们还能想到的办法就是办理房产抵押贷款。假如某创业者目前有一套建筑面积为 128 平方米的房子，目前市场价是每平方米 1 万元左右，总价接近 130 万元，他想用这套房子办理抵押贷款，那么他可以获得 65 万元 10 年期的贷款吗？如果可以，那么他需要交多少利息，每个月需要还多少钱呢？

房产抵押贷款是银行贷款产品中比较常见的一款，基本上每家商业银行都有相关的产品。但是，借款人对其往往存在一个误区，即只要是房产就能做抵押。实际上，房产的性质复杂，银行对借款人所抵押房产的产权性质是有要求的。

首先，借款人要了解一下什么是房产抵押贷款。房产抵押贷款，顾名思义就是指借款人以本人或者他人名下的房产作为担保物，向金融机构申请用于合法用途的人民币的担保贷款。这也就说明这种贷款产品需要借款人提供相应的房产证明，比如房产证、房主身份证等。贷款到期后，借款人必须如数归还，否则银行有权处理抵押品。

其次，既然银行对房产的性质是有要求的，那么，哪些房产可以作为抵押物呢？

《中华人民共和国担保法》（以下简称《担保法》）规定，抵押人依法有权处分的国有的土地使用权、房屋和其他地上定着物可以作为抵押物。因为房产的产权性质复杂，在这里我先列举一下哪些类型的房产是不能做抵押的。

（1）有产权纠纷的房子。

（2）产权关系不清的房子。

（3）已被依法公告列入拆迁范围的房地产。

（4）被法院或国家司法机关裁定予以查封、扣押、监管或以其他形式限制的房子。

（5）已做过抵押但未经前抵押权人书面同意的房子。（在第一次抵押贷款时，银行已经拥有了这所房产的他项权，而法律不允许两家银行获得同一所房屋的他项权，因此该类房子不得抵押。）

（6）在未获全部共有人书面同意抵押之前的共有房子。

（7）没有地上建筑物的农村集体土地，不包括荒山、荒地等。

（8）违章建筑或未经国家规划部门和建设部门批准，私自建设的建筑物。

（9）列入文物保护的建筑物和有重要纪念意义的其他建筑物。

（10）学校、幼儿园、医院等以公益为目的的公益设施，不论其属于事业单位还是社会团体，都不得抵押。

（11）房龄太久、面积过小的二手房。一般对于房龄在 20 年以上，面积在 50 平方米以下的二手房，许多银行是不予放贷的。

（12）军队的房子一般是不能抵押的。

（13）未满 5 年的经济适用房是不允许上市交易的，银行无法取得他项权，不能为其办理抵押贷款。

（14）小产权房。小产权房只有使用权，没有房产证所赋予的所有权，银行不接受其抵押贷款。

（15）廉租房。

以上这些房产目前都是不能做抵押的。目前，银行和其他金融机构能接受抵押的房产包括商品房、公寓、二次交易并已交纳土地出让金的已购公房、满 5 年的经济适用房和可上市交易的央产房等。

所以，上文中的这位创业者要想向银行申请房产抵押贷款，首先要判断该房子是否能向银行申请到贷款。对于房产抵押贷款，各银行的利息和抵押要求并不相同，目前主要办理这项业务的有中国银行和招商银行，下面以这两家银行为例，讲一下房产抵押贷款的具体情况。

1. 中国银行受理房产抵押贷款

目前，中国银行只允许给房屋建筑面积在 85 平方米以上、房龄在 15 年以下的房子办理抵押贷款。同时，该银行对房产抵押贷款的使用用途也有要求，具体要求由借款人提交贷款申请的支行来确定。

中国银行的贷款金额视房龄而定，其具体规则如图 15-3 所示。

规则一	3年以下的房子，其贷款金额最高为评估价格的70%
规则二	3～5年的房子，其贷款金额最高为评估价格的60%
规则三	5～10年的房子，其贷款金额最高为评估价格的50%
规则四	10～15年的房子，其贷款金额最高为评估价格的40%

图 15-3　中国银行贷款金额视房龄而定的规则

另外，房子的贷款年限要根据房龄和贷款用途而定，贷款利率则要根据中央银行同期同档贷款的基准利率而定。上文中的这位创业者假如想贷款 10 年，那么其利率就是 7.83%。每月的还款金额要根据选择的还款方式而定。还款方式有两种，一种是等额本息，另一种是等额本金。如果该创业者符合条件，能够贷款 65 万元，贷款 10 年，且使用等额本息的还款方式，那么他每月需要还款 7828.03 元；如果他选择等额本金的还款方式，那么他每月的还款金额会逐渐减少。现在网上有很多计算还款金额的计算器，你可以下载一个，这样就很容易算出你每个月的还款金额了。

2. 招商银行受理房产抵押贷款

目前，招商银行可以办理房产抵押贷款，但其借款人的贷款用途只能是买房、买车和生产经营性资金周转这 3 种，其贷款金额通常是房屋评估价格的 70%，贷款年限视贷款用途而定，其具体要求如下：

（1）对于用途为买车和生产经营性资金周转的贷款，其贷款年限一般是 3 年。

（2）对于用途为买房的贷款，其贷款年限会比较长，但贷款年限与房龄之和不能超过 30 年。

另外，招商银行的贷款利率通常在央行同期同档基准利率的基础上上浮 10%，如果借款人想贷款 10 年，那么其利率就是 8.613%。

因为上述创业者的贷款用途是生产经营性资金周转，且货款年限超过了 3 年，所以他不能在招商银行办理房产抵押贷款。

15.4　吸引天使投资人

假设创业者有个好项目，但是他由于缺少资金而无法实施该项目，这时他就可以想办法吸引天使投资人，让他们给公司注资，从而让公司不断发展壮大。但是，由于现在的创业人数大幅增长，所以，通过这种方法为公司筹集资金的竞争也很激烈。要想赢得天使投资人的青睐，不但项目的质量很重要，而且吸引天使投资人的方法、途径及技巧也很重要。下面我讲几个吸引天使投资人的技巧，如图 15-4 所示。

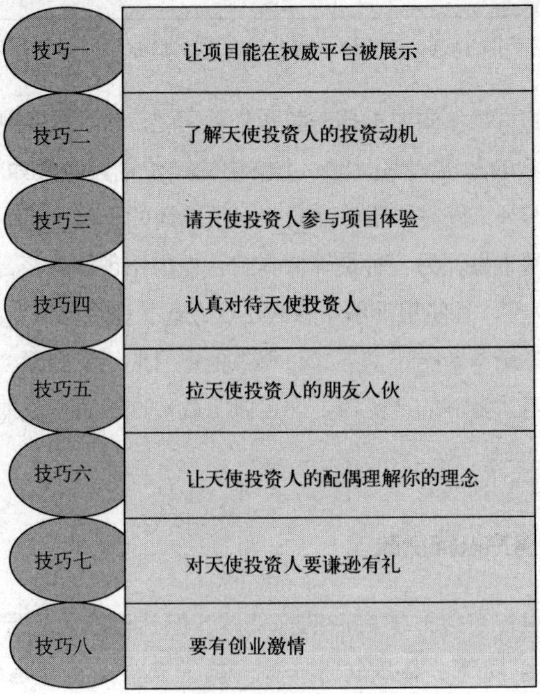

图 15-4　吸引天使投资人的技巧

1. 让项目能在权威平台被展示

很多投资人会通过第三方平台来帮助自己判断某个项目是否可靠，比如，有些投资人会把将要投资的公司信息及有关项目信息提交到“安心加盟网”，以此来核查该公司及其项目信息的真实性。如果你的公司和项目的信息正好在这些权威平台上被展示，那么投资人就会信任你的公司和项目，从而安心地给你的公司投资。

2. 了解天使投资人的投资动机

天使投资人与风险投资公司有很大的不同，其中最根本的区别就是天使投资人已经取得了成功，其主要的投资动机是想回馈社会，帮助新一代创业者。因此，天使投资人为了帮助创业者迈上新的台阶，有时会投资一些风险更大的项目。

3. 请天使投资人参与项目体验

天使投资人是一些成功者，他们之前也拥有和身为创业者的你一样的激情，他们给你投资，虽然不想再去冲锋陷阵，但希望能和你一起感受创业的过程，重新体验创业中那些激动人心的历程。所以，当你遇到一些问题时，要多向他们请教，毕竟他们的经验比你丰富，而且他们也会乐于帮助你。

4. 认真对待天使投资人

有些创业者会有一个误区：争取天使投资人的投资比争取风险投资公司的投资容易。这种想法大错特错，因为天使投资人和风险投资公司一样关心流动性，甚至关心程度更高，因为他们投的是自己的钱。所以，当你争取天使投资人给你投资时，一定要像对待风险投资公司一样认真，该做的事一样都不能少，否则你会失去获得天使投资人投资的机会。

5. 拉天使投资人的朋友入伙

不要忽视天使投资人的朋友圈，因为他们的朋友圈中也有很多成功者，而且天使投资人很喜欢和朋友一起投资新公司，他们希望公司的经营者能做出一些成绩。如果你已经成功吸引了一位天使投资人，那么你就应该尽自己最大的努力再吸引天使投资人的圈内好友给你的公司投资。

6. 让天使投资人的配偶理解你的理念

天使投资人的配偶也是创业者不能忽视的一部分，因为他（她）们通常会给天使投资人充当“决策顾问”的角色。比如，如果你开发了一款新的软件产品，那么你最好事先确定一个更容易被普通人理解的描述方法，因为你的那位天使投资人的配偶可能会问：“我们要投资 10 万美元的东西到底是什么？”如果他（她）们听不懂你的解释，那么他（她）们肯定不会给你投资。

7. 对天使投资人要谦逊有礼

风险投资公司投资时更注重效益，而天使投资人投资时则会掺杂一部分个人感情，他们更容易与创业者产生一些感情，甚至有时会把创业者看作自己的儿女。所以，创业者在接受天使投资人投资之前和之后都要保持谦逊有礼的态度，以表现对天使投资人的尊重。

8. 要有创业激情

天使投资人喜欢那些有激情又有能力的创业者。你不仅要让天使投资人看到你的创业激情，还要让他们看到你的自信，这样才能让他们觉得投进去的钱完全可以被赚回来，你这个人很值得信任，给你投资是正确的选择。如果连你自己都犹豫不决，没有创业激情可言，那么别人又有什么理由给你投资呢?

15.5 向熟人借款

在创业过程中遇到资金短缺问题时，向亲戚朋友借款也未尝不是一个办法。然而在现实生活中，因为借钱而使亲戚朋友反目的情况有很多，这也是大家不愿意借钱给亲戚朋友的原因之一。有人曾对大家是否愿意借钱给亲戚朋友的情况做了一个调查，其中，关于借钱给亲戚的调查结果显示：

（1）12%的人表示只要是与自己关系密切的亲戚向自己借钱，就都会借给他们。他们认为，亲戚之间的血缘关系是不能用金钱来衡量的。

（2）剩下 88%的人表示在亲戚向自己借钱时会犹豫，是否借钱一般由该亲戚的偿还能力、人品、经济状况等因素决定。

关于借钱给朋友的调查结果显示：

（1）93%的人表示在朋友向自己借钱时几乎都会犹豫，是否借钱一般由该朋友的偿还能力、人品，以及事情的轻重等因素决定。

（2）6%的人表示坚决不会借钱给朋友。

（3）只有 1% 的人表示会很干脆地借钱给朋友。

可见，对于亲朋好友向自己借钱的情况，绝大多数的人持有犹豫和拒绝的态度，他们持有这样的态度的原因主要有三个：

（1）害怕因借钱而影响亲戚朋友之间的感情。

（2）担心钱借出去以后亲戚朋友不还。

（3）想和亲戚朋友保持一种纯粹的交往关系。

综上所述，决定大家是否愿意借钱给亲戚朋友的一个重要的因素是对方的经济条件。所以，在现实生活中就出现了这样的现象：越有钱，就越容易借到钱；越没钱，就越难借到钱。要想借到钱，就得让别人认为你有钱，觉得你根本不缺那么一点钱，只不过是临时周转不开而已。决定大家是否愿意借钱给亲戚朋友的另一个重要因素是对方的信誉度。所以，要想向亲戚朋友借到钱，你不但要让他们觉得你有能力还钱，而且在平时要注重提高自己的信誉度，答应别人的事要做到。只有这样，当你向他们借钱的时候，他们才会因为信任你而把钱借给你。

第 16 章　企业融资：如何在短期内获得大量资金

创业是条坎坷路，创业者不仅要有好的想法，还要不断挑选最合适的人来组建团队，完成产品落地、推广营销等工作。在这些过程中，资金是最重要的，而筹得资金最快的方式就是融资。有些人一听到“融资”就会联想到上市公司，认为只有上市公司才可以融资。其实不然，一般的中小型公司也可以通过融资的方式筹集到资金。本章主要介绍了融资渠道、融资技巧、如何找到融资人，以及融资时要注意的问题等，通过对本章的学习，创业者可以通过融资的方式在短时间内获得大量资金。

16.1　融资渠道

融资是公司筹集资金的一种方式。公司根据自身的生产经营状况、资金拥有情况，以及公司的未来经营发展需要，通过科学的预测和决策，采用一定的方式，从一定的渠道向投资人和债权人去筹集资金，以保证公司的正常生产和经营管理。

目前，融资渠道有很多种，创业者在决定融资前，一定要做好规划，分析一下公司适合采取哪些融资渠道，才能很快地筹集大量资金。

中小型公司的融资渠道主要有 4 种，其内容如图 16-1 所示。

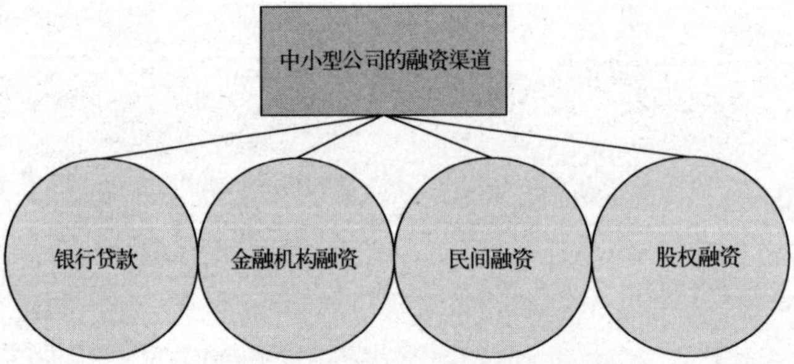

图 16-1　中小型公司的融资渠道

1. 银行贷款

向银行贷款是融资渠道的一种，也是最常用的一种。它是指银行根据国家政策，以一定的利率将资金贷放给资金需要者，并约定期限归还的一种经济行为。

2. 金融机构融资

这一融资渠道中的金融机构包括除银行外的金融租赁公司、信托公司、保险公司、证券公司、资产管理公司等 10 多类持牌金融机构。

3. 民间融资

民间融资渠道包括小贷公司、担保公司、典当行、金融服务公司、P2P、众筹网站等公开渠道，以及那些方式灵活多变但没有正式牌照的民间资金渠道。

4. 股权融资

在股权融资渠道中，那些“高大上”的公司要到上交所、深交所主板上市公募融资，而规模小一点的公司，则可以在北部湾股权交易所等场外市场挂牌，向各类股权投资基金、专业投资公司、专业投资人寻求私募股权融资。

16.2　融资技巧

在了解融资渠道之后，创业者要想在这些渠道中获得投资资金，除了要让公司的项目和创业者的素质令投资人满意，还需要掌握一定的融资技巧，如图 16-2 所示。

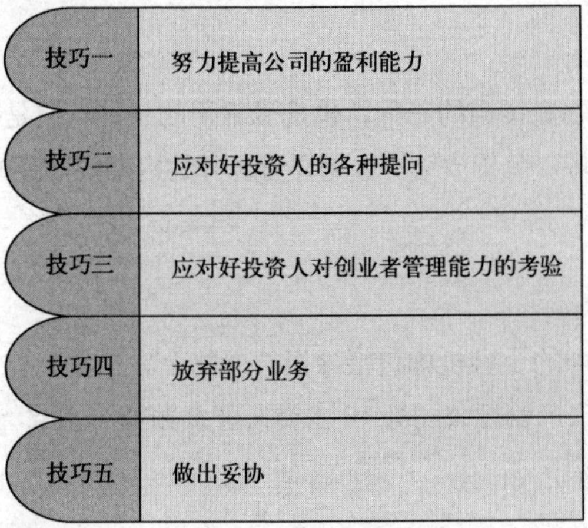

图 16-2　融资技巧

1. 努力提高公司的盈利能力

投资人投资的最终目的就是获利，所以要想吸引投资人，创业者就要让他们看到公司的发展潜力，让他们觉得有利可图，只有这样，他们才会毫不犹豫地把钱投进去。所以，创业者不仅要努力提高公司的经营能力和管理能力，规范公司的治理结构，维护好公司的信誉，还要研究宏观经济形势的变动情况和经济发展新常态，做好公司的发展规划，让投资人看到公司的发展前景，这才是吸引投资人的重要筹码。

2. 应对好投资人的各种提问

在准备吸引投资人之前，公司一定要对自己的项目给予高度重视并做好充分准备，创业者要对项目的各个环节了如指掌。因为投资人在把资金注入某公司之前，一定会弄清楚这个公司如何、这个项目如何等问题，所以，创业者要准备好应对投资人的各种提问，最好可以提前请一些外界的专业顾问和敢于讲真话的行家来模拟这种提问过程，从而使自己考虑得更周全、更细致，回答得更到位。

3. 应对好投资人对创业者管理能力的考验

投资人除了会关心项目本身，还会考验创业者是否有足够强的管理能力，他们会问：“你凭什么可以让这个项目达到预期目标？”大多数创业者对这样的问题可能会有些敏感，但是这类问题在融资过程中却会被经常问到。因此，创业者要正确对待这类问题。

4. 放弃部分业务

有些公司的业务种类繁多，但是投资人为了让自己所投资的公司可以集中有限的资源提高竞争力，会要求其放弃一部分原有的业务，集中力量发展某些具有优势的业务。这时创业者就要忍痛割爱，放弃部分业务。

5. 做出妥协

创业者要有做出妥协的心理准备，因为自己的目标和投资人的目标不可能完全相同。因此，在正式谈判之前，创业者要考虑的一个最重要问题就是：为了满足投资人的要求，自己能做出多大的妥协？一般来讲，投资人不愁找不到项目来投资，如果创业者寄希望于投资人来做出种种妥协，那是不太现实的。所以，创业者要提前想好自己能在哪些方面做出妥协，在哪些方面不能妥协，只有这样才不会在谈判中手忙脚乱。

16.3　创造有利条件，多方寻找投资人

目前，很多在创业初期的公司都希望有投资人来为公司注资，但是，如果创业者只是每天等着投资人来，而不主动去寻找机会，那么他们即使等上 10 年，甚至 20 年，也不会有人主动上门。创业者如果不认识投资人，可以创造条件去认识投资人。要想公司获得融资，创业者必须想尽一切办法去寻找投资人。寻找投资人的渠道如图 16-3 所示。

渠道一	在朋友圈中寻找
渠道二	在各种聚会中寻找
渠道三	在报纸、杂志、网络媒体中寻找
渠道四	让正规中介帮你寻找

图 16-3　寻找投资人的渠道

1. 在朋友圈中寻找

俗话说，多个朋友多条路。创业者要抓住一切机会，利用一切手段来结交各行各业的朋友，你的朋友越多，就意味着你的人脉圈子越大，你认识投资人的概率也就越大。所以，创业者要想成功，就要花费一定的时间去广交朋友，说不定在这过程中就会有人看好你的项目，给你投资。

2. 在各种聚会中寻找

创业者要经常参加各种类型的聚会，比如，朋友聚会、各种创业性及投资性的聚会，特别是投资性的聚会，这是一个不错的认识投资人的渠道，因为很多投资人也愿意参加这样的聚会。例如，在海淀图书城 500 米范围内连续出现了三家在创业者和投资圈中极有口碑的咖啡馆，它们分别是车库咖啡、3W 咖啡和贝塔咖啡。由于它们间接地为创业者和投资人提供了对接平台，这三家咖啡馆成了中关村创业者与早期投资人的聚集地。所以，创业者如果经常到这样的地方参加一些聚会，肯定能找到适合的投资人。

3. 在报纸、杂志、网络媒体中寻找

很多公司会在各种报纸、杂志、网络媒体上发布一些寻找投资人的广告。在报纸上发布信息时，最好选择一些本地报纸，一是因为很多投资人，特别是传统投资人都习惯阅读这些报纸，所以很容易注意到这些报纸上发布的信息；二是因为本地人的思维习惯比较接近，与本地投资人的沟通成本比较低。在通过网络寻找投资人时，创业者一般要选择一些大型的 VC 机构（风险投资机构），比如 IDG、红杉、软银等。

4. 让正规中介帮你寻找

对于那些想要快速找到投资人的创业者来说，可以让一些正规的中介帮助寻找，但一定要是正规的机构，否则很容易受骗。一些正规的中介会帮创业者做不少事，比如，为你引荐合适的投资人，以及对你的项目提出适当的意见等，这有助于提高你的项目被投资人看重的概率。

16.4 了解对方以往的投资项目，寻找长线投资人

短线投资是指在几天内，甚至在当天内买进卖出，获取差价收益的投资行为。这种行为从本质上来说属于投机行为。

创业初期的公司在选择投资人时，一定不要选择短线投资人，因为他们在投资以后，过不了多长时间就会把资金撤走，这样对公司的发展很不利。比如，当你在进行一个项目急需资金时，如果你接受了短线投资人的投资，而他们在项目进行的关键时刻把钱撤走了，这时你就会变得很被动，很可能会导致项目失败，让公司损失惨重，甚至面临破产。所以，公司尽量避免找短线投资人来投资，以免白忙活一场。

那么，怎样才能知道投资人是短线投资人还是长线投资人呢？你可以查询一下投资人的投资记录，既可以去当地的工商局查询，也可以在网上查询投资人的网络投资理财记录。

从投资人的投资记录中，你可以看出他是不是短线投资人，如果该投资人的投资记录都属于短线投资，那么你就可以确定该投资人属于短线投资人。对于这样的投资人，你千万不要让他为你投资。如果某投资人既有短线投资记录，又有长线投资记录，这时你就要视公司情况而定。如果某投资人一直做长线投资，那么这样的人最为保险，你可以多让这样的投资人为你投资。

16.5 如何打赢控制权争夺战

虽然通过融资，公司能快速获得资金，但是成功融资的成本很高，容易分散创业者对公司的控制权。前些年，乔布斯就被自己亲手创建的公司“赶”了出去。也许很多人对创始人被踢出公司管理层很不理解，那么，这到底又是怎么一回事呢？

创始人被踢出公司管理层这件事，从法律上来说是因为创始人失去了对公司的控制权，当然其中也有商业背景与原因。创始人往往容易在公司发展的中后期失去对公司的控制权，实际上这种隐患往往在公司前几轮融资时就埋下了。所以，创始人要想确保自己在公司发展的中后期，尤其在公司进行了多轮融资的情况下还能拥有公司的实际控制权，就要在公司发展的早期，特别是在前几轮融资时，提前做好设计与安排，否则要想到中后期再巩固自己对公司的控制权，那将

是一件很棘手的事。

那么，创始人如何在创业前期确保自己拥有公司的控制权呢？其实，解决这个问题最直接的方法就是让核心创始人持有公司 50% 或者 50% 以上的股权，这样核心创始人就直接拥有了在股东会上超过半数的表决权。但是，随着公司的发展，核心创始人的股权会在数次融资中被稀释，这样其持有的股权就会减少到 50% 甚至更低。要想确保核心创始人在其股权被数轮融资稀释至 50% 以下后仍拥有较大的控制权，可以采取如下措施，如图 16-4 所示。

措施一	制定合伙人制度
措施二	签订归集其他小股东股权的表决权的协议
措施三	签订多倍表决权的协议
措施四	签订增大核心创始人否决权的协议

图 16-4　确保拥有公司控制权的措施

1. 制定合伙人制度

为了稳固创始人对公司的控制权，创业者在公司章程中应直接明文规定：董事会一定数量的董事（一般超过半数）由创始团队或核心创始人委派。

例如：阿里巴巴的合伙人制度，即由公司的创始团队及现有的核心高管组成合伙人会议，由合伙人会议提名公司的多数董事，而不是按照各股东持有股份的比例分配董事的提名权。这样，即使创始团队或核心创始人拥有再少的股权，也仍能控制董事会，从而拥有公司的决策权。

2. 签订归集其他小股东股权的表决权的协议

归集其他小股东股权的表决权就是公司的核心创始人将其他小股东的表决权拿过来统一表决，这样可以增加核心创始人在股东会上实际控制的股权的表决权的数量。归集的具体方式主要包括以下两种：

（1）表决权委托，即小股东签署授权委托书将其所持股权的表决权排他性地授予核心创始人行使。这种归集方式虽然操作起来比较简单，但是不够稳妥可靠。

（2）小股东通过一家持股实体（有限责任公司或有限合伙公司）间接持有公

司的股权，核心创始人通过成为该持股实体的法定代表人、唯一的董事、唯一的普通合伙人或执行事务合伙人的方式，实际控制并行使持股实体所持有的公司股权的表决权。这种归集方式虽然操作起来比较复杂，但是更为稳妥可靠。

3. 签订多倍表决权的协议

多倍表决权是通过增加核心创始人所持股份的表决权的数量来增加核心创始人在股东会上表决时的权重。

多倍表决权的具体操作方法：其他股东所持股份仍为“一股一票”，但创始人股东所持股份为“一股数票”（如一股十票）。但是根据不同的情况，这种操作方法的实现难易程度不同。

（1）当公司属于境外公司时，得益于当地法律在该问题上开放与灵活的态度，这种操作方式比较容易直接实现。

（2）当公司属于境内公司时，则需要根据实际情况做一些特殊的设计与安排。不少在美国上市的境内公司，如京东，就是通过此种方法实现创始人对公司的实际控制的。

4. 签订增大核心创始人否决权的协议

如果说上面三种措施是为了增加核心创始人的股东控制力的进攻性，那么增大核心创始人否决权则是增大其股东控制力的一种防御性策略，这种策略能很好地弥补上述三种措施的漏洞。在签订增大核心创始人否决权的协议之后，公司面临重大决策时，必须得到核心创始人的同意或赞成表决方可通过并实施。重大决策包括：

（1）解散

（2）清算

（3）分立

（4）合并

（5）出售控制权或大部分资产

（6）主营业务变更

（7）重大对外并购

（8）公司预算与决算

（9）变更董事会组成规则或人员

（10）聘请与更换审计师

（11）上市

（12）重大人事任免

（13）设计股权激励方案

附 录

创业者在经营公司的过程中，难免会遇到一些纠纷，因此要熟知《公司法》《劳动合同法》《劳动法》《担保法》等的法律条款，笔者将这些法律条款中与本书相关的部分做了整理，摘要如下。

《公司法》

第二条　本法所称公司是指依照本法在中国境内设立的有限责任公司和股份有限公司。

第三条　公司是企业法人，有独立的法人财产，享有法人财产权。公司以其全部财产对公司的债务承担责任。

有限责任公司的股东以其认缴的出资额为限对公司承担责任；股份有限公司的股东以其认购的股份为限对公司承担责任。

第十四条　公司可以设立分公司。设立分公司，应当向公司登记机关申请登记，领取营业执照。分公司不具有法人资格，其民事责任由公司承担。

公司可以设立子公司，子公司具有法人资格，依法独立承担民事责任。

第二十条　公司股东应当遵守法律、行政法规和公司章程，依法行使股东权利，不得滥用股东权利损害公司或者其他股东的利益；不得滥用公司法人独立地位和股东有限责任损害公司债权人的利益。

公司股东滥用股东权利给公司或者其他股东造成损失的，应当依法承担赔偿责任。

公司股东滥用公司法人独立地位和股东有限责任，逃避债务，严重损害公司债权人利益的，应当对公司债务承担连带责任。

第二十三条　设立有限责任公司，应当具备下列条件：

（一）股东符合法定人数；

（二）有符合公司章程规定的全体股东认缴的出资额；

（三）股东共同制定公司章程；

（四）有公司名称，建立符合有限责任公司要求的组织机构；

（五）有公司住所。

第二十四条　有限责任公司由五十个以下股东出资设立。

第二十五条　有限责任公司章程应当载明下列事项：

（一）公司名称和住所；

（二）公司经营范围；

（三）公司注册资本；

（四）股东的姓名或者名称；

（五）股东的出资方式、出资额和出资时间；

（六）公司的机构及其产生办法、职权、议事规则；

（七）公司法定代表人；

（八）股东会会议认为需要规定的其他事项。

股东应当在公司章程上签名、盖章。

第二十六条　有限责任公司的注册资本为在公司登记机关登记的全体股东认缴的出资额。

法律、行政法规以及国务院决定对有限责任公司注册资本实缴、注册资本最低限额另有规定的，从其规定。

第二十八条　股东应当按期足额缴纳公司章程中规定的各自所认缴的出资额。股东以货币出资的，应当将货币出资足额存入有限责任公司在银行开设的账户；以非货币财产出资的，应当依法办理其财产权的转移手续。

股东不按照前款规定缴纳出资的，除应当向公司足额缴纳外，还应当向已按期足额缴纳出资的股东承担违约责任。

第三十一条　有限责任公司成立后，应当向股东签发出资证明书。

出资证明书应当载明下列事项：

（一）公司名称；

（二）公司成立日期；

（三）公司注册资本；

（四）股东的姓名或者名称、缴纳的出资额和出资日期；

（五）出资证明书的编号和核发日期。

出资证明书由公司盖章。

第六十二条　一人有限责任公司应当在每一会计年度终了时编制财务会计报告，并经会计师事务所审计。

第六十三条　一人有限责任公司的股东不能证明公司财产独立于股东自己的财产的，应当对公司债务承担连带责任。

第七十一条　有限责任公司的股东之间可以相互转让其全部或者部分股权。

股东向股东以外的人转让股权，应当经其他股东过半数同意。股东应就其股权转让事项书面通知其他股东征求同意，其他股东自接到书面通知之日起满三十日未答复的，视为同意转让。其他股东半数以上不同意转让的，不同意的股东应当购买该转让的股权；不购买的，视为同意转让。

经股东同意转让的股权，在同等条件下，其他股东有优先购买权。两个以上股东主张行使优先购买权的，协商确定各自的购买比例；协商不成的，按照转让时各自的出资比例行使优先购买权。

公司章程对股权转让另有规定的，从其规定。

第七十二条　人民法院依照法律规定的强制执行程序转让股东的股权时，应当通知公司及全体股东，其他股东在同等条件下有优先购买权。其他股东自人民法院通知之日起满二十日不行使优先购买权的，视为放弃优先购买权。

第七十三条　依照本法第七十一条、第七十二条转让股权后，公司应当注销原股东的出资证明书，向新股东签发出资证明书，并相应修改公司章程和股东名册中有关股东及其出资额的记载。对公司章程的该项修改不需再由股东会表决。

第七十四条　有下列情形之一的，对股东会该项决议投反对票的股东可以请求公司按照合理的价格收购其股权：

（一）公司连续五年不向股东分配利润，而公司该五年连续盈利，并且符合本法规定的分配利润条件的；

（二）公司合并、分立、转让主要财产的；

（三）公司章程规定的营业期限届满或者章程规定的其他解散事由出现，股东会会议通过决议修改章程使公司存续的。

自股东会会议决议通过之日起六十日内，股东与公司不能达成股权收购协议的，股东可以自股东会会议决议通过之日起九十日内向人民法院提起诉讼。

第七十五条　自然人股东死亡后，其合法继承人可以继承股东资格；但是，公司章程另有规定的除外。

第七十六条　设立股份有限公司，应当具备下列条件：

（一）发起人符合法定人数；

（二）有符合公司章程规定的全体发起人认购的股本总额或者募集的实收股

本总额；

（三）股份发行、筹办事项符合法律规定；

（四）发起人制定公司章程，采用募集方式设立的经创立大会通过；

（五）有公司名称，建立符合股份有限公司要求的组织机构；

（六）有公司住所。

第七十七条　股份有限公司的设立，可以采取发起设立或者募集设立的方式。

发起设立，是指由发起人认购公司应发行的全部股份而设立公司。

募集设立，是指由发起人认购公司应发行股份的一部分，其余股份向社会公开募集或者向特定对象募集而设立公司。

第七十八条　设立股份有限公司，应当有二人以上二百人以下为发起人，其中须有半数以上的发起人在中国境内有住所。

第七十九条　股份有限公司发起人承担公司筹办事务。

发起人应当签订发起人协议，明确各自在公司设立过程中的权利和义务。

第八十条　股份有限公司采取发起设立方式设立的，注册资本为在公司登记机关登记的全体发起人认购的股本总额。在发起人认购的股份缴足前，不得向他人募集股份。

股份有限公司采取募集方式设立的，注册资本为在公司登记机关登记的实收股本总额。

法律、行政法规以及国务院决定对股份有限公司注册资本实缴、注册资本最低限额另有规定的，从其规定。

第八十一条　股份有限公司章程应当载明下列事项：

（一）公司名称和住所；

（二）公司经营范围；

（三）公司设立方式；

（四）公司股份总数、每股金额和注册资本；

（五）发起人的姓名或者名称、认购的股份数、出资方式和出资时间；

（六）董事会的组成、职权和议事规则；

（七）公司法定代表人；

（八）监事会的组成、职权和议事规则；

（九）公司利润分配办法；

（十）公司的解散事由与清算办法；

（十一）公司的通知和公告办法；

（十二）股东大会会议认为需要规定的其他事项。

第八十三条　以发起设立方式设立股份有限公司的，发起人应当书面认足公司章程规定其认购的股份，并按照公司章程规定缴纳出资。以非货币财产出资的，应当依法办理其财产权的转移手续。

发起人不依照前款规定缴纳出资的，应当按照发起人协议承担违约责任。

发起人认足公司章程规定的出资后，应当选举董事会和监事会，由董事会向公司登记机关报送公司章程以及法律、行政法规规定的其他文件，申请设立登记。

第八十四条　以募集设立方式设立股份有限公司的，发起人认购的股份不得少于公司股份总数的百分之三十五；但是，法律、行政法规另有规定的，从其规定。

第八十五条　发起人向社会公开募集股份，必须公告招股说明书，并制作认股书。认股书应当载明本法第八十六条所列事项，由认股人填写认购股数、金额、住所，并签名、盖章。认股人按照所认购股数缴纳股款。

第八十六条　招股说明书应当附有发起人制定的公司章程，并载明下列事项：

（一）发起人认购的股份数；

（二）每股的票面金额和发行价格；

（三）无记名股票的发行总数；

（四）募集资金的用途；

（五）认股人的权利、义务；

（六）本次募股的起止期限及逾期未募足时认股人可以撤回所认股份的说明。

第一百零九条　董事会设董事长一人，可以设副董事长。董事长和副董事长由董事会以全体董事的过半数选举产生。

董事长召集和主持董事会会议，检查董事会决议的实施情况。副董事长协助董事长工作，董事长不能履行职务或者不履行职务的，由副董事长履行职务；副董事长不能履行职务或者不履行职务的，由半数以上董事共同推举一名董事履行职务。

第一百一十条　董事会每年度至少召开两次会议，每次会议应当于会议召开十日前通知全体董事和监事。

代表十分之一以上表决权的股东、三分之一以上董事或者监事会，可以提议召开董事会临时会议。董事长应当自接到提议后十日内，召集和主持董事会会议。

董事会召开临时会议，可以另定召集董事会的通知方式和通知时限。

第一百一十一条　董事会会议应有过半数的董事出席方可举行。董事会作出决议，必须经全体董事的过半数通过。

董事会决议的表决，实行一人一票。

第一百一十二条　董事会会议，应由董事本人出席；董事因故不能出席，可以书面委托其他董事代为出席，委托书中应载明授权范围。

董事会应当对会议所议事项的决定作成会议记录，出席会议的董事应当在会议记录上签名。

董事应当对董事会的决议承担责任。董事会的决议违反法律、行政法规或者公司章程、股东大会决议，致使公司遭受严重损失的，参与决议的董事对公司负赔偿责任。但经证明在表决时曾表明异议并记载于会议记录的，该董事可以免除责任。

第一百五十二条　董事、高级管理人员违反法律、行政法规或者公司章程的规定，损害股东利益的，股东可以向人民法院提起诉讼。

《劳动合同法》

第三十七条　劳动者提前三十日以书面形式通知用人单位，可以解除劳动合同。

第五十条　用人单位应当在解除或者终止劳动合同时出具解除或者终止劳动合同的证明，并在十五日内为劳动者办理档案和社会保险关系转移手续。

《劳动法》

第十八条　下列劳动合同无效：

（一）违反法律、行政法规的劳动合同；

（二）采取欺诈、威胁等手段订立的劳动合同。

无效的劳动合同，从订立的时候起，就没有法律约束力。确认劳动合同部分无效的，如果不影响其余部分的效力，其余部分仍然有效。

劳动合同的无效，由劳动争议仲裁委员会或者人民法院确认。

第二十条　劳动合同的期限分为有固定期限、无固定期限和以完成一定的工作为期限。

劳动者在同一用人单位连续工作满十年以上，当事人双方同意续延劳动合同的，如果劳动者提出订立无固定期限的劳动合同，应当订立无固定期限的劳动合同。

第二十一条　劳动合同可以约定试用期。试用期最长不得超过六个月。

第二十四条　经劳动合同当事人协商一致，劳动合同可以解除。

第二十五条　劳动者有下列情形之一的，用人单位可以解除劳动合同：

（一）在试用期间被证明不符合录用条件的；

（二）严重违反劳动纪律或者用人单位规章制度的；

（三）严重失职，营私舞弊，对用人单位利益造成重大损害的；

（四）被依法追究刑事责任的。

第二十六条　有下列情形之一的，用人单位可以解除劳动合同，但是应当提前三十日以书面形式通知劳动者本人：

（一）劳动者患病或者非因工负伤，医疗期满后，不能从事原工作也不能从事由用人单位另行安排的工作的；

（二）劳动者不能胜任工作，经过培训或者调整工作岗位，仍不能胜任工作的；

（三）劳动合同订立时所依据的客观情况发生重大变化，致使原劳动合同无法履行，经当事人协商不能就变更劳动合同达成协议的。

第二十七条　用人单位濒临破产进行法定整顿期间或者生产经营状况发生严重困难，确需裁减人员的，应当提前三十日向工会或者全体职工说明情况，听取工会或者职工的意见，经向劳动行政部门报告后，可以裁减人员。

用人单位依据本条规定裁减人员，在六个月内录用人员的，应当优先录用被裁减的人员。

第二十八条　用人单位依据本法第二十四条、第二十六条、第二十七条的规定解除劳动合同的，应当依照国家有关规定给予经济补偿。

第二十九条　劳动者有下列情形之一的，用人单位不得依据本法第二十六条、第二十七条的规定解除劳动合同：

（一）患职业病或者因工负伤并被确认丧失或者部分丧失劳动能力的；

（二）患病或者负伤，在规定的医疗期内的；

（三）女职工在孕期、产期、哺乳期内的；

（四）法律、行政法规规定的其他情形。

第三十一条　劳动者解除劳动合同，应当提前三十日以书面形式通知用人单位。

第三十二条　有下列情形之一的，劳动者可以随时通知用人单位解除劳动合同：

（一）在试用期内的；

（二）用人单位以暴力、威胁或者非法限制人身自由的手段强迫劳动的；

（三）用人单位未按照劳动合同约定支付劳动报酬或者提供劳动条件的。

第三十六条　国家实行劳动者每日工作时间不超过八小时、平均每周工作时间不超过四十四小时的工时制度。

第三十七条　对实行计件工作的劳动者，用人单位应当根据本法第三十六条规定的工时制度合理确定其劳动定额和计件报酬标准。

第三十八条　用人单位应当保证劳动者每周至少休息一日。

第三十九条　企业因生产特点不能实行本法第三十六条、第三十八条规定的，经劳动行政部门批准，可以实行其他工作和休息办法。

第四十条　用人单位在下列节日期间应当依法安排劳动者休假：

（一）元旦；

（二）春节；

（三）国际劳动节；

（四）国庆节；

（五）法律、法规规定的其他休假节日。

第四十一条　用人单位由于生产经营需要，经与工会和劳动者协商后可以延长工作时间，一般每日不得超过一小时；因特殊原因需要延长工作时间的，在保障劳动者身体健康的条件下延长工作时间每日不得超过三小时，但是每月不得超过三十六小时。

第四十二条　有下列情形之一的，延长工作时间不受本法第四十一条规定的限制：

（一）发生自然灾害、事故或者因其他原因，威胁劳动者生命健康和财产安全，需要紧急处理的；

（二）生产设备、交通运输线路、公共设施发生故障，影响生产和公众利益，必须及时抢修的；

（三）法律、行政法规规定的其他情形。

第六十二条　女职工生育享受不少于九十天的产假。

第六十三条　不得安排女职工在哺乳未满一周岁的婴儿期间从事国家规定的第三级体力劳动强度的劳动和哺乳期禁忌从事的其他劳动，不得安排其延长工作时间和夜班劳动。

《担保法》

第二条　在借贷、买卖、货物运输、加工承揽等经济活动中，债权人需要以担保方式保障其债权实现的，可以依照本法规定设定担保。

本法规定的担保方式为保证、抵押、质押、留置和定金。

第六条　本法所称保证，是指保证人和债权人约定，当债务人不履行债务时，保证人按照约定履行债务或者承担责任的行为。

第十四条　保证人与债权人可以就单个主合同分别订立保证合同，也可以协议在最高债权额限度内就一定期间连续发生的借款合同或者某项商品交易合同订立一个保证合同。

第十五条　保证合同应当包括以下内容：

（一）被保证的主债权种类、数额；

（二）债务人履行债务的期限；

（三）保证的方式；

（四）保证担保的范围；

（五）保证的期间；

（六）双方认为需要约定的其他事项。

保证合同不完全具备前款规定内容的，可以补正。

第十六条　保证的方式有：

（一）一般保证；

（二）连带责任保证。

第十七条　当事人在保证合同中约定，债务人不能履行债务时，由保证人承担保证责任的，为一般保证。

一般保证的保证人在主合同纠纷未经审判或者仲裁，并就债务人财产依法强制执行仍不能履行债务前，对债权人可以拒绝承担保证责任。

有下列情形之一的，保证人不得行使前款规定的权利：

（一）债务人住所变更，致使债权人要求其履行债务发生重大困难的；

（二）人民法院受理债务人破产案件，中止执行程序的；

（三）保证人以书面形式放弃前款规定的权利的。

第十八条　当事人在保证合同中约定保证人与债务人对债务承担连带责任的，为连带责任保证。

连带责任保证的债务人在主合同规定的债务履行期届满没有履行债务的，债权人可以要求债务人履行债务，也可以要求保证人在其保证范围内承担保证责任。

第十九条　当事人对保证方式没有约定或者约定不明确的，按照连带责任保证承担保证责任。

第二十条　一般保证和连带责任保证的保证人享有债务人的抗辩权。债务人放弃对债务的抗辩权的，保证人仍有权抗辩。

抗辩权是指债权人行使债权时，债务人根据法定事由，对抗债权人行使请求权的权利。

第二十一条　保证担保的范围包括主债权及利息、违约金、损害赔偿金和实现债权的费用。保证合同另有约定的，按照约定。

当事人对保证担保的范围没有约定或者约定不明确的，保证人应当对全部债务承担责任。

第二十二条　保证期间，债权人依法将主债权转让给第三人的，保证人在原保证担保的范围内继续承担保证责任。保证合同另有约定的，按照约定。

第二十三条　保证期间，债权人许可债务人转让债务的，应当取得保证人书面同意，保证人对未经其同意转让的债务，不再承担保证责任。

第二十四条　债权人与债务人协议变更主合同的，应当取得保证人书面同意，未经保证人书面同意的，保证人不再承担保证责任。保证合同另有约定的，按照约定。

第二十五条　一般保证的保证人与债权人未约定保证期间的，保证期间为主债务履行期届满之日起六个月。

在合同约定的保证期间和前款规定的保证期间，债权人未对债务人提起诉讼或者申请仲裁的，保证人免除保证责任；债权人已提起诉讼或者申请仲裁的，保证期间适用诉讼时效中断的规定。

第二十六条　连带责任保证的保证人与债权人未约定保证期间的，债权人有权自主债务履行期届满之日起六个月内要求保证人承担保证责任。

在合同约定的保证期间和前款规定的保证期间，债权人未要求保证人承担保证责任的，保证人免除保证责任。

第二十七条　保证人依照本法第十四条规定就连续发生的债权作保证，未约定保证期间的，保证人可以随时书面通知债权人终止保证合同，但保证人对于通知到债权人前所发生的债权，承担保证责任。

第二十八条　同一债权既有保证又有物的担保的，保证人对物的担保以外的债权承担保证责任。

债权人放弃物的担保的，保证人在债权人放弃权利的范围内免除保证责任。

第三十三条　本法所称抵押，是指债务人或者第三人不转移对本法第三十四条所列财产的占有，将该财产作为债权的担保。债务人不履行债务时，债权人有权依照本法规定以该财产折价或者以拍卖、变卖该财产的价款优先受偿。

前款规定的债务人或者第三人为抵押人，债权人为抵押权人，提供担保的财产为抵押物。

第三十四条　下列财产可以抵押：

（一）抵押人所有的房屋和其他地上定着物；

（二）抵押人所有的机器、交通运输工具和其他财产；

（三）抵押人依法有权处分的国有的土地使用权、房屋和其他地上定着物；

（四）抵押人依法有权处分的国有的机器、交通运输工具和其他财产；

（五）抵押人依法承包并经发包方同意抵押的荒山、荒沟、荒丘、荒滩等荒地的土地使用权；

（六）依法可以抵押的其他财产。

抵押人可以将前款所列财产一并抵押。

第三十五条　抵押人所担保的债权不得超出其抵押物的价值。财产抵押后，该财产的价值大于所担保债权的余额部分，可以再次抵押，但不得超出其余额部分。

第三十六条　以依法取得的国有土地上的房屋抵押的，该房屋占用范围内的国有土地使用权同时抵押。

以出让方式取得的国有土地使用权抵押的，应当将抵押时该国有土地上的房屋同时抵押。

乡（镇）、村企业的土地使用权不得单独抵押。以乡（镇）、村企业的厂房等建筑物抵押的，其占用范围内的土地使用权同时抵押。

第三十七条　下列财产不得抵押：

（一）土地所有权；

（二）耕地、宅基地、自留地、自留山等集体所有的土地使用权，但本法第三十四条第（五）项、第三十六条第三款规定的除外；

（三）学校、幼儿园、医院等以公益为目的的事业单位、社会团体的教育设施、医疗卫生设施和其他社会公益设施；

（四）所有权、使用权不明或者有争议的财产；

（五）依法被查封、扣押、监管的财产；

（六）依法不得抵押的其他财产。

第六十三条　本法所称动产质押，是指债务人或者第三人将其动产移交债权人占有，将该动产作为债权的担保。债务人不履行债务时，债权人有权依照本法规定以该动产折价或者以拍卖、变卖该动产的价款优先受偿。

前款规定的债务人或者第三人为出质人，债权人为质权人，移交的动产为质物。

第六十四条　出质人和质权人应当以书面形式订立质押合同。

质押合同自质物移交于质权人占有时生效。

第六十五条　质押合同应当包括以下内容：

（一）被担保的主债权种类、数额；

（二）债务人履行债务的期限；

（三）质物的名称、数量、质量、状况；

（四）质押担保的范围；

（五）质物移交的时间；

（六）当事人认为需要约定的其他事项。

质押合同不完全具备前款规定内容的，可以补正。

第六十六条　出质人和质权人在合同中不得约定在债务履行期届满质权人未受清偿时，质物的所有权转移为质权人所有。

第六十七条　质押担保的范围包括主债权及利息、违约金、损害赔偿金、质物保管费用和实现质权的费用。质押合同另有约定的，按照约定。

第七十五条　下列权利可以质押：

（一）汇票、支票、本票、债券、存款单、仓单、提单；

（二）依法可以转让的股份、股票；

（三）依法可以转让的商标专用权，专利权、著作权中的财产权；

（四）依法可以质押的其他权利。